民俗文化与景点讲解实务

本书适用于旅游从业者、民俗文化爱好者、文化研究者以及广大读者阅读参考。

民俗文化景点讲解

旦增扎堆　索朗旺青　主编

河南大学出版社
HENAN UNIVERSITY PRESS
·郑州·

图书在版编目(CIP)数据

民俗文化与景点讲解实务/旦增扎堆，索朗旺青主编.
--郑州：河南大学出版社，2025.1(2026.1 重印).--ISBN 978-7-5649-6148-0

Ⅰ.K892;K928.9

中国国家版本馆 CIP 数据核字第 202567JY84 号

民俗文化与景点讲解实务

MINSU WENHUA YU JINGDIAN JIANGJIE SHIWU

责任编辑 陈　炜

责任校对 陈晓林

封面设计 牛书娜

出　版 河南大学出版社

地址：郑州市郑东新区商务外环中华大厦 2401 号

电话：0371-86059752(大众文化出版中心)

0371-86059701(营销部)

邮编：450046

网址：hupress.henu.edu.cn

排　版 河南凯高教育科技有限公司

印　刷 郑州尚品数码快印有限公司

版　次	2025 年 1 月第 1 版	**印　次**	2026 年 1 月第 2 次印刷
开　本	710 mm×1010 mm　1/16	**印　张**	17.75
字　数	297 千字	**定　价**	59.00 元

前言

PREFACE

中国，作为拥有五千年璀璨文明史的古老国度，孕育了丰富多样、独具魅力的民俗文化。这些民俗文化不仅凝聚了中华民族的传统美德和独特的审美情趣，更是中华历史长河中的瑰宝，承载着深厚的文化底蕴和无尽的文化智慧。随着旅游业的蓬勃发展，越来越多的国内外游客渴望通过旅行，亲身体验并感受这些珍贵的民俗文化。因此，对民俗文化与景点讲解实务进行深入研究，不仅有助于推动旅游业的高质量发展，还能进一步促进中华优秀传统文化的传承与弘扬，使这一宝贵的文化财富得以在当代社会中焕发出新的生机与活力。

本书旨在全面梳理和介绍我国的民俗文化，探讨其与景点讲解实务的结合点，为旅游业提供有价值的参考和指导。通过对本书的研究，读者可以深入了解我国民俗文化的历史、现状、特点与价值，以及其在旅游业中的应用和发展趋势。同时，本书还将介绍景点讲解的基本技巧、流程和方法，帮助读者提高景点讲解的水平和质量，更好地传承和弘扬中华优秀传统文化。

本书采用文献研究法、实地考察法、案例分析法和比较研究法等多种研究方法。首先，通过查阅相关文献和资料，梳理中国民俗文化的历史、现状、特点与价值；其次，通过实地考察和调研，了解各地民俗文化的实际情况和表现形式；再次，通过案例分析和比较研究，探讨民俗文化与景点讲解实务的结合点和应对策略；最后，综合以上研究成果，形成本书的主要内容和结论。

本书共分为8章。第1章为绪论，概述了民俗文化的概念与特点；第2章为民族传统节日与民俗风情，详细介绍了汉族等民族的传统节日与习俗；第3章探讨了工艺美术与民间技艺；第4章讲述了饮食文化与地方特色；第5章介绍了一些著名的历史文化遗址与名胜古迹；第6章为建筑艺术与园林景观，探讨了中国传统建筑风格的演变与特点、古典园林的造园艺术与欣赏；第7章分析了表演艺术与民俗文化展示；第8章是景点讲解实务与案例分析，总结了景点讲解的基本技巧与流程、文化传承与传播的重要性。

本书适用于旅游从业者、民俗文化爱好者、文化研究者以及广大读者阅读参考。因限于时间和能力，书中内容或有不周，在此恳请广大读者提出宝贵意见。

编者

2024年6月

目录
CONTENTS

第 1 章

绪论

本章概述了民俗文化的概念及其特点，追溯了中国民俗文化的悠久历史与当前发展态势，探讨了民俗文化与旅游业之间的密切联系，并强调了景点讲解实务在传承和弘扬民俗文化、提升旅游体验中的重要性。通过对这些方面的综合阐述，本章为全书奠定了坚实的理论基础和实践指导。

1.1 民俗文化的概念与特点

1.1.1 民俗文化的概念

民俗文化,又称为传统文化,是指民间民众的风俗生活文化的统称。它泛指一个民族、地区中集居的民众所创造、共享、传承的风俗生活习惯。这种文化是在普通人民群众(相对于官方)的生产生活过程中所形成的一系列非物质的东西,包括民俗及民众的日常生活。它是人民大众用心灵和双手创造的文化,是人民大众自发创造、满足自己的一种生活文化。

1.1.2 民俗文化的特点

1.1.2.1 民族性

民族性是指民俗文化在形成、发展和传承过程中,深受特定民族的历史、文化、生活方式等多重因素的影响,从而呈现出鲜明的民族特色。这一特性不仅体现在民俗文化的外在表现形式上,更深深植根于其内在的价值观念和精神追求之中。

中国,作为一个拥有五千年文明历史的多民族国家,其民俗文化的民族性表现得尤为突出。在这片广袤的土地上,56 个民族共同生活,各自保留着独特的文化传统和民俗习惯,这些民俗事项不是某个个体或少数人的创造,而是由民族内部所有成员在长期的共同社会生活中约定俗成,并经由社会普遍传承下来的。中国作为一个多民族国家,各民族的民俗文化在形成和发展过程中都深受其历史、文化和生活方式的影响,形成了各具特色的民族性。例如,春节是中国汉族及许多其他民族最重要的传统节日,家家户户贴春联、放鞭炮、吃团圆饭、拜年等,这些习俗体现了汉族人民对新年吉祥、家庭团聚的美好祝愿;而藏族的雪顿节,则是为了纪念先祖和祈求丰收,人们会穿上节日盛装,举行盛大的庙会和歌舞活动,展现出藏族人民独特的文化传统。

此外,中国民俗文化的多民族性还体现在各民族之间的相互影响和融合上。在历史的长河中,不同民族之间的文化交流从未停止,这不仅丰富了各民族的民俗文化,也促进了中华民族整体文化的繁荣和发展。如蒙古族的“那达慕”大会,原本是蒙古族人民庆祝丰收、祭祀天地的传统节日,如今已成为各民族共同参与的文化盛会,展现了中华民族多元一体的文化格局。

1.1.2.2 地方性

地方性,或称地理特征、乡土特征,是民俗文化在空间分布上所呈现出的基本特征。这一特性的形成,主要受到自然环境和社会环境的双重影响。中国地域辽阔,自然条件千差万别,不同的地理环境和气候条件孕育了各具特色的地域文化,进而形成了丰富多样的民俗风情。

在建筑风格上,地方性特征尤为明显。北方地区气候寒冷,为了抵御风寒,人们发明了窑洞这种独特的建筑形式,它利用黄土高原的土质特点,既保暖又节能;而南方地区气候湿热,为了通风防潮,人们创造了干栏式建筑,即底层架空、上层居住的建筑形式,这种建筑不仅适应了南方的自然环境,也体现了南方人民的智慧和创造力。

除了建筑风格外,地方性还体现在饮食习惯、服饰文化、节日庆典等多个方面。如四川的麻辣口味、广东的清淡风味、江南的水乡服饰、云南的泼水节等,都是不同地区民俗文化的具体体现。这些民俗事项不仅满足了人们的基本生活需求,也丰富了人们的精神文化生活,成为地域文化的重要组成部分。

1.1.2.3 集体性

集体性是指民俗文化在产生、传承和发展过程中,所呈现出的为广大民间社会所共同接受和遵循的基本特征。这一特性强调了民俗文化不是个人的行为或创造,而是集体行为的结果和集体智慧的结晶。民俗文化的集体性不仅体现在其外在的表现形式上,更体现在其内在的价值观念和精神追求上。

在阶级社会中,尽管存在着官民之分、贫富之别,但作为一个社会人,无论皇帝还是臣民,都在遵守着共同的民俗准则,享受着共同的民俗文化。例如,春节作为中国最重要的传统节日之一,无论是达官贵人还是平民百姓，都会参与到节日的庆祝活动中来，贴春联、放鞭炮、吃团圆饭、拜年等习俗成为全国人民共同的节日记忆。这种集体性的参与和体验，不仅增强了民族凝聚力和社会认同感，也促进了民俗文化的传承和发展。

此外，民俗文化的集体性还体现在其传承方式上。民俗文化是通过人们的口头和行为方式一代一代延续下来的，这种传承方式具有广泛的群众基础和深厚的文化底蕴。这种集体性的传承方式，不仅保证了民俗文化的连续性和稳定性，也为其注入了新的活力和内涵。

1.1.2.4 传承性

传承性是指民俗文化在约定俗成后，通过人们的口头和行为方式一代一代相传下来，具有承袭性和相对稳定性的民俗特征。这一特性强调了民俗文化在时间上的流传和在空间上的传播，是民俗文化得以延续和发展的重要保障。

传承性具有两方面的含义：一是流传，即民俗在时间上的传播。这是一个历史的、纵向的概念，它强调了民俗文化在历史长河中的连续性和稳定性。无论是古代的节日庆典、婚丧嫁娶习俗，还是现代的民间艺术、手工艺技能，都是通过人们的口头和行为方式一代一代相传下来的。这种传承方式不仅保证了民俗文化的连续性和稳定性，也为其注入了新的时代内涵和文化内涵。二是流行，即民俗在空间上的传播。这是一个地理的、横向的概念，它强调了民俗文化在不同地域之间的传播和影响。中国地域辽阔，民俗文化在不同地区有着不同的表现形式和特点，但通过人们的迁徙、交流和文化传播，这些民俗文化也在不断地相互融合和影响。例如，春节作为中国最重要的传统节日之一，不仅在全国各地有着广泛的庆祝活动，还通过华侨华人的传播和影响，成了全球华人共同的节日记忆。民俗文化的传承促进了民族凝聚力和社会认同感的增强，为社会的和谐稳定和繁荣发展提供了有力的文化支撑。

1.1.2.5 稳定性与变异性

民俗的稳定性和变异性是其最显著的特征，且二者并不矛盾。

稳定性特征表现在两个方面：一是家族观念的稳定性。我国家庭制度的传承与自给自足的小农生产息息相关。人们长期耕种土地，长期居留于某一地域，因而形成了“安土重迁”的观念。纵是迁动，也一般是由于十分严重的自然灾害等而"举族迁移"。人们一般有固定的居住地、固定的生产和生活范围,甚至还有固定的"祖坟山"。祠堂就是家族举行重大活动的场所。另外,人们很早就确定了"家"的血亲关系原则与家族内部"长幼有序"的伦理原则,进而利用种种民俗强化家族观念、维持家族稳定、沿袭家族传统,对祖先的崇拜就是支撑家族意识的精神支柱。二是节日民俗传统的稳定性。依照农业活动规律,我国很早以前就形成了岁时节令民俗。随着天文历法的发展,天象、物候、人事相结合的岁时节令也逐步走向成熟。节日民俗虽然在不同时代、不同地域有不同的发展与调整,但一直没有脱离传统节日的范围。

变异性是指民俗事项在流传过程中,由于受社会的、政治的、生活的种种因素的影响而产生的内容和形式上的变化。这种变化从民俗产生的时候起就已经存在。一是由于靠口头和行为的传承方式本身就带有很大的局限性。二是受地域环境、生产和生活方式的影响。同一民俗,在不同的地域,由于受到不同的自然环境,以及在这种自然环境下所形成的独特的生产、生活方式的影响,决定了民俗为了保存和传播,必须通过变化以适应新的条件和环境。三是受社会发展和时代变革的影响。随着社会生活的变化,许多新的内容补充到旧的传统民俗之中,以适应新情况的需要。任何民俗都处于不断变化之中,不变的民俗是不存在的。民俗的变化有两种形式:一种是民俗自身为协调与外部世界的联系而进行的自我调适,另一种是作为政府行为的外部干预。民俗的变化,通常是民俗自身调适的结果,这种变化比较缓慢,也相对平稳,不会因激变而引发大规模的波动。

1.1.2.6 神秘性

民俗的神秘性,作为其核心特征之一,深刻植根于人类的文化心理与行为实践中,主要体现在以下两个维度:

一方面,民众在参与特定民俗活动时,往往怀揣着一种敬畏与神秘的心理。这种心理状态源自对超自然力量的信仰,以及对古老传统的尊崇。例如,巫术信仰在许多文化中占据重要地位,人们相信通过特定的仪式和咒语,可以影响自然界或他人的命运。图腾崇拜亦是如此,原始部落常将某种动物或自然物视为自己的祖先或保护神,认为它们拥有超自然的力量,能够保佑族群平安与繁荣。这些信仰和实践,虽然在现代科学视角下显得难以解释，但在当时的社会环境中，却是人们精神生活的重要组成部分。

另一方面，民俗活动本身也常常营造出一种神秘而庄严的氛围，这种氛围进一步加深了人们的信仰和敬畏感。例如，许多禁忌民俗，如月经期妇女不得进入神圣场所、夜晚不得吹口哨等，这些都伴随着对未知力量的恐惧和规避。这种神秘气氛的营造，往往通过特定的仪式、象征物以及口耳相传的故事来实现，使得民俗活动在传承过程中，其神秘性得以不断强化。民俗的神秘性与愚昧性、原始性、封建性紧密相连，它们共同构成了传统文化中复杂而多维的信仰体系。这些特性相互作用，使得民俗在人们的日常生活中扮演了既神圣又实用的角色。尽管随着社会的进步和科学的普及，许多民俗的神秘色彩逐渐淡化，但在某些地区和群体中，它们仍然保持着强大的影响力，成为连接过去与现在、人与自然、个体与集体的重要纽带。

1.1.2.7 实用性

实用性是中国民俗文化中最为核心且普遍的特征，它深刻体现了民俗与民众生活的紧密联系。在中国这片广袤的土地上，民俗不仅作为文化传承的载体，更是人们日常生产、生活不可或缺的组成部分。实用性体现在民俗的方方面面，从物质生产到精神寄托，无一不彰显着这一特性。

在农业生产领域，农历节气作为民俗知识的重要组成部分，指导着农民何时播种、何时收割，确保了农业活动的顺利进行。例如，春分时节播种、秋分时节收获，这些节气的安排都是基于长期的农业生产实践和对自然规律的深刻认识，体现了民俗对农业生产的实用指导价值。

在日常生活层面，民俗的实用性同样显著。以饮食习俗为例，中国各地根据当地的气候条件、物产资源，发展出了各具特色的饮食习惯和烹饪技法。如四川的麻辣口味，既是为了适应当地湿冷的气候，也是利用当地丰富的辣椒资源，达到祛湿驱寒、增进食欲的效果。再如，春节期间的饺子、年糕等传统食品，不仅寓意着吉祥如意，也满足了节日期间家庭团聚、共享美食的实际需求。

1.1.2.8 多元性

中国民俗文化的多元性，根植于其多民族共存的历史与现实土壤之中。中国作为一个拥有 56 个民族的国家，各民族在长期的历史发展过程中，形成了丰富多彩、各具特色的文化习俗，这些习俗在相互交流与融合中，共同构成了中华文化的多元格局。

婚礼习俗是展现中国民俗文化多元性的一个生动例证。汉族的婚礼程序复杂而讲究，从议婚到订婚，再到嫁娶，每一个环节都充满了仪式感，体现了儒家文化中的礼制观念。相比之下，少数民族的婚礼习俗则呈现出更加多样化的面貌。土家族的“哭嫁”习俗，新娘在出嫁前夜与家人、亲友哭别，既是对家的不舍，也是对婚姻生活的期许；傣族的“抢婚”习俗，则通过模拟抢夺的形式，增添了婚礼的趣味性和互动性；纳西族的“走婚”习俗，更是独特，男女双方不建立固定的婚姻关系，而是基于感情自由选择伴侣，体现了对个人自由与情感尊重的价值观。

除了婚礼习俗，节日庆典、服饰文化、建筑艺术等方面，也充分展示了中国民俗文化的多元性。节日庆典方面如春节、中秋节等汉族传统节日与火把节、泼水节等少数民族节日并存，各自承载着不同的文化意义和社会功能；服饰文化方面，从汉族的汉服到苗族的银饰盛装，再到蒙古族的长袍马褂，无不体现了各民族独特的审美观念和文化传统；建筑艺术方面，从汉族的四合院到客家的土楼，再到藏族的碉房，每一种建筑形式都是对当地自然环境和社会文化的适应与创造。

1.2 中国民俗文化的历史与现状

中国民俗文化历史悠久，源远流长，是中华民族在长期生产生活实践中形成的独特文化现象。

1.2.1 历史渊源

中国民俗文化源远流长，其历史可以追溯到远古时代。这一深厚的文化根基起始于古人对自然现象的解释、对社会生活的适应以及对生命意义的追求。这些早期的探索和实践，为民俗文化的形成和发展奠定了坚实的基础。

在漫长的历史进程中，中国民俗文化逐渐形成了自己独特的体系和风格，成为中华民族文化不可或缺的重要组成部分。它涵盖了从节日庆典、婚丧嫁娶到饮食起居等各个方面，体现了中华民族的智慧、情感和审美追求。

古代文献如《诗经》《礼记》等，为我们记录了大量丰富的民俗事象，这些记载不仅反映了古代人民的风俗习惯和文化传统，也为我们今天提供了了解和研究民俗文化的宝贵资料。通过这些文献，我们可以更加深入地理解民俗文化的历史演变、地域特色和民族特色，进一步认识其在中国文化史上的重要地位和作用。

1.2.2 发展演变

随着社会的变迁和时代的发展，中国民俗文化正在经历一个复杂而多元的发展演变过程。这一过程既包含了传统习俗在现代化、城市化的冲击下的逐渐消失或淡化，也包含了新的民俗文化现象的蓬勃涌现。

一方面，城市化进程的不断加速，使得许多传统习俗在现代生活的快节奏中逐渐失去了生存空间。许多原本在农村地区盛行的民俗活动，如庙会、舞龙舞狮等，由于城市规划和空间限制，难以在城市中得到有效的

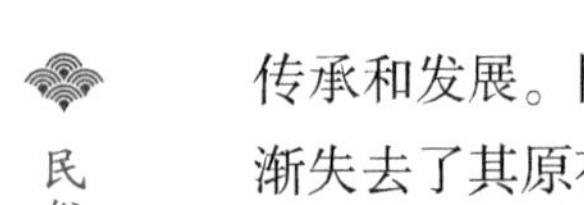

传承和发展。同时，随着人们生活方式和观念的改变，一些传统习俗也逐渐失去了其原有的社会意义和文化价值，从而逐渐淡化或消失。然而，这种变迁并非单向的，而是伴随着新的文化现象的出现。

另一方面，新的民俗文化现象也在不断涌现。这些新的民俗文化现象既包含了对传统文化的创新和发展，也包含了在全球化背景下吸收外来文化元素后形成的独特文化形态。例如，随着旅游业的快速发展，许多地区的民俗文化被开发成旅游资源，通过展示和体验的方式，吸引了大量游客前来参观和体验。这不仅为当地带来了经济效益，也促进了民俗文化的传播和传承。

此外，互联网等现代信息技术的普及也为民俗文化的传播和传承提供了新的途径。通过网络平台，人们可以更加便捷地获取和分享民俗文化信息，也可以更加深入地了解和体验不同地区的民俗文化。这种跨地域、跨文化的交流方式，不仅促进了民俗文化的传播和普及，也丰富了人们的文化生活和精神世界。

1.2.3 当前现状

当前，中国民俗文化面临着多重挑战和机遇。一方面，随着全球化的加速和外来文化的冲击，一些传统民俗文化面临着消失或淡化的风险；另一方面，随着国家对传统文化的重视和扶持力度的加大，民俗文化的保护和传承工作也取得了显著成效。具体来说：

第一，部分传统习俗逐渐消失。这已成为民俗文化演变中的一个显著现象。随着城市化进程的加快，许多城市为了维护公共秩序、保障居民的生活品质以及应对环境的挑战，不得不限制或禁止一些传统习俗，如春节期间贴对联、放鞭炮等活动。这种变迁并非仅仅基于政策层面，更是时代发展、社会进步的必然结果。同时，不容忽视的是，部分年轻人对传统文化的了解和认同度有所降低，他们往往更加关注现代化、全球化的生活方式，对传统文化的兴趣与热情逐渐减弱。这种文化认知的差异也导致了一些传统习俗难以得到有效传承，加剧了传统习俗消失的速度。

第二，民俗文化被商业化。随着商业文化的兴起和市场经济的发展，一些传统民俗文化逐渐被纳入商业开发的范畴，这在一定程度上促进了民俗文化的传播和普及。然而,过度的商业化开发也带来了一系列问题。一些商家为了追求经济利益,对民俗文化进行过度包装和营销,导致这些文化的内涵被削弱或扭曲。以中秋节为例,原本寓意团圆和感恩的月饼被过度包装,甚至加入了不必要的奢华元素,这不仅增加了消费者的经济负担,也削弱了月饼作为中秋节传统食品的文化内涵。因此,在推动民俗文化商业化的同时,我们也需要警惕商业化对民俗文化真实性和文化内涵的损害,确保民俗文化得到健康、可持续的发展。

第三,保护和传承工作取得成效。近年来,随着对传统文化价值认识的不断深化,国家和地方政府对民俗文化的保护和传承工作给予了前所未有的高度重视和坚定支持。众多具有独特魅力和历史价值的传统民俗文化项目被成功列入国家级非物质文化遗产名录,这些举措为民俗文化的保护和传承提供了坚实的制度保障和资金支持。同时,社会各界也积极参与其中,一些民间组织和个人纷纷投身于民俗文化的挖掘、整理、传播和教育工作,通过举办展览、演出、讲座等多种形式,让更多人了解和认识到民俗文化的独特魅力和深厚底蕴,为民俗文化的传承和发展贡献了积极的力量。这些努力共同推动了民俗文化在当代社会的传承和弘扬,使其焕发出新的生机与活力。

1.3 民俗文化与旅游业的关系

民俗文化与旅游业之间存在着密不可分的关系。民俗文化为旅游业提供了丰富的资源和文化内涵,同时旅游业也促进了民俗文化的传播和弘扬。然而旅游业的发展也为民俗文化的保护和传承提供了新的机遇和挑战。因此,在推动旅游业发展的同时,也需要加强对民俗文化的保护和管理,实现旅游业与民俗文化的共赢发展。

1.3.1 民俗文化是旅游的重要资源

民俗文化作为旅游的重要资源,具有深厚的文化底蕴和独特的吸引力。作为民间民众风俗生活文化的统称,民俗文化涵盖了丰富的民族、地区特色,为旅游业的发展提供了宝贵的资源。

首先,民俗文化中的传统节日是吸引游客的重要亮点。这些节日不仅具有深厚的历史文化底蕴,还融入了当地民众的生活方式和情感表达。游客在旅行过程中,可以亲身参与节日庆典,感受浓厚的节日氛围,体验与众不同的文化风情。

其次,民俗活动也是民俗文化的重要组成部分,为旅游业增添了独特的魅力。这些活动通常具有浓厚的地域特色和民族风情,如舞龙舞狮、民间歌舞、传统手工艺制作等。游客在参与这些活动的过程中,可以深入了解当地的文化传统和民俗习惯,增强对当地文化的认同感和归属感。

再次,民间艺术作为民俗文化的重要表现形式,也为旅游业提供了丰富的资源。这些艺术形式包括绘画、雕塑、剪纸、刺绣等,不仅具有独特的审美价值,还蕴含着丰富的文化内涵。游客在欣赏这些艺术作品的同时,可以感受到当地文化的独特魅力和深厚底蕴。

最后,民俗建筑也是民俗文化的重要组成部分,为旅游业的发展提供了重要的物质载体。这些建筑不仅具有独特的建筑风格和造型特点,还融入了当地的文化元素和民俗习惯。游客在参观这些建筑时,可以深入了解当地的历史文化和民俗风情,感受不同地域文化的独特魅力。

1.3.2 民俗文化对旅游业的积极影响

一是升华旅游内涵。民俗文化以其独特的魅力，为旅游业注入了深厚的文化内涵。在民俗文化的浸润下，旅游活动不再仅仅局限于表面的观光游览，而是转变为一种深刻的文化体验。游客在参与民俗活动、观赏民间艺术、体验民俗生活的过程中，能够深入感受当地的历史脉络、文化传承和民俗风情，从而满足对文化、历史、民俗等多元知识的渴望。这种体验式旅游不仅丰富了游客的精神世界，也提升了旅游的品质和深度，使旅游活动成为连接人与自然、传统与现代的桥梁。

二是优化旅游体验。民俗文化以其原始性、纯真性和异质性的特点，在休闲旅游中扮演着不可或缺的角色。这些独特的文化元素不仅满足了游客对新鲜体验的追求，而且使游客在旅途中能够沉浸在不同于日常生活的文化氛围和风情之中。通过参与民俗活动、欣赏民间艺术、品尝地道美食等，游客能够更直观地感受到目的地的历史底蕴和民俗风情，从而深化对旅游目的地的理解和认同，获得更加深刻、丰富的旅游体验。这种优化旅游体验的方式，不仅提升了游客的满意度，也为旅游业的持续发展注入了新的活力。

三是丰富旅游活动。民俗文化的广泛存在，为旅游业注入了源源不断的活力，极大地丰富了旅游活动的内容和形式。从精彩纷呈的民俗表演，如民间歌舞、戏曲、杂技等，到充满趣味性和互动性的民俗手工艺制作体验，如剪纸、刺绣、陶艺等，再到热闹非凡的民俗节庆活动，如春节庙会、端午龙舟赛等，这些活动不仅展示了各地的独特风情和文化魅力，也为游客提供了多元化、个性化的旅游选择。通过这些丰富多样的民俗文化活动，游客能够更深入地了解和体验当地的文化底蕴，增强旅游的趣味性和吸引力，从而推动旅游业的繁荣发展。

1.3.3 旅游业对民俗文化的影响

第一，促进民俗文化的传播与弘扬。旅游业的发展为民俗文化的传播和弘扬提供了重要且独特的平台。通过旅游活动，游客能够亲身参与、

直观感受并深入了解各地的民俗文化，这种亲身体验不仅增强了游客对民俗文化的兴趣和认知，也进一步拓宽了民俗文化的传播渠道。同时，旅游业的发展也推动了当地对民俗文化的保护和传承工作，通过旅游业的经济效益，更多的资源和投入被用于民俗文化的挖掘、整理、展示和传承，使这些珍贵的文化遗产得以延续并焕发新的生机。

第二，带来经济收益与文化交流。旅游业的发展无疑为当地带来了显著的经济收益，这一点对于促进地方经济繁荣和创造就业机会具有重要意义。同时，旅游业也充当了文化交流的桥梁，促进了不同文化之间的交流与融合。通过旅游活动，游客能够亲身体验并深入了解当地的文化特色，而当地居民也能与游客分享自己的文化和生活方式。这种双向的互动和交流不仅丰富了游客的旅行体验，也促进了不同文化之间的理解和尊重，有助于构建更加和谐多元的社会。

1.4 景点讲解实务的重要性

景点讲解实务在文化传承、游客体验、旅游业发展和旅游安全性等方面都具有重要的作用。因此,我们应该高度重视景点讲解实务的培训和提升工作,提升讲解员的专业素养和服务质量,为游客提供更加优质、专业的讲解服务。

1.4.1 文化传承与教育功能

景点讲解实务不仅是向游客展示景点魅力的桥梁,更是文化传承的重要载体。通过专业、准确的讲解,游客能够深入了解景点的历史背景、文化内涵和艺术价值,这不仅是对历史文化的一种保护和传承,更是对游客文化认同感和自豪感的增强。

在文化传承方面,景点讲解实务将厚重的历史脉络、独特的文化符号和珍贵的艺术遗产呈现给游客,使他们在游览的过程中感受到文化的厚重和深度。这种传承不仅是对过去历史的回顾,更是对未来文化的启示和引领,有助于构建一个更加丰富多彩、富有内涵的文化环境。

同时,景点讲解实务还具有显著的教育功能。它不仅是知识的传递者,更是智慧的启迪者。在欣赏美景的同时,游客通过讲解能够学习到丰富的知识,拓宽视野,提升自我。这种教育方式不仅具有直观性和趣味性,更能够激发游客对知识的渴望和对学习的热情,对游客的全面发展产生积极影响。

因此,景点讲解实务在文化传承与教育功能方面发挥着重要作用。它不仅是游客了解景点、感受文化的重要途径,更是保护和传承历史文化、促进文化交流与融合的重要力量。

1.4.2 提升游客体验

除了文化传承与教育功能外,景点讲解实务在提升游客体验方面也发挥着重要作用。提升游客体验是旅游业的核心目标之一,而景点讲解实务在其中扮演着至关重要的角色。一个优秀的讲解员不仅是景点的传声筒,更是文化的传播者和游客的引导者。他们通过生动的语言、丰富的知识和良好的沟通技巧,将景点的历史、文化和特色生动地展现给游客,让游客能够更深入地领略景点的魅力。

优秀的讲解员能够根据游客的需求和兴趣,提供个性化的讲解服务。他们擅长观察和聆听,能够准确捕捉游客的喜好和关注点,从而针对性地调整讲解内容和方式。这样的个性化服务能够使游客在游览过程中感受到更多的愉悦和满足,增强游客的参与感和体验感。

讲解员还能够及时解答游客的疑问,帮助游客更好地理解和欣赏景点。在游览过程中,游客可能会遇到一些困惑或不解之处,此时讲解员的及时解答能够消除游客的疑虑,提升游客的满意度。同时,讲解员还能够通过互动和问答等方式,引导游客深入思考,增强游客对景点的理解和记忆。

1.4.3 促进旅游业发展

促进旅游业发展是一个多方面、综合性的过程,其中景点讲解实务扮演着至关重要的角色。景点讲解实务不仅是旅游业发展的重要推动力,更是提升游客体验、增强景点吸引力的关键所在。

首先,通过提供专业的讲解服务,景点讲解员能够向游客传递景点的历史文化、自然风貌和人文特色,使游客在游览过程中获得更加丰富、深入的了解。这种专业的讲解服务能够吸引更多的游客前来参观游览,进而提高景点的知名度和美誉度,为旅游业的发展注入源源不断的动力。

其次,讲解员还能够为游客提供全方位的旅游咨询服务。他们熟悉当地的旅游资源、交通状况、住宿餐饮等信息,能够为游客提供个性化的旅游建议,帮助游客规划行程、安排住宿和餐饮等。这种全方位的服务不仅提升了游客的满意度,也促进了旅游业的全面发展,推动了旅游产业链的优化升级。

最后,景点讲解实务还能够促进不同文化之间的交流和融合。在讲解过程中,讲解员与游客之间的互动和交流,有助于增进彼此之间的了解和尊重，推动不同文化之间的和谐共处。这种文化交流不仅能够丰富游客的精神世界，也有助于提升当地文化的软实力，为旅游业的发展注入更多的文化内涵。

1.4.4 增强旅游安全性

讲解员作为旅游景点的专业引导者，通常对景点的地形、气候、交通等情况有着深入的了解和丰富的经验。他们在为游客提供详细讲解的同时，也能够及时提醒游客注意安全问题，预防潜在的风险。

在游览过程中，讲解员会针对景点的特定情况，如陡峭的山路、湍急的河流等，给予游客必要的警示和指导，确保游客能够安全、有序地进行参观。此外，讲解员还会密切关注天气变化，并及时传达给游客，避免游客因天气原因遭遇危险。

在紧急情况下，如突发自然灾害、交通事故等，讲解员能够迅速反应，组织游客进行疏散，并提供必要的紧急救援。他们通常接受过专业的培训，具备基本的急救知识和技能，能够在关键时刻为游客提供及时的帮助和支持，最大程度地保障游客的生命财产安全。

因此，景点讲解实务不仅为游客提供了丰富的旅游体验，还有助于增强旅游安全性，为游客的旅行保驾护航。

第 2 章

民族传统节日与民俗风情

民族传统节日与民俗风情，作为各民族历史文化的瑰宝，不仅承载着丰富的历史记忆，也展现了独特的文化魅力。这些节日和风情，既是民族认同感的体现，也是文化多样性的展示。在节日的庆祝中，人们通过特定的仪式、习俗和活动，传承着祖先的智慧和信仰，同时也增强了族群间的凝聚力和向心力。民俗风情则在日常生活的点滴中渗透，无论是服饰、饮食、建筑，还是婚丧嫁娶、节庆娱乐，都充满了浓郁的民族特色和地域风情。这些传统节日和民俗风情，不仅丰富了人们的文化生活，也促进了各民族间的交流与融合，共同构成了中华民族多彩多姿的文化景观。

2.1 汉族传统节日与习俗

汉族传统节日与习俗是中华民族宝贵的文化遗产，它们以独特的方式展现了中华民族的传统文化和民族精神。通过传承和弘扬这些传统节日与习俗，我们能够更好地保护和传承中华民族的优秀文化基因，为中华民族的伟大复兴贡献力量。

2.1.1 节日起源与背景

汉族的传统节日，作为中华文化的瑰宝，其形成与古代农耕社会的生活实践紧密相连，深受天文、历法、节气等自然现象的影响。这些节日不仅体现了古人对自然现象的观察和认知，也蕴含了深厚的文化内涵和历史背景。

例如，春节作为汉族最重要的传统节日，其起源可以追溯到古代的岁首祈岁祭祀。在古代农耕社会，人们为了祈求新的一年风调雨顺、五谷丰登，会在岁首之际举行盛大的祭祀仪式，以感谢天地、祈求丰收。随着时间的推移，这一祭祀活动逐渐演变成了春节，成为汉族人民最为盛大的传统节日，代表着农历新年的开始，寓意着团圆、和谐与希望。

再如，端午节作为另外一个重要的汉族传统节日，其起源则与古代爱国诗人屈原紧密相关。据史书记载，屈原在楚国遭受排挤和诽谤后，于五月初五投江自尽。为了纪念这位伟大的诗人，人们纷纷划船捞救，并投入粽子等食物以驱赶鱼虾，保护屈原的身体。这一习俗逐渐演变成了端午节的主要活动——赛龙舟和吃粽子，成了汉族人民纪念屈原、传承爱国精神的重要方式。

2.1.2 节日时间与周期

汉族传统节日的庆祝时间，深植于中华民族悠久的历史文化之中，多数依据农历月份和节气来确定，形成了独具一格的时间节律。例如，春节作为汉族最为重要的传统节日，每年在农历正月初一盛大庆祝，标志着新一年的开始，寓意着团圆、和谐与希望。紧随其后的是元宵节，于农历正月十五庆祝，此时人们会欣赏花灯、猜灯谜，共度欢乐时光。

清明节则是一个融合了节气与节日双重意义的特殊日子,通常在公历 4 月 5 日前后,即春分后的第 15 天,人们会扫墓祭祖、踏青赏花,缅怀先人,同时也享受春天的美好。而端午节,则在农历五月初五如期而至,人们会包粽子、赛龙舟,以纪念古代爱国诗人屈原,传承民族精神和文化。

这些节日的周期性庆祝,不仅体现了汉族人民对时间流转的敏感和精准把握,也反映了他们对传统习俗的深厚情感和尊重。这些节日不仅是汉族人民生活中的重要节点,更是传承和弘扬中华优秀传统文化的重要载体。

2.1.3 节日习俗与活动

2.1.3.1 春节

春节,作为汉族最重要的传统节日,承载着丰富的文化内涵和深厚的民俗意义。春节期间,人们沉浸在欢乐与祥和的氛围中,进行着一系列丰富多彩的庆祝活动。家家户户都会贴春联,营造出浓厚的节日氛围;鞭炮声声,寓意驱邪避祟,祈求新的一年平安吉祥。除夕夜,更是全家人团聚的温馨时刻,家人们围坐在一起,享用丰盛的年夜饭,共同观看春晚,分享着彼此的喜悦和期待。此外,还有舞龙舞狮、打太平鼓等传统表演,以及放鞭炮等各种民间游戏和娱乐活动,让人们在欢声笑语中感受到春节的独特魅力和传统文化的博大精深。

2.1.3.2 元宵节

元宵节,作为春节之后的第一个重要节日,承载着丰富的民俗文化和深厚的历史底蕴。在这一天,人们会欢聚一堂,共享团圆之乐。传统的习俗中,吃元宵是不可或缺的环节,这种由糯米粉制成的甜品,包裹着甜蜜的馅料,不仅口感软糯,更寓意着家庭的团圆和生活的幸福。同时,赏花灯也是元宵节的一大亮点,各式各样的花灯竞相绽放,形态各异,色彩斑斓,包括栩栩如生的动物、娇艳欲滴的花卉和惟妙惟肖的人物等,它们点亮了夜空,也为节日增添了浓厚的喜庆氛围。此外,舞龙等表演更是将节日的欢乐推向了高潮,舞动的龙身伴随着欢快的锣鼓声,展现了人们对美好生活的向往和追求。

2.1.3.3 清明节

清明节,作为中国传统的祭祀祖先和扫墓的重要节日,承载着深厚的文化内涵和民族情感。在这一天,人们会纷纷前往墓地,进行扫墓祭祖活动，清扫墓地、献上鲜花和供品，缅怀先人，表达对他们的敬意和思念。这不仅是对逝者的一种纪念，更是对家族血脉和传统文化的传承。同时，清明节也是春天的重要节点，人们会借此机会走出户外，享受春天的气息，进行一些与春天和户外活动相关的传统习俗，如荡秋千、蹴鞠等。这些活动不仅增添了节日的欢乐氛围，也促进了人们身心健康的发展，使清明节成了一个既庄重又充满生机的节日。

2.1.3.4 端午节

端午节，源于古老的历史传统，不仅是对古代爱国诗人屈原的缅怀与纪念，更是中华民族文化的重要载体。在这一天，人们会遵循传统习俗，品尝美味的粽子，参与激烈的赛龙舟活动，并在门前悬挂艾草以驱邪避害。粽子，这一由糯米和各种馅料精心包裹而成的美食，不仅承载着丰富的营养价值，更寄托了人们对于美好生活的向往与祈愿。而赛龙舟这一传统水上运动，不仅展现了团队协作的力量与竞技的激情，更象征着中华民族勇往直前、团结一心的精神风貌。这些传统习俗的流传，不仅让端午节的文化内涵得以传承，更让人们在庆祝节日的同时，感受到中华文化的博大精深与独特魅力。

2.1.4 节日意义与价值

汉族传统节日与习俗，作为中华文化的瑰宝，不仅承载着中华民族的传统美德和文化特色，更蕴含着深厚的文化内涵和历史价值。这些节日习俗在世代相传中，不仅传承了传统文化，更在潜移默化中教化了人们的思想道德，增强了民族凝聚力和认同感。

每一个传统节日都有其独特的意义和象征，如春节象征着团圆和新生，清明节寄托着对先人的哀思和怀念，端午节则纪念着爱国诗人屈原的忠诚与伟大。这些节日习俗通过丰富多彩的活动和仪式，如放鞭炮、贴春联、扫墓祭祖、吃粽子等，让人们在参与中感受到中华文化的博大精深和独特魅力。

通过庆祝传统节日和参与传统习俗活动，人们不仅能够更好地了解和欣赏中华文化的独特魅力，更能够深化对民族文化的认同感和自豪感。同时，这些节日习俗也在无形中培养了人们的道德观念、审美情趣和人文素养，促进了社会的和谐稳定与繁荣发展。

因此，汉族传统节日与习俗不仅是中华民族的文化瑰宝，更是连接过去与未来、传承与创新的重要桥梁。我们应当珍视和传承这些传统节日与习俗，让它们在新时代焕发出新的生机与活力。

2.2 蒙古族那达慕大会与草原文化

那达慕大会作为蒙古族文化的集中体现，不仅展示了蒙古族人民的勇敢、智慧和才艺，也传承和弘扬了蒙古族优秀的传统文化。同时，那达慕大会也体现了草原文化的内涵和特点，如游牧文化、崇尚自然、团结互助、勇敢智慧等。因此，我们应该重视和保护那达慕大会这一宝贵的文化遗产，促进草原文化的传承和发展。

2.2.1 那达慕大会的起源与活动内容

那达慕大会，这一富有特色的蒙古族传统节日，其名称在蒙古语中蕴含着“娱乐、游戏”的意味。它的起源可以追溯到蒙古汗国建立的初期，那时的蒙古族人民为了欢庆丰收、检阅英勇的部队以及加强各部落之间的紧密联系，便设立了这样一个盛大的集会。

那达慕大会的活动内容异常丰富多彩，每一项都承载着深厚的文化底蕴。其中，赛马、摔跤和射箭是那达慕的传统竞技项目，被誉为“男儿三艺”。这些竞技不仅是对参赛者体力与技能的考验，更是对他们勇气与智慧的挑战。在激烈的比赛中，蒙古族人民的勇敢与坚韧得到了充分的体现。

除了这些竞技项目，那达慕大会还融合了歌舞表演、棋艺对决等文化活动。歌舞表演中，演员们身着华丽的民族服饰，以动人的歌声和优美的舞姿，展现了蒙古族的文化魅力和艺术才华。而棋艺对决，则是智者们在没有硝烟的战场上进行的较量，每一步棋都蕴含着深厚的策略与智慧。

2.2.2 那达慕大会的文化意义

那达慕大会，作为蒙古族文化的重要载体，承载着深厚的文化内涵，具有多重文化意义。

首先，那达慕大会是蒙古族人民团结、友谊和竞争的象征。这一盛会不仅是蒙古族人民欢聚一堂、共襄盛举的庆典，更是加强部落间联系、促进民族团结的桥梁。在竞技活动中,蒙古族人民展现了他们的勇敢、智慧和力量,通过比赛和交流,增进了彼此之间的了解和友谊,强化了民族的凝聚力和向心力。

其次,那达慕大会是蒙古族人民传统文化的重要展示平台。在这个盛大的节日里,蒙古族人民通过歌舞、棋艺、摔跤、赛马等传统文化活动,展示了他们独特的民族风情和文化魅力。这些活动不仅传承和弘扬了蒙古族优秀的传统文化,也为观众提供了欣赏和了解蒙古族文化的机会,促进了民族文化的交流和传播。

最后,那达慕大会也是蒙古族人民对自然和生命的敬畏和尊重的体现。在大会期间,蒙古族人民会举行祭祀、祈福等活动,表达对自然恩赐的感激和对生命的珍视。这些活动不仅体现了蒙古族人民对自然和生命的敬畏之心,也反映了他们与自然和谐共生的生活理念。

2.2.3 草原文化的内涵与特点

草原文化,作为一种独特的地域文化形态,深深植根于广袤无垠的草原之上,是世代生息在草原地区的先民、部落、民族共同创造的一种与草原生态环境相适应的文化。它不仅包含了丰富的历史底蕴,更蕴含了独特的思想内涵和鲜明的文化特点。

2.2.3.1 游牧文化的核心地位

草原文化的核心在于游牧文化,这是由其独特的地理环境决定的。草原地区地势平坦,气候适宜,水草丰美,为游牧生活提供了得天独厚的条件。因此,游牧成了草原地区主要的生产方式,也构成了草原文化的基础。

在游牧文化中,蒙古族人民以其独特的智慧和勤劳,创造了一系列与游牧生活相适应的生产生活方式以及风俗习惯。他们驯化了马、牛、羊等牲畜,形成了独特的游牧经济体系;他们创造了独具特色的游牧民居——蒙古包,以适应草原地区多变的气候和地理环境;他们发展了丰富多彩的游牧文化娱乐活动,如那达慕大会等,以丰富游牧生活,增强民族凝聚力。

2.2.3.2 崇尚自然的生态观念

草原文化强调人与自然的和谐共生,尊重自然、敬畏自然、顺应自然。

这种崇尚自然的观念在蒙古族人民的生活中得到了充分体现。他们深知草原是他们赖以生存的基础,因此他们十分珍惜草原资源,尊重自然规律,努力保持草原生态平衡。

在那达慕大会等传统节日中,蒙古族人民会举行祭祀、祈福等活动,以表达对自然恩赐的感激和敬畏。他们通过这些活动,传承和弘扬了崇尚自然的生态观念,也教育和引导了后代要珍惜自然资源,保护生态环境。

2.2.3.3 团结互助的社会风尚

草原地区环境恶劣、资源有限,因此草原文化强调团结互助、共同发展的精神。这种精神在蒙古族人民的生活中得到了充分体现。他们深知只有团结一心,才能共同抵御自然灾害和外敌入侵;只有互相帮助,才能共同度过困难时期。

在那达慕大会等竞技活动中,蒙古族人民展现了团结互助的精神风貌。他们不仅注重个人技艺的展示,更强调团队合作和互助精神。通过竞技活动,他们增进了彼此之间的友谊和信任,也促进了社会的和谐稳定。

2.2.3.4 勇敢智慧的民族品质

草原文化中的勇敢和智慧是蒙古族人民在长期游牧生活中形成的独特品质。他们勇敢无畏,敢于面对困难和挑战;他们智慧过人,善于利用自然资源和环境的优势来发展生产和生活。

在那达慕大会等竞技项目中,蒙古族人民展现了勇敢和智慧的品质。他们驾驭着骏马在草原上飞驰,展现了勇敢无畏的精神;他们运用智慧和技巧在摔跤、射箭等项目中取得了优异成绩,展现了智慧过人的品质。这些品质不仅为蒙古族人民赢得了荣誉和尊重,也为草原文化增添了独特的魅力。

2.3 傣族泼水节与热带风情

泼水节作为傣族文化的重要组成部分,其形成和发展与热带地区的自然环境密切相关,同时也体现了热带文化的特色和魅力。通过泼水节等传统节日的举办,不仅促进了当地旅游业的发展和经济繁荣,也加强了与东南亚各国的友好合作交流,为推动西双版纳社会经济文化的发展做出了积极贡献。

2.3.1 傣族泼水节的文化背景

傣族泼水节,作为傣族最为盛大的传统节日之一,其历史起源深远,文化内涵丰富。这一节日不仅承载着傣族人民数百年的传统习俗,更是傣族水文化、音乐舞蹈文化、饮食文化、服饰文化等多元文化的集中展现。

2.3.1.1 历史起源

傣族泼水节的历史可以追溯到公元5世纪的波斯,与佛教的传入紧密相关。据史籍记载,傣族泼水节最初是古婆罗门教的一种宗教仪式,后来随着佛教在傣族地区的广泛传播,这一仪式逐渐演变成为傣族人民盛大的节日——泼水节。数百年来,泼水节在傣族地区流传不息,成了傣族文化的重要组成部分。

泼水节的起源与傣族地区的气候环境密切相关。傣族主要聚居在云南省的西双版纳地区,这里气候炎热,雨水充沛,水资源丰富。因此,傣族人民对水有着特殊的感情和敬畏之心。在泼水节期间,人们通过相互泼水的方式,表达对水的热爱和敬畏,同时也祈求洗去一年的疾病和灾难,带来幸福和吉祥。

2.3.1.2 文化意义

泼水节对傣族人民来说,具有深厚的文化意义。

首先,泼水节是傣族人民信仰佛教的重要体现。在泼水节期间,人们会前往寺庙参拜,聆听高僧诵经,进行祈福活动。这些活动不仅加深了傣族人民对佛教的信仰,也促进了佛教在傣族地区的传播和发展。

其次,泼水节是展现傣族水文化的重要舞台。傣族人民依水而居,与水为伴,形成了独特的水文化。在泼水节期间,人们通过相互泼水的方式,表达对水的热爱和敬畏。同时,人们还会进行赛龙舟、放河灯等与水相关的活动,这些活动不仅丰富了傣族人民的文化生活,也加深了他们对水文化的认同和传承。

再次,泼水节是展现傣族音乐舞蹈文化的重要平台。在泼水节期间,傣族人民会穿上节日的盛装,跳起欢快的舞蹈,唱起悠扬的歌曲。这些歌曲和舞蹈不仅展现了傣族人民的音乐舞蹈才华,也表达了他们对幸福生活的向往和追求。通过音乐和舞蹈的交流,傣族人民与来自四面八方的游客建立了深厚的友谊,促进了不同民族之间的文化交流与融合。

然后,泼水节还是展现傣族饮食文化和服饰文化的重要场合。在泼水节期间,人们会准备各种美食和饮品,如酸笋鱼、糯米饭、傣味烧烤等,这些美食不仅满足了人们的味蕾需求,也展现了傣族独特的饮食文化。同时,人们还会穿上精美的傣族服饰,这些服饰色彩鲜艳、款式独特,不仅展现了傣族人民的审美观念,也传承了傣族服饰文化的精髓。

最后,泼水节还是加强西双版纳全州各族人民大团结的重要纽带。在泼水节期间,西双版纳全州各族人民欢聚一堂,共同庆祝这一盛大的节日。人们通过相互泼水、共同歌舞等方式,增进了彼此之间的了解和友谊,加强了全州各族人民的团结和凝聚力。同时,泼水节也为西双版纳与东南亚各国友好合作交流提供了良好的契机,促进了全州社会经济文化的发展。

2.3.2 热带风情的特征

热带地区,作为地球上一种独特的地理区域,以其鲜明的自然环境与文化特色吸引着世界的目光。这里,温暖湿润的气候、茂密的植被和丰富的生物多样性共同构成了热带风情的基石,为热带地区的民族提供了丰富的物质和文化资源。

2.3.2.1 自然环境

热带地区的气候特征是温暖湿润,四季不分明,阳光充足,雨量充沛。

这种气候条件使得热带地区的植被异常茂盛,从低矮的灌木到高耸的热带雨林,各种植物在这里都能找到适宜的生长环境。丰富的植物资源不仅为热带地区的动物提供了丰富的食物来源,也为当地居民提供了各种生活所需。

热带地区的生物多样性是其最为显著的特征之一。从微小的昆虫到庞大的哺乳动物,从五彩斑斓的鸟类到形态各异的爬行动物,热带地区的生物种类繁多,数量庞大。这种丰富的生物多样性不仅体现了热带地区生态系统的复杂性,也为科学研究提供了宝贵的资源。

2.3.2.2 文化特色

热带地区的民族在长期与自然环境的相互作用中,形成了独具特色的热带文化。这种文化不仅体现在物质层面,如饮食、服饰、建筑等,更体现在精神层面,如艺术、习俗等。

在饮食方面,热带地区的民族善于利用丰富的植物资源,制作出各种美味佳肴。如傣族的竹筒饭、菠萝饭等,它们不仅味道鲜美,而且营养丰富。此外,热带地区的水果种类繁多,如椰子、菠萝蜜、榴莲等,都是当地居民喜爱的美食。

在服饰方面,热带地区的民族注重实用与美观的结合。由于气候炎热,他们的服饰通常轻薄透气,多采用棉麻等天然材料制成。同时,他们还在服饰上绣制各种图案,以展现自己的民族特色。

在建筑方面,热带地区的建筑多采用木材、竹子等天然材料,结构轻巧,通风良好。如傣族的竹楼,就是热带地区建筑的典型代表。这种建筑不仅适应了热带地区的气候特点,还体现了当地居民的智慧和创新精神。

在艺术方面,热带地区的民族有着丰富多彩的艺术形式。他们善于利用身边的材料创作出各种艺术品,如木雕、石雕、刺绣等。这些艺术品不仅具有观赏价值,还蕴含着丰富的文化内涵。

在习俗方面,热带地区的民族有着自己独特的信仰和习俗。他们尊重自然,崇拜祖先,注重家庭和社会和谐。这些信仰和习俗不仅体现了热带地区民族的精神风貌,也为当地社会的稳定和发展提供了保障。

2.3.3 傣族泼水节与热带风情的关联

傣族泼水节,作为傣族文化中一颗璀璨的明珠,其独特的魅力与热带风情紧密相连。这种关联不仅体现在自然环境的影响上,更深刻地体现在文化特色的展现和社会经济的推动上。

2.3.3.1 自然环境的影响

傣族泼水节的形成和发展与热带地区的自然环境密不可分。

首先,丰富的水资源是泼水节得以举行的重要条件。在热带地区,由于雨水充沛,江河湖泊众多,这为傣族人民提供了充足的用水资源。泼水节期间,人们纷纷走上街头,手持水盆、水枪等工具,相互泼水祝福,寓意着洗去一年的尘埃和烦恼,祈求来年的平安和幸福。这种独特的泼水习俗正是热带地区丰富水资源的生动体现。

其次,温暖湿润的气候为泼水节提供了独特的自然条件。这种气候使得泼水节期间的气温适宜,人们可以在户外尽情享受泼水的乐趣。同时,湿润的气候也使得热带地区的植物繁盛,景色宜人,为泼水节增添了浓厚的节日氛围。

2.3.3.2 文化特色的体现

泼水节作为傣族文化的代表之一,其文化内涵和特色与热带风情相得益彰。在泼水节期间,人们穿着具有热带特色的服饰,这些服饰多以轻薄、透气、色彩鲜艳为主,如傣族妇女常穿的筒裙和紧身衣,不仅展现了傣族人民的美丽身姿,也体现了热带地区的气候特点。

此外,泼水节期间的美食也充满了热带风情。如酸笋煮鱼、香竹饭、菠萝饭等,都是泼水节期间不可错过的美食。这些美食不仅味道鲜美,而且营养丰富,充分展现了傣族人民的烹饪技艺和热带地区的食材优势。

在泼水节期间,人们还会欣赏到具有热带风情的音乐和舞蹈表演。傣族人民善于用音乐和舞蹈表达内心的情感,他们的音乐和舞蹈充满了热带地区的热情和活力。如象脚鼓舞、孔雀舞等,都是傣族人民在泼水节期间常表演的舞蹈,这些舞蹈不仅展现了傣族人民的舞蹈才华,也体现了热带文化的多样性和魅力。

2.3.3.3 社会经济的推动

泼水节作为傣族地区的传统节日,吸引了大量游客前来观光旅游。这不仅促进了当地旅游业的发展,也为当地经济注入了新的活力。在泼水节期间,各地会举办各种庆祝活动和文艺演出,吸引了众多游客前来观看和参与。这些活动不仅丰富了人们的文化生活,也带动了当地餐饮、住宿、交通等相关产业的发展。

同时,泼水节还加强了西双版纳全州各族人民的大团结,促进了与东南亚各国的友好合作交流。在泼水节期间,来自不同地区和国家的游客和嘉宾齐聚一堂,共同庆祝这一盛大的节日。这种跨文化的交流和合作不仅增进了不同民族之间的了解和友谊,也为西双版纳的开放和发展提供了重要机遇。

 2.4 藏族雪顿节与藏族风情

藏族雪顿节,作为藏族文化璀璨夺目的瑰宝,不仅通过盛大的庆典与庄严的仪式深度挖掘并传承了藏族悠久的传统文化与坚韧不拔的民族精神,还以节日期间藏族民众独有的生活方式、服饰风格、歌舞艺术及饮食习惯等,全方位、多角度地展现了藏族风情的独特韵味。这些元素相互交织,共同编织成一幅幅生动绚丽的文化画卷。雪顿节不仅深刻体现了藏族文化的多样性和包容性,也以其独特的魅力跨越时空界限,吸引着国内外众多游客与学者前来探寻与体验,进一步促进了藏族文化的传播与交流。

2.4.1 藏族雪顿节的起源与主要活动

2.4.1.1 起源

雪顿节,作为西藏、青海、甘肃、四川、云南等藏族聚居地区的传统庆典,不仅承载着深厚的民族文化底蕴,还因其独特的文化内涵与庆祝方式,被赋予了国家级非物质文化遗产的崇高地位。该节日的核心——“雪顿”(意为酸奶宴),直接映射了藏族人民对酸奶子的喜爱与珍视,体现了饮食文化在民族节日中的重要地位。随着时代的变迁,雪顿节逐渐融合了藏戏这一古老艺术的表演与庄严的晒佛仪式,使得节日内容更加丰富多元。雪顿节不仅是一场味蕾的盛宴,更是一次心灵的洗礼与文化的传承。2006 年,雪顿节正式被纳入国家级非物质文化遗产名录,标志着这一民族瑰宝得到了国家层面的认可与保护,遗产编号 X-31 的赋予,更是对其历史价值、文化意义及民族特色的高度肯定。

雪顿节的历史可追溯至 17 世纪之前,其起源根植于原始宗教的深刻影响之中。据传,鉴于夏季时节气候回暖,生灵活跃,为避免僧众外出时无意间触犯“不杀生”的宗教戒律,格鲁派遂制定了严格的规定,要求僧人在藏历四至六月期间于寺庙之内严格闭关修行,直至六月末方得解禁。解禁之日,僧侣们纷纷踏出寺门,重返世俗世界,民众则以备好的酸奶盛宴作为对僧侣辛勤修行的感激与回馈,共同举办郊游野宴,期间还伴有藏

戏的精彩演出。这一融合了宗教仪式与民俗庆典的活动,逐渐演变并固定下来,成了今日所见的雪顿节。

2.4.1.2 主要活动

随着时代的变迁,雪顿节逐渐融合了藏戏表演和晒佛仪式,形成了今天丰富多彩的节日内容。传统的雪顿节以神圣的展佛仪式拉开序幕,这一庄严的宗教活动不仅彰显了藏传佛教的深厚底蕴,也预示着节日庆典的正式开始。随后,节日的重心转向丰富多彩的藏戏表演,观众沉浸在古老而精彩的剧情中,体验着藏族文化的独特魅力。与此同时,群众游园活动热闹非凡,人们身着节日盛装,欢声笑语中享受着团聚的乐趣。此外,雪顿节还伴有激动人心的赛牦牛和马术表演,展现了藏族人民坚韧不拔、勇于挑战的精神风貌。所有这些活动,都以拉萨西郊的罗布林卡为舞台中心,这里不仅承载着节日的欢庆,更成了展现藏族传统文化与生活习俗的重要窗口。

雪顿节,作为拉萨这座城市幸福与繁荣的象征,依托其深厚的雪顿文化底蕴,巧妙编织起一系列丰富多彩的文化活动。从卷佛像的庄严展示到藏戏的生动展演,从唐卡艺术的璀璨展览到徒步大会的活力展现,再到民族音乐的深度研讨交流与净土健康产业的创新推介,这些活动不仅促进了历史与现实的和谐对话,实现了传统文化与现代创新的深度融合,还展现了科技力量与人文精神的交相辉映,以及产业发展与民生福祉的紧密联结。这一系列举措,如同强大的引擎,汇聚了社会各界的力量与民心,共同推动拉萨向着持续健康发展与社会长治久安的宏伟目标稳步前行,塑造了古城拉萨在新时代下的崭新风貌与辉煌未来。

2.4.2 藏族雪顿节中的藏族风情

2.4.2.1 传统文化的传承

雪顿节,作为藏族人民的传统节日,不仅是他们生活中不可或缺的一部分,更是传承和弘扬藏族文化的重要时刻。这一节日承载着丰富的历史底蕴和文化内涵,通过一系列独特的庆祝活动和仪式,展现了藏族文化的独特魅力和深刻价值。

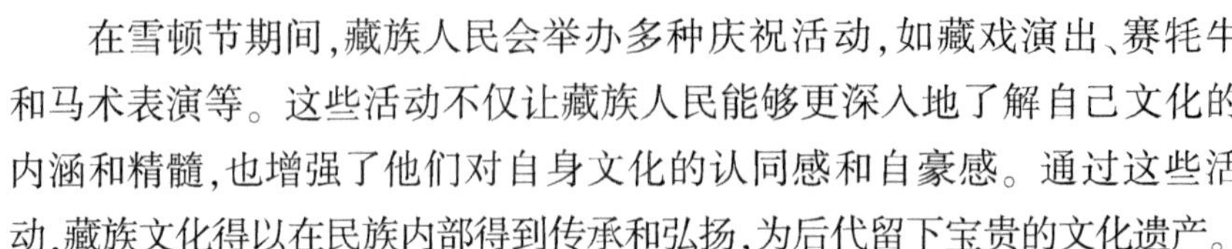

在雪顿节期间，藏族人民会举办多种庆祝活动，如藏戏演出、赛牦牛和马术表演等。这些活动不仅让藏族人民能够更深入地了解自己文化的内涵和精髓，也增强了他们对自身文化的认同感和自豪感。通过这些活动，藏族文化得以在民族内部得到传承和弘扬，为后代留下宝贵的文化遗产。

同时，雪顿节也吸引了大量游客前来观赏和参与。这些游客来自五湖四海，他们通过参与雪顿节的庆祝活动，亲身感受藏族文化的独特魅力，从而对藏族文化有了更深入的了解和认识。这为推广和传承藏族文化提供了良好的平台，使得藏族文化能够走出西藏，走向世界，为更多人所了解和欣赏。

因此，雪顿节不仅是藏族人民传承和弘扬自己文化的重要时刻，也是推广和传承藏族文化的重要平台。我们应该珍视和传承这一传统节日，让它在新的历史时期继续发挥重要作用，为传承和弘扬中华优秀传统文化做出更大贡献。

2.4.2.2 民族精神的展现

在雪顿节这一盛大的传统节日里，藏族人民以他们独特的方式，深刻展现了民族精神的丰富内涵。节日期间，藏族同胞们纷纷身着色彩斑斓、寓意深远的节日盛装，这些服饰不仅是他们传统文化的直观体现，更是对美好生活的向往和追求。

雪顿节上，藏族人民通过载歌载舞、传统游戏等多种形式，共同庆祝这一属于他们的节日。这些活动不仅表达了藏族人民团结友爱的精神，也展现了他们热情好客、勤劳勇敢的民族特质。在欢快的歌声和舞步中，藏族人民以心灵深处的情感，传递着对美好生活的热爱和对和谐社会的向往。

此外，雪顿节作为一个民族文化的盛会，也促进了不同民族之间的文化交流与融合。来自四面八方的游客和各族同胞，在这里共同感受着藏族文化的独特魅力，体验着不同民族之间的和谐共处。这种文化的交流与融合，不仅丰富了中华民族的文化内涵，也增强了中华民族的凝聚力和向心力。

第3章

工艺美术与民间技艺

工艺美术与民间技艺是紧密相关的两种艺术形式，它们共同体现了人类创造力和文化多样性的精髓。工艺美术，作为一种将实用与艺术相结合的艺术形式，涵盖了多种手工技术，如金工、木工、编织等，其作品不仅具有实用性，更富有装饰性和审美价值。民间技艺则更多地体现了地域文化和民族传统的特色，如剪纸、刺绣、陶瓷等，这些技艺通常由普通民众创作和传承，反映了当地人民的生活方式、习俗和文化传统。工艺美术和民间技艺在技艺展示、文化传承和审美表达等方面各具特色，共同构成了丰富多彩的人类文化遗产。

3.1 中国刺绣艺术的魅力与传承

中国刺绣艺术以其悠久的历史底蕴、独特的技艺特点、极高的艺术价值和现代传承方式,展现了其独特的魅力和价值。在未来的发展中,需要继续加强中国刺绣艺术的传承与创新工作,让其焕发出更加璀璨的光芒。

3.1.1 历史底蕴

中国刺绣艺术,作为中华民族的文化瑰宝,其历史底蕴深厚,源远流长。自古以来,刺绣便在中国人民的日常生活中扮演着举足轻重的角色,其技艺与美学价值随着时间的沉淀而愈发凸显。

3.1.1.1 远古时期的刺绣艺术

据史书记载,刺绣的起源可以追溯到远古时期。当时,人们为了御寒和遮羞,开始使用针线缝制衣物和饰品。这些原始的缝制技艺虽然简单,但已经为刺绣艺术的发展奠定了基础。人们通过基本的针线操作,初步探索了图案装饰的可能性,为后来的刺绣艺术积累了丰富的实践经验。

3.1.1.2 殷周时期的刺绣发展

自殷周时期以来,中国刺绣艺术进入了快速发展阶段。这一时期的刺绣作品,色彩鲜艳,图案精美,展现了古人高超的刺绣技艺和独特的审美观念。刺绣不再仅仅局限于实用性,更开始注重其装饰性和艺术价值。同时,这些刺绣作品也反映了当时社会的文化风貌,如神话传说、历史故事、自然景观等,都成了刺绣艺术的创作素材,丰富了刺绣作品的文化内涵。

3.1.1.3 汉代至唐代的刺绣演变

在汉代至唐代期间,中国刺绣艺术经历了进一步的演变和发展。汉代的刺绣作品以细腻、精致著称,图案多为吉祥纹样和神话传说,体现了当时人们对美好生活的向往和追求。而到了唐代,刺绣艺术更加注重色彩的搭配和整体的构图,展现了盛唐时期的繁荣与开放。这一时期的刺绣作品不仅技艺精湛,而且风格多样,为后来的刺绣艺术发展奠定了坚实的基础。

3.1.1.4 宋元明清时期的刺绣巅峰

到了宋元明清时期,中国刺绣艺术达到了巅峰状态。这一时期的刺绣作品在技法、图案和风格上都达到了前所未有的高度。宋代刺绣注重写实和细腻的表现手法,元代则吸收了少数民族的文化元素,形成了独特的风格。明清时期的刺绣艺术更是丰富多彩,既有宫廷的华丽富贵之作,也有民间的朴素自然之品。各种技法层出不穷,作品风格各异,充分展示了中国刺绣艺术的魅力和多样性。

3.1.1.5 现代刺绣艺术的传承与发展

如今,中国刺绣艺术已经走向世界,成了展示中华文化的重要载体。在现代社会,刺绣艺术不仅得到了有效的传承和保护,还在不断创新和发展中焕发出新的生机与活力。无论是在国际文化交流中,还是在日常生活中,我们都可以看到刺绣艺术的身影。它以其独特的魅力和深厚的文化底蕴,吸引着越来越多的人去了解和欣赏。

3.1.2 技艺特点

中国刺绣艺术的技艺特点主要体现在以下几个方面:

一是线条精细流畅。中国刺绣艺术博大精深,其中线条的运用是其精髓之一。刺绣的线条追求极致的精细与流畅,不仅体现了艺术家的深厚功底,也传达出作品所蕴含的深刻内涵。这些线条在刺绣中扮演着至关重要的角色,它们既要有力度的展现,以突显作品的生动与力量,又需融入柔美之感,为作品增添一份温婉与雅致。通过艺术家们巧夺天工的针法和丰富多彩的线色运用,这些线条能够巧妙地交织在一起,形成丰富的层次感和立体感,使刺绣作品呈现出更加生动、逼真的艺术效果。

二是色彩鲜艳和谐。刺绣的色彩运用追求鲜艳而不失和谐,既要展现出强烈的对比效果,又要实现色彩间的自然过渡。艺术家们巧妙运用不同色调和色块,在细节中体现微妙的色彩变化,使作品呈现出既有视觉冲击力又富有层次感的艺术效果。这些色彩的巧妙搭配,不仅能增强刺绣作品的艺术表现力,还能够深刻表达丰富的情感和意境,让观者感受到作品背后的故事与情感。

三是构图简洁明了。刺绣的构图是展现其艺术魅力的关键所在。它要求艺术家在有限的绣布上,以简洁明了的线条和图案布局,巧妙地营造出主次分明、虚实相生的视觉效果。这种构图方式不仅注重画面的整体和谐,还强调细节的精致处理。艺术家们通过精心构思和巧妙布局,使得绣品中的每一个元素都相得益彰,共同构建出一个富有层次感和立体感的艺术空间。同时,他们善于运用虚实对比的手法,通过光影的明暗变化和色彩的深浅搭配,进一步增强了绣品的空间感和节奏感,使得整个作品更加生动、有趣,充满了艺术感染力。

此外,中国刺绣还具有流派众多的特点。这些流派在地域、风格、技艺等方面都有所不同,形成了各具特色的艺术风格。例如,苏绣以其细腻精致、典雅清新而著称;湘绣则以色彩鲜艳、构图饱满而备受赞誉;蜀绣以其工艺细腻、线条流畅而独树一帜;粤绣则以其金碧辉煌、富丽堂皇而独领风骚。每个流派都有其独特的风格和技艺特点,共同构成了中国刺绣艺术的丰富多彩。

3.1.3 艺术价值

中国刺绣艺术具有极高的艺术价值,主要体现在以下几个方面:

一是审美价值。刺绣艺术不仅承载着深厚的历史文化底蕴,更以其独特的审美价值吸引了无数人的目光。作为中国传统工艺的重要组成部分,刺绣作品以其精美的图案设计、丰富的色彩搭配和细腻的线条勾勒,将创作者的情感和匠心独具的技艺完美融合,展现出无与伦比的审美魅力。这些作品不仅富有观赏性,更能让人在欣赏中感受到艺术的魅力与韵味,从而获得心灵的净化和美的享受。刺绣艺术的审美价值,不仅在于其表面的华美,更在于其深层的文化内涵和时代精神。

二是文化价值。刺绣作品作为中国传统艺术的瑰宝,其深厚的文化底蕴和独特的艺术魅力不容忽视。这些作品不仅生动地反映了中华民族悠久的历史和文化传统,通过细腻的线条和丰富的色彩,再现了古代社会的风貌和人们的生活场景。同时,刺绣作品也展现了中华民族的审美观念和精神追求,体现了中华民族对美好生活的向往和对和谐社会的追求。无论是寓意吉祥的图案,还是象征美好的色彩搭配,都蕴含着深厚的文化内涵和人文情怀,成为传承和弘扬中华文化的重要载体。

三是收藏价值。刺绣作品凭借其独特的艺术魅力和精湛的技艺,自然而然地具备了极高的收藏价值。这些作品往往融合了精湛的手工技艺、深厚的文化底蕴和独特的创意,每一幅都是独一无二的。刺绣作品的

稀缺性和其背后的文化价值,使得它们成了收藏家们竞相追逐的珍品。这些珍贵的刺绣作品不仅代表了匠人的心血和才华,更是中华民族传统文化的瑰宝,具有极高的历史、文化和艺术价值。因此,刺绣作品在收藏界中备受瞩目,成为众多收藏家们争相收藏的对象。

3.1.4 现代传承

随着时代的变迁,中国刺绣艺术也面临着传承与创新的挑战。为了保持刺绣艺术的活力和魅力,需要采取以下措施进行现代传承。

第一,加强教育普及。加强教育普及是传承和发展刺绣艺术的关键。我们应当积极开设刺绣课程,将其纳入学校艺术教育体系,让青少年从小就能接触到刺绣艺术,感受其独特的魅力。同时,通过举办刺绣展览、艺术讲座和工作坊等形式多样的活动,向公众展示刺绣艺术的精湛技艺和丰富内涵,提高大众对刺绣艺术的认识和兴趣。这些举措不仅有助于培养新一代的刺绣艺术传承人,还能让更多人了解和欣赏到刺绣艺术的独特价值,以进一步推动刺绣艺术的传承和发展。

第二,传承与创新相结合。传承与创新相结合是中国刺绣艺术持续发展的关键。在坚守和传承传统刺绣技艺的精髓与魅力的同时,我们积极融入现代审美观念和技法,努力探索刺绣艺术的新表达和新形式。这种结合不仅让刺绣作品更加符合现代人的审美需求,提高了其实用性和市场价值,更重要的是,它推动了刺绣艺术的创新和发展,为这一古老艺术注入了新的活力和生命力。通过这样的方式,我们不仅能够传承和弘扬中华优秀的刺绣文化,还能够使其在新的时代背景下焕发出更加璀璨的光彩。

第三,拓展应用领域。刺绣艺术作为一种独特的艺术形式,其应用领域不应局限于传统的工艺品制作。我们应当积极探索将刺绣艺术应用于更广泛的领域,如将精美的刺绣图案融入现代服装设计,打造独具特色的时尚单品;或将刺绣元素应用于家居装饰,为家庭空间增添一份雅致与品位;再者,刺绣艺术还可作为艺术品制作的重要素材,创作出具有收藏价值的作品。这些拓展不仅能够有效拓宽刺绣艺术的市场空间,为产业发展注入新的活力,还能让更多的人在日常生活中接触到、了解和欣赏到刺绣艺术的独特魅力,从而进一步推动刺绣艺术的传承与发展。

3.2 青花瓷与陶瓷艺术的讲解技巧

3.2.1 历史背景、起源与发展

3.2.1.1 历史背景

陶瓷艺术,作为中国古代工艺美术的璀璨瑰宝,承载着中华民族数千年的文化积淀。其历史可追溯到新石器时代,那时已出现了风格粗犷、朴实的彩陶和黑陶,这些早期作品不仅展示了古人对材质与火候的精湛把控,更体现了他们对美的独特追求。青花瓷,则是陶瓷艺术中的一颗璀璨明珠,它起源于唐代,起初的样式和色彩相对简单。然而,经过宋、元、明、清等朝代的不断发展和完善,青花瓷的技艺逐渐成熟,图案愈发精美,色彩更加艳丽,最终成为瓷器的主流品种之一,深受国内外人们的喜爱和追捧。

3.2.1.2 起源与发展

青花瓷的起源可追溯至古代中国对瓷器工艺的深入探索与创新。这种独特的瓷器是以含氧化钴的钴矿为原料,在精选的陶瓷坯体上精心描绘出各种纹饰,随后再覆盖上一层透明釉料,最后经过高温还原焰的烧制,一次成型。青花瓷的诞生不仅体现了古代工匠对色彩与工艺的深刻理解,也彰显了中国陶瓷艺术的独特魅力。而陶瓷艺术的发展历程同样波澜壮阔,从远古时期的原始彩陶,到秦汉时期的青瓷、黑瓷和釉陶,再到唐宋时期的白瓷和青瓷,直至元明清时期成熟瓷器的出现,这一历程见证了中国陶瓷艺术的不断演变与创新,也反映了中华民族对美的追求与探索。

3.2.2 艺术特点与风格

3.2.2.1 青花瓷的艺术特点

青花瓷,作为中国传统陶瓷艺术的瑰宝,以其独特的艺术特点而蜚声中外。其最显著的特点在于其清新淡雅的色调和丰富多彩的图案。

青花瓷的色彩以钴蓝为主色调,这种独特的蓝色被誉为“青花蓝”,其色泽纯净而深邃,给人一种宁静而优雅的感觉。青花瓷的蓝色并非单一,而是有着深浅不同的层次变化,这种变化使得画面更加生动,富有立体感。同时,青花瓷的蓝色与其他色彩如白色、灰色等相互映衬,形成了一种清新淡雅的艺术风格。

青花瓷的图案种类繁多,内容丰富,既有花卉、山水等自然元素,也有人物、动物等生活场景。这些图案在构图上注重布局,以主题突出、层次分明为原则。在细节处理上,青花瓷也体现了极高的艺术水平。无论是花瓣的脉络、山石的纹理,还是人物的服饰、动物的毛发,都经过精细的描绘和打磨,使得整个画面更加细腻、逼真。

青花瓷的造型也极具特色。其器型多样,既有传统的碗、盘、瓶等日常用品,也有具有艺术价值的瓶、尊等摆件。这些器型在造型上注重线条的流畅和比例的协调,使得整个作品在视觉上更加和谐、统一。

3.2.2.2 陶瓷艺术的风格

陶瓷艺术作为中国传统文化的重要组成部分,具有多种风格。这些风格不仅体现了不同历史时期的审美观念和技术水平,也反映了中华民族丰富的文化内涵和民族精神。

首先,古朴典雅是陶瓷艺术的一种重要风格。这种风格的作品在造型上注重简洁大方,线条流畅,色彩素雅。在纹饰上,古朴典雅的陶瓷作品多采用传统的图案和元素,如莲花、牡丹、龙凤等,这些图案寓意吉祥、美好,具有浓厚的文化内涵。同时,古朴典雅的陶瓷作品在色彩上也注重和谐统一,以白色或灰色为基调,配以少量鲜艳的色彩进行点缀,形成了一种素雅而不失生机的艺术效果。

其次,华丽精致是陶瓷艺术的另一种风格。这种风格的作品在造型上注重繁复华丽,线条精细,色彩鲜艳。在纹饰上,华丽精致的陶瓷作品多采用复杂的图案和元素进行装饰,如花鸟、人物、山水等,这些图案构图精巧、细节丰富,展现了艺术家高超的技艺和独特的审美观念。同时,华丽精致的陶瓷作品在色彩上也注重对比和变化,以鲜艳的色彩和丰富的层次展现出一种绚烂夺目的艺术效果。

除了古朴典雅和华丽精致之外,陶瓷艺术还有许多其他风格,如清新自然、简约现代等。这些风格的作品在造型、色彩、纹饰等方面都有着独特的特点,它们共同构成了陶瓷艺术的丰富多彩和博大精深。在欣赏陶瓷艺术时,我们可以从中感受到中华民族深厚的历史文化底蕴和独特的审美观念。

3.2.3 制作工艺

3.2.3.1 青花瓷的制作工艺

青花瓷,这一蕴含着丰富历史文化内涵的瓷器品种,其制作工艺精细而复杂,每一步都凝聚着匠人的智慧和汗水。从原料的挑选开始,就奠定了青花瓷品质的基础。优质的瓷土和釉料是制作高品质青花瓷的关键,它们决定了瓷器的质感和色泽。

在制坯环节,匠人们运用丰富的经验和高超的技巧,将瓷土塑造成各种形状和不同大小的坯体。这一环节不仅需要耐心和细致,更需要匠人对瓷器造型的深刻理解和对美学的独到见解。

接下来是描绘,这是青花瓷制作中最为关键的一环。匠人们使用特制的毛笔和颜料,在坯体上勾勒出精美的图案和花纹。这些图案和花纹不仅要求线条流畅、构图严谨,更要求色彩鲜明、层次分明。每一笔、每一画都凝聚着匠人的心血和汗水,也展现了他们对艺术的追求和热爱。

上釉是青花瓷制作的又一重要环节。釉料的选择和涂抹技巧对瓷器的外观和质感有着重要影响。匠人们需要精心调配釉料,掌握合适的涂抹力度和角度,以确保釉层均匀、光滑、无瑕疵。

最后是烧制,这是青花瓷制作中最具挑战性的环节。烧制过程中需要控制温度、时间和气氛等多个因素,以确保瓷器能够达到理想的硬度和色泽。同时,烧制过程中还可能出现各种意外情况,如变形、开裂等,需要匠人们具备丰富的经验和高超的技术才能应对。

青花瓷在烧制过程中的技术难点主要集中在温度控制和气氛调节上。温度过高或过低都可能导致瓷器变形或开裂;气氛调节不当则会影响瓷器的色泽和质感。因此,匠人们需要熟练掌握烧制技术,不断实践和总结经验,才能制作出高品质的青花瓷。

3.2.3.2 陶瓷的制作工艺

陶瓷艺术的制作技术博大精深,除了与青花瓷制作共享的基础环节外,还包含了一系列独特的制作技术和特殊工艺,如釉下彩、釉上彩等,这

些技艺为陶瓷艺术增添了无限魅力。

一是釉下彩技术。釉下彩是一种在陶瓷坯体上直接绘制图案,然后覆盖透明釉料进行烧制的特殊工艺。这种技术使得图案被釉层覆盖,从而保护图案不受磨损,色彩鲜艳且持久。釉下彩的制作过程要求匠人在坯体干燥前完成图案的绘制,这对匠人的绘画技艺和色彩把握能力提出了极高要求。烧制过程中,图案与釉料共同熔融,形成一体,使得作品既具有瓷器的质感,又具备绘画的艺术美感。

二是釉上彩技术。与釉下彩不同,釉上彩是在已经烧制成型的瓷器表面进行图案绘制,然后再次烧制使色彩固定。这种技术允许使用更丰富的色彩和更复杂的图案设计,因为图案是在瓷器表面绘制,不受坯体干燥和烧制过程的限制。釉上彩作品色彩鲜艳、图案生动,常用于装饰性较强的瓷器制作。烧制时,需要精确控制温度和时间,以确保色彩牢固且瓷器不变形。

三是颜色釉与窑变艺术。颜色釉是指通过特殊配方和烧制工艺,使瓷器表面呈现出单一而均匀的特殊色彩的釉料。颜色釉的制作需要匠人对釉料的配方和烧制条件有深入的了解和掌控。窑变则是一种更为神奇的现象,指在烧制过程中,由于釉料在高温下的化学变化,瓷器表面呈现出意想不到的色彩和纹理效果。窑变艺术往往具有极高的观赏价值和收藏价值,每一件作品都是独一无二的。

四是雕塑与捏塑技术。陶瓷艺术中的雕塑与捏塑技术,允许匠人通过手工将瓷土塑造成各种立体形态。这种技术不仅要求匠人具备高超的塑形能力,还需要对陶瓷材料的特性和烧制过程中的变化有深刻的理解。雕塑与捏塑作品往往具有极强的艺术表现力和感染力,能够生动地展现人物、动物或自然景观的形态与神韵。

通过这些独特的制作技术和特殊工艺,陶瓷艺术展现了其丰富多彩的面貌和深厚的文化底蕴。每一件陶瓷作品都是匠人心血与智慧的结晶,承载着中华民族对美的追求和对生活的热爱。

3.2.4 文化价值与传承

青花瓷与陶瓷艺术,作为中国传统文化的重要组成部分,不仅承载了深厚的历史底蕴,更体现了中华民族独特的审美追求和文化精神。它们在中国乃至世界文化中占据着举足轻重的地位,具有不可估量的文化价值。

从文化价值的角度来看,青花瓷与陶瓷艺术是中国古代工艺美术的杰出代表,它们所蕴含的历史信息、文化内涵和艺术价值是极其丰富的。青花瓷以其独特的蓝白相间的色彩和精美的图案,展现了中华民族对自然美的追求及对和谐理念的崇尚。而陶瓷艺术则以其精湛的工艺和多样的造型,体现了中华民族对美好生活的向往和对工艺技术的不断探索。这些作品不仅是中国古代文化的瑰宝,更是世界文化遗产的重要组成部分,对于传承和弘扬中华文化具有重要意义。

在文化影响方面,青花瓷与陶瓷艺术在中国乃至世界范围内都产生了深远的影响。它们不仅是中国传统文化的象征,更是中外文化交流的桥梁。通过青花瓷与陶瓷艺术的传播,中国文化得以走向世界,与世界各国文化相互交融、相互影响。同时,青花瓷与陶瓷艺术也吸引了众多国际友人的关注和喜爱,成为中国文化走向世界的重要载体。

在传承方面,青花瓷与陶瓷艺术历经数千年的传承,形成了独特的传承脉络和传承方式。在古代,这些技艺主要通过师徒相传、家族传承等方式进行传承。而在现代社会,随着科技的发展和教育的普及,这些传统技艺的传承方式也发生了变化。许多学校、机构和企业开始注重对传统技艺的挖掘和传承,通过开设课程、举办展览、开展研究等方式,让更多的人了解和认识青花瓷与陶瓷艺术。同时,一些艺术家和手工艺人也积极投身于传统技艺的传承和创新之中,他们通过学习和实践,不断提高自己的技艺水平,将传统技艺发扬光大。

然而,随着现代社会的快速发展和人们生活方式的改变,青花瓷与陶瓷艺术的传承也面临着一些挑战。一方面,由于现代科技的冲击和市场竞争的加剧,一些传统技艺面临着失传的风险;另一方面,由于现代审美观念的变化和人们生活方式的改变,一些传统技艺的市场需求也在逐渐下降。因此,我们需要采取有效的措施来保护和传承这些传统技艺。例如,可以通过加强政策扶持、加大资金投入、提高传承人待遇等方式来鼓励更多的人投身于传统技艺的传承和创新之中;同时,也可以通过加强宣传教育、提高公众对传统技艺的认识和了解等方式来扩大传统技艺的影

响力和市场需求。

在发展方面,我们需要在保持传统特色的基础上进行创新和发展。一方面,可以通过引入现代科技手段来改进传统技艺的生产方式和工艺流程;另一方面,也可以结合现代审美观念和生活方式的变化来设计和创作更具现代感和时尚感的作品。这样不仅可以满足现代消费者的需求和提高传统技艺的市场竞争力,还可以推动传统技艺的不断发展和创新。

3.2.5 展示与欣赏技巧

3.2.5.1 展示技巧

在展示青花瓷与陶瓷艺术时,展示的技巧和方法对于作品的呈现效果至关重要。这些技巧不仅涉及对作品本身的保护和呈现,还涉及观众对作品的感知和理解。

在光线选择方面:光线是展示艺术品时不可或缺的因素。对于青花瓷与陶瓷艺术来说,柔和的自然光是最佳选择。这种光线能够真实还原作品的色彩和质感,避免强烈的光线直射造成的炫光和色彩失真。同时,也可以考虑使用专业的照明设备,如 LED 灯等,以提供更加均匀、柔和的光线。

在环境布置方面:展示环境对于作品的呈现效果同样重要。首先,要确保展示空间的整洁和安静,避免杂乱的背景和嘈杂的声音干扰观众的注意力。其次,可以根据作品的风格和特点,选择相应的背景色和装饰物,以突出作品的主题和特色。例如,对于青花瓷作品,可以选择淡雅的蓝色或白色背景,以凸显其清新脱俗的气质。

在陈列方式方面:青花瓷与陶瓷艺术的陈列方式也是展示技巧中的重要一环。在陈列时,要考虑到作品的大小、形状和材质等因素,选择合适的展示架或展示台。同时,也要注意作品之间的间距和排列方式,避免过于拥挤或杂乱无章。此外,还可以根据作品的主题和风格,进行有意的组合和搭配,以呈现更加丰富的视觉效果。

3.2.5.2 欣赏技巧

在欣赏青花瓷与陶瓷艺术时,掌握一些专业的欣赏技巧和方法可以帮助我们更好地理解作品的艺术魅力和文化内涵。以下是一些关键的欣赏技巧。

在色彩观察方面:青花瓷的色彩以蓝色为主,但不同的蓝色调所呈现出的效果却大不相同。在欣赏时,可以仔细观察作品的色彩变化,感受其深浅、浓淡、明暗等细微差别。同时,也可以关注作品中其他色彩的运用,如红色、黄色等,这些色彩往往能够起到点缀和衬托的作用,使作品更加丰富多彩。

在图案解读方面:青花瓷的图案丰富多样,包括山水、花鸟、人物等多种题材。在欣赏时,可以关注图案的构图、线条、色彩等要素,理解其背后的寓意和象征意义。同时,也可以结合时代背景和文化背景,对图案进行深入的解读和分析。

在造型品味方面:陶瓷艺术的造型也是其魅力所在。在欣赏时,可以关注作品的造型特点,如器型、线条、比例等要素。同时,也可以结合制作工艺和材质特点,品味作品所呈现出的独特韵味和风格。

在文化思考方面:青花瓷与陶瓷艺术不仅是艺术品,更是中华文化的载体。在欣赏时,可以思考作品所体现出的文化内涵和精神追求,理解其在中华文化中的地位和影响。同时,也可以结合现代社会和文化的发展,思考传统艺术的现代意义和价值所在。

3.3 景泰蓝工艺与金属工艺品的欣赏

景泰蓝工艺与金属工艺品在历史、艺术特点、技艺表现等方面都具有丰富的内涵和独特的价值。通过欣赏这些工艺品，我们可以更好地理解和传承中国传统文化的精髓。

3.3.1 景泰蓝工艺的历史与发展

景泰蓝，这一独特而璀璨的传统工艺，自其诞生之初便以其精美的工艺和独特的艺术风格，吸引了无数人的目光。其起源可追溯到遥远的元代，而盛行于明清时期，成为中国古代工艺美术品中的一颗璀璨明珠。

3.3.1.1 起源与传承

景泰蓝，又称"铜胎掐丝珐琅"，这一名称的来源便充满了历史韵味。明朝景泰年间，这一工艺品的制作技术达到了一个新的高度，尤其是在蓝色釉料的创新使用上，使得景泰蓝形成了独特的艺术风格。这一时期的景泰蓝工艺品，以其精美的工艺和独特的蓝色调，成了宫廷贵族和文人雅士争相追捧的珍品。

景泰蓝工艺的起源，虽然确切的时间已无从考证，但据史料记载，早在元代时期，就已经出现了类似景泰蓝的工艺品。当时，这一工艺品的制作技艺尚未成熟，但已经具备了景泰蓝工艺的基本特征。随着时间的推移，这一工艺逐渐在民间流传开来，并得到了不断的完善和发展。

在传承方面，景泰蓝工艺历来都遵循着师徒相传的传统。一位技艺高超的师傅，通过言传身教的方式，将自己的技艺传授给徒弟。这种传承方式不仅保证了景泰蓝工艺的传承不断，更使得这一工艺在传承过程中得到了不断的完善和创新。

3.3.1.2 发展高峰

清代乾隆年间，是景泰蓝工艺的全盛时期。这一时期，景泰蓝工艺得到了皇室的极力推崇和大力支持，成了宫廷之中不可或缺的艺术品。当时的景泰蓝工艺品，不仅数量众多、品种丰富，而且在制作工艺上也达到了极高的水平。许多作品都表现出了极高的艺术价值和文化内涵,成了后人研究和学习的宝贵财富。

在乾隆年间,景泰蓝工艺品的用途也得到了极大的扩展。除了作为宫廷之中的装饰品和礼品外,还广泛应用于寺庙、宫殿等建筑中作为装饰和点缀。这些作品不仅展现了景泰蓝工艺的高超技艺和独特风格,更体现了当时社会的繁荣和文化的昌盛。

3.3.2 景泰蓝工艺的艺术特点及价值

景泰蓝,作为中国传统的工艺美术瑰宝,自其诞生之日起,便以其独特的艺术魅力和高超的工艺技术,赢得了世人的赞誉。其艺术特点不仅体现在造型的特异与精美,更在色彩的运用和工艺的价值上展现了非凡的造诣。

3.3.2.1 造型特点

景泰蓝艺术品的造型,深受古代陶瓷和青铜器的影响,但又不拘泥于传统,形成了自己独特的风格。其造型特异,既有传统的庄重典雅,又融入了现代的创新元素,使得每一件作品都独一无二,令人叹为观止。制作过程中,艺术家们精心打磨每一个细节,使得景泰蓝艺术品不仅具有极高的观赏价值,更体现了中国传统工艺美术的精湛技艺。

景泰蓝艺术品的图案设计也是其造型特点的重要组成部分。图案庄重,多以龙、凤、花鸟等中国传统元素为主,寓意着吉祥、富贵和美好。这些图案不仅具有深厚的文化内涵,更通过艺术家的巧手,被赋予了新的生命力和表现力。同时,景泰蓝艺术品在造型上还注重空间上的层次感和立体感,使得整个作品看起来更加立体生动,仿佛一件小小的艺术品也能展现出一个宏大的世界。

3.3.2.2 色彩运用

景泰蓝艺术品的色彩运用是其最为引人注目的特点之一。釉料颜色以孔雀蓝和宝石蓝为主,这两种颜色都具有极高的饱和度和亮度,使得整个作品看起来更加富丽堂皇。同时,景泰蓝还包含红色、白色、绿色、黄色等多种颜色,这些颜色的运用使得作品在视觉上更加丰富多彩,给人以高

贵华美的艺术享受。

在色彩搭配上,景泰蓝艺术品注重色彩的和谐与对比。通过巧妙的色彩搭配,使得作品在视觉上既有统一的整体感,又有丰富的层次感。同时,艺术家们还善于运用色彩的对比效果,使得作品在视觉上更加醒目和突出。这种色彩运用的技巧不仅体现了艺术家们的深厚功底,更使得景泰蓝艺术品在色彩上达到极高的艺术境界。

3.3.2.3 工艺价值

景泰蓝的制作工艺复杂,需要多道工序才能完成。从设计、制胎、掐丝、点蓝、烧蓝、磨光到镀金等多个环节,每一个步骤都需要艺术家们精心操作,稍有不慎便可能导致整个作品的失败。这种复杂的制作工艺不仅体现了中国传统工艺的高度集成和精湛技艺,更使得每一件景泰蓝艺术品都成了独一无二的艺术珍品。

在景泰蓝的制作过程中,艺术家们还需要不断进行试验和创新。他们通过对不同材料、不同工艺和不同技术的探索和研究,使得景泰蓝的制作工艺不断得到改进和完善。这种不断探索和创新的精神不仅推动了景泰蓝艺术的不断发展,更使得中国传统工艺美术在世界范围内赢得了更高的声誉。

3.3.3 金属工艺品的欣赏

金属工艺品作为人类创造艺术的重要分支,以其独特的材质、精湛的工艺和丰富的文化内涵,历来受到人们的喜爱和推崇。在欣赏金属工艺品时,我们可以从材料选择、技艺表现以及文化内涵等多个维度来深入理解和品味其独特的艺术魅力。

3.3.3.1 材料选择

金属工艺品主要使用金、银、铜等金属材料,这些材料的选择并非偶然,而是基于它们独特的物理和化学性质。金和银以其高贵的色泽和稀有的价值,成为制作高档金属工艺品的首选材料。它们闪耀着迷人的光泽,给人带来一种奢华而典雅的视觉体验。铜则以其良好的可塑性和耐腐蚀性,广泛应用于各种金属工艺品的制作中。这些金属材料的选用,不仅赋予了金属工艺品独特的质感,更使其具备了较高的艺术价值和收藏价值。

在欣赏金属工艺品时,我们可以仔细观察其材料的质感和色泽。通过对比不同金属材料的质感和色泽,我们可以感受到它们在艺术表现上的差异和魅力。同时,我们还可以了解这些金属材料的来源和开采过程,从而更加深入地理解金属工艺品背后的故事和价值。

3.3.3.2 技艺表现

金属工艺品的制作技艺包括铸造、锻造、錾刻、镶嵌等多种手法。这些技艺的运用使得金属工艺品在形态、色彩和纹理等方面都表现出丰富的艺术效果。

铸造是金属工艺品制作中最为常见的技艺之一。它通过将金属熔化后倒入模具中,待其冷却凝固后得到所需的形态。铸造技艺的精湛程度直接影响到金属工艺品的形态和细节表现。在欣赏金属工艺品时,我们可以仔细观察其形态是否匀称、线条是否流畅以及细节是否精致等来评判其铸造技艺的高低。

锻造则是通过锤击和压制等方式将金属板材或棒材加工成所需形态的过程。锻造技艺需要工匠具备高超的技艺和丰富的经验,因为金属在锻造过程中容易变形和破裂。然而,正是这种挑战使得锻造技艺成为金属工艺品制作中最为独特的技艺之一。在欣赏金属工艺品时,我们可以关注其锻造部分的形态和纹理变化,感受工匠们的精湛技艺和独特创意。

錾刻和镶嵌则是金属工艺品制作中更为精细的技艺。錾刻是指在金属表面刻划和雕刻出各种图案和文字的过程,它需要工匠具备高超的技艺和耐心。而镶嵌则是将宝石、珍珠等贵重物品嵌入金属工艺品中的过程,它要求工匠具备精细的手艺和对材料的深刻理解。这些技艺的运用使得金属工艺品在色彩和纹理上更加丰富多样,更具艺术感染力。

3.3.3.3 文化内涵

金属工艺品往往承载着深厚的文化内涵和历史价值。它们不仅是艺术品,更是传承和弘扬传统文化的重要载体。金属工艺品中的图案、纹饰和造型等往往蕴含着丰富的文化寓意和历史故事。在欣赏金属工艺品时,我们可以通过关注其图案和纹饰的寓意以及造型的象征意义等方面

来感受其深厚的文化内涵。

同时,金属工艺品也是传承和弘扬传统文化的重要载体。通过欣赏和学习金属工艺品,我们可以更加深入地了解传统文化中的价值观、审美观念和精神追求等。这不仅有助于我们更好地传承和弘扬传统文化,也有助于我们更好地理解和欣赏金属工艺品的艺术魅力。

3.3.4 景泰蓝与金属工艺品的联系与区别

在悠久的中国工艺美术史上,金属工艺品和景泰蓝都占据着举足轻重的地位。它们不仅是中国传统工艺文化的瑰宝,更是中华民族智慧和创造力的结晶。本节旨在探讨景泰蓝与金属工艺品之间的联系与区别,以期更深入地理解这两种艺术形式的独特魅力和文化内涵。

3.3.4.1 景泰蓝与金属工艺品的联系

(1)材料选择的共性

景泰蓝作为金属工艺品的一种,在材料选择上与其他金属工艺品具有一定的共性。首先,景泰蓝以紫铜为胎,紫铜是一种优质的金属材料,具有良好的延展性和可塑性,适合制作各种精细的工艺品。其次,景泰蓝在装饰上使用的珐琅釉料,虽然并非金属材质,但其色彩鲜艳、光泽持久,与金属材质相得益彰,共同构成了景泰蓝独特的艺术魅力。

(2)技艺表现的相似性

景泰蓝在技艺表现上与其他金属工艺品也有一定的相似性。首先,景泰蓝的制作过程需要经过设计、制胎、掐丝、点蓝、烧蓝、磨光等多个环节,这些环节都需要精湛的技艺和丰富的经验。其次,景泰蓝在形态设计、图案绘制等方面都体现了金属工艺品的特点,如线条流畅、造型优美、图案精美等。

(3)独特的艺术形式

景泰蓝在金属工艺品中独树一帜,具有独特的艺术魅力。它以紫铜为胎,以珐琅釉料为装饰,通过掐丝、点蓝等技艺将各种图案和色彩巧妙地结合在一起,形成了独具特色的艺术风格。景泰蓝不仅具有实用价值,更是一件精美的艺术品,深受人们的喜爱和追捧。

3.3.4.2 景泰蓝与金属工艺品的区别

(1)材料范围的差异

虽然景泰蓝以紫铜为胎,但其材料范围相对较为单一。而金属工艺品则涵盖了更广泛的材料范围,如金、银、铜、铁、铝等各种金属材料。这些不同的金属材料在性质、色泽、质感等方面都有所不同,为金属工艺品提供了更多的创作可能性和表现空间。

(2)技艺表现的多样性

在技艺表现上,景泰蓝和金属工艺品也存在一定的差异。景泰蓝更加注重色彩的运用和图案的精细刻画,通过珐琅釉料的丰富色彩和掐丝技艺的精湛技巧,将各种图案和色彩巧妙地融合在一起,形成独特的艺术效果。而金属工艺品则更加注重形态的变化和技艺的多样性,如锻造、铸造、焊接、打磨等多种技艺的运用,使得金属工艺品在形态、结构、质感等方面都呈现出丰富的变化。

(3)艺术风格的不同

景泰蓝和金属工艺品在艺术风格上也存在明显的差异。景泰蓝以色彩鲜艳、图案精美为特点,其艺术风格既有中国传统文化的韵味,又融入了现代审美元素,形成了独特的艺术风格。而金属工艺品则更加注重形态的变化和技艺的多样性,其艺术风格更加多样化和个性化,既有传统的古朴典雅之美,也有现代的简约时尚之感。

3.4 中国画与书法的艺术价值与讲解方法

中国画与书法都具有深厚的艺术价值和文化内涵。在讲解过程中，应注重科学性和条理性，结合具体的作品和技法进行分析解读，帮助观众更好地理解和欣赏这两种艺术形式。

3.4.1 中国画与书法的艺术价值

3.4.1.1 中国画的艺术价值

中国画，作为中国传统文化的瑰宝，自古以来便以其独特的艺术魅力和深厚的文化内涵，赢得了广泛的赞誉和传颂。它不仅仅是一种绘画形式，更是中国传统文化、哲学思想、审美观念的集中体现。中国画以其独特的艺术表现力和文化价值，成了中国文化的重要组成部分，为中华民族的文化传承和发展做出了巨大贡献。

(1)文化价值

中国画的文化价值在于其深厚的文化内涵和历史底蕴。它承载着中华民族数千年的文化积淀，是中华文化的瑰宝。中国画所体现的不仅仅是绘画技巧，更是中华民族的精神追求和文化传统。它融合了儒、道、佛等多元思想，展现了中国人特有的审美观念和文化底蕴。通过中国画，我们可以更深入地了解中国的历史、文化、哲学和审美观念，感受中华民族的精神风貌和文化魅力。

中国画在美化生活、陶冶情操、丰富人们的精神世界方面发挥着重要作用。它以其独特的艺术魅力和文化内涵，为人们提供了美的享受和精神的滋养。在欣赏中国画的过程中，人们可以感受到画家的情感表达、审美追求和人生哲学，从而激发自己的情感共鸣和思考。中国画的美，不仅仅是视觉上的享受，更是心灵上的滋养和启迪。

(2)艺术表现力

中国画以其独特的艺术表现力，创造出极具感染力的作品。它通过线条、色彩、构图等元素，运用独特的笔墨技法，将自然景物、人物形象、生活场景等表现得淋漓尽致。中国画在形象表现上追求“以形写神”，通过形象的描绘来传达画家的情感和思想。在画面构图上，中国画注重“经营位置”，通过巧妙的布局和安排，使画面达到和谐统一的效果。在意境营造上，中国画追求“诗中有画，画中有诗”的境界，通过画面的意境表达来引发观众的共鸣和深思。

中国画在笔墨技法上也有着独特的魅力。它运用毛笔、墨汁、宣纸等独特的工具材料，通过不同的笔法、墨法、色法来表现不同的物象和情感。中国画的笔墨技法包括勾、皴、擦、点、染等多种手法，每一种手法都有其独特的艺术效果和表现力。通过笔墨技法的运用，中国画能够表现出丰富的层次感和质感，使画面更加生动、自然、真实。

(3)社会价值

中国画的社会价值在于其独特的文化魅力和艺术价值。它不仅是中华文化的瑰宝，也是世界文化的宝贵财富。中国画所体现的思想观念、审美追求和文化底蕴，对于促进文化交流、增进文化认同、推动文化创新等方面都具有重要意义。通过中国画的学习和传承，我们可以更好地了解和欣赏中国传统文化，增强文化自信和文化自觉。同时，中国画也可以为现代社会提供美的享受和精神的滋养，促进人们的身心健康和全面发展。

在漫长的历史发展过程中，中国画不断继承、发展与创新，形成了丰富的流派和风格。这些流派和风格各具特色，相互借鉴、相互融合，共同推动了中国画艺术的繁荣和发展。通过学习和研究中国画的不同流派和风格，我们可以更深入地了解中国画的艺术特点和文化内涵，为推动中国画艺术的创新和发展提供有益的借鉴和启示。

3.4.1.2 书法的艺术价值

书法，作为中国传统文化的重要瑰宝，不仅承载着千年的历史底蕴，更凝聚了中华民族的精神追求与审美价值。它不仅仅是一种书写技艺，更是一种独特的艺术形式，一种文化的传承与弘扬。

(1)传承文化：书法与中国传统文化

书法，作为中国独有的书写艺术，自古以来就是中华文化的重要组成部分。它源远流长，历经数千年的演变与发展，形成了独特的艺术风格和深厚的文化底蕴。通过书法的创作和欣赏，我们可以深入了解中华文化的历史底蕴和精神内涵，进一步传承和弘扬中华民族的文化传统。

书法是中华文化的载体。在漫长的历史长河中，无数的文人墨客通过书法这一艺术形式，将自己的思想、情感、哲理等融入其中，形成了丰富多彩的文化遗产。这些书法作品不仅具有极高的艺术价值,更是研究中华文化的重要资料。通过书法,我们可以跨越时空的界限,与古代先贤进行心灵的对话,感受他们的思想情怀和精神风貌。

书法是中华文化的一种传承方式。在书法的学习和传承过程中,我们不仅要掌握基本的书写技巧,更要深入了解中华文化的精髓和内涵。这种传承方式不仅有助于我们更好地理解和欣赏书法作品,更能够激发我们对中华文化的热爱和自豪之情。通过对书法的传承,我们可以将中华文化的精髓代代相传,为中华民族的伟大复兴贡献自己的力量。

(2)审美价值:书法的独特魅力

书法作为一种艺术形式,具有独特的审美价值。它通过线条的粗细、曲直、长短、墨色的浓淡干湿等变化,展现出不同的韵律和美感,给人带来美的享受。

书法的线条具有极高的艺术表现力。线条是书法的基本元素,它通过粗细、曲直、长短等变化,表现出不同的情感和意境。在书法作品中,线条的运用极为讲究,既有力透纸背的厚重感,又有轻如蝉翼的飘逸感。这种独特的艺术表现力使得书法作品具有极高的观赏价值。

书法的墨色变化也极具魅力。墨色是书法的灵魂,它通过浓淡干湿的变化,展现出不同的韵味和气质。在书法作品中,墨色的运用极为讲究,既有浓墨重彩的豪放派,又有淡墨轻烟的婉约派。这种独特的墨色变化使得书法作品具有极高的艺术感染力和表现力。

(3)精神追求:书法的美学价值

书法的创作需要艺术家具备高度的专注力和专业技巧,这种追求卓越、追求完美的精神境界,也是书法艺术的一大美学价值所在。

首先,书法的创作需要艺术家具备高度的专注力。在书法的创作过程中,艺术家需要全神贯注地投入每一个笔画、每一个字形的创作中,追求极致的精准和完美。这种专注力不仅体现了艺术家的专业素养和技艺水平,更体现了他们对书法艺术的热爱和追求。

其次,书法的创作需要艺术家具备专业的技巧。书法技巧是书法艺术的基础和保障,它涵盖了笔法、墨法、章法等多个方面。艺术家需要通过长期的练习和实践,不断提高自己的技巧水平,以更好地表达自己的情感和意境。这种追求卓越的精神境界不仅体现了艺术家的专业素养和追求,更体现了书法艺术的美学价值。

3.4.2 中国画与书法的讲解方法

3.4.2.1 中国画的讲解方法

(1)讲解背景

在探讨中国画的讲解方法时,我们首先需要对中国画的历史背景、发展脉络及其所蕴含的文化内涵进行深入解读。这样的讲解不仅能够帮助观众建立起对中国画的整体认知,还能为后续的详细分析打下坚实的基础。

第一,历史背景。中国画源远流长,早在新石器时代晚期,中国的先民们就开始在陶器上绘制各种图案,这些图案虽简单,却已代表了中国画的雏形。随后,经过数千年的演变,中国画逐渐形成了独特的艺术风格和表现手法。在讲解时,我们可以从中国画的起源讲起,介绍其在不同历史时期的发展状况,以及与其他艺术形式如书法、诗词等的相互影响。

第二,发展脉络。中国画的发展脉络可以分为几个重要的阶段,如魏晋南北朝时期"文人画"的兴起、唐宋时期"院体画"与"文人画"的并存、元明清时期的"文人画"成为主流等。在每个阶段,中国画都呈现出不同的艺术特点和风格。讲解时,我们可以结合具体的历史背景和时代背景,分析中国画在不同阶段的发展变化,以及这些变化背后的社会、文化原因。

第三,文化内涵。中国画所蕴含的文化内涵非常丰富,包括儒家、道家、佛家等多种思想流派的影响。这些思想流派在中国画中得到了充分的体现,如儒家思想强调的"中庸之道"在中国画中表现为追求和谐、平衡的艺术风格;道家思想强调的"自然无为"则在中国画中表现为追求自然、天真的艺术境界。讲解时,我们可以结合具体的作品和画家的创作背景,分析中国画所蕴含的文化内涵,帮助观众更深入地理解中国画的艺术价值和意义。

(2)分析作品

在分析中国画作品时,我们需要关注画家的创作意图、艺术风格、笔墨技法等方面。通过对这些方面的深入解读,我们可以引导观众感受中国画的艺术魅力。

第一,创作意图。画家的创作意图是作品的核心,它决定了作品的主题、构图、色彩等各个方面。在讲解时,我们可以结合画家的生平、时代背景等因素,分析画家的创作意图,帮助观众更好地理解作品的主题和内涵。

第二,艺术风格。中国画的艺术风格多种多样,如工笔画、写意画、泼

墨画等。每种风格都有其独特的艺术特点和表现手法。在讲解时，我们可以结合具体的作品，分析画家的艺术风格以及这种风格在作品中的体现，引导观众感受不同风格的艺术魅力。

第三，笔墨技法。笔墨技法是中国画的重要组成部分，它涉及笔的运用、墨的调配、纸的选择等方面。在讲解时，我们可以结合具体的作品，分析画家在笔墨技法上的运用和创新，以及这些技法对作品的影响。通过对笔墨技法的讲解，我们可以让观众更深入地了解中国画的艺术特点和表现手段。

(3)互动体验

为了让观众更深入地了解中国画，我们可以组织绘画体验活动。通过亲自尝试使用毛笔、宣纸等工具材料，观众可以亲身感受中国画的创作过程，从而更深入地理解中国画的艺术魅力和文化内涵。

在绘画体验活动中，我们可以邀请专业的画家或教师进行现场指导，让观众在轻松愉快的氛围中学习中国画的基本技法和创作方法。同时，我们还可以组织观众互相交流心得和体会，促进彼此之间的学习和成长。通过互动体验活动，我们可以让观众更加深入地了解中国画，激发他们对传统文化的热爱和兴趣。

3.4.2.2 书法的讲解方法

书法，作为中国传统文化的重要组成部分，以其独特的艺术魅力和深厚的文化内涵，吸引了无数人的关注和喜爱。对于初学者来说，如何系统、科学地讲解书法，让他们能够快速入门并领略其精髓，是一个值得探讨的问题。

(1)基础知识讲解

第一，书法的起源与发展。在讲解书法的基础知识时，首先要介绍书法的起源和发展历程。可以从汉字的起源讲起，介绍甲骨文、金文、篆书、隶书、楷书、行书、草书等字体的演变过程，以及各个时期书法家的代表作品和风格特点。这样可以帮助观众建立对书法的整体认识，了解书法在中国传统文化中的地位和作用。

第二，基本笔画与字体风格。要详细讲解书法的基本笔画和字体风格。基本笔画是构成汉字的基本元素，包括点、横、竖、撇、捺、提、钩等。要逐一介绍这些笔画的书写方法、特点和注意事项，并通过示范让观众掌握正确的书写姿势和笔法。同时，还要介绍不同字体风格的特点和区别，如楷书的端庄秀丽、行书的流畅自如、草书的奔放洒脱等，让观众了解各种字体风格的魅力和适用范围。

第三，书法工具与材料。在讲解基础知识时，还要介绍书法所需的工具和材料。包括毛笔、墨汁、宣纸、砚台等，要解释它们的用途和选择方法。比如毛笔的选择要考虑其软硬程度、大小型号等因素，墨汁的选择要注意其色泽、浓度等，宣纸的选择要考虑其质地、吸墨性等因素。此外，还要介绍如何正确使用这些工具和材料，以及保养和维护的方法。

(2)技法演示

第一，运笔技巧。在演示技法时，首先要展示书法家的运笔技巧。运笔是书法的核心技巧之一，它关系到笔画的形态、质量和整体效果。要讲解如何控制笔的力度、速度和方向，以及如何运用提按、顿挫、转折等技巧来表现出笔画的形态和质感。同时，还要演示不同字体风格的运笔特点和方法，让观众了解各种风格的运笔技巧和表现方式。

第二，结构布局。除了运笔技巧外，结构布局也是书法的重要组成部分。要讲解如何合理安排字与字、行与行之间的空间关系，以及如何运用对比、呼应、穿插等手法来增强作品的整体感和层次感。同时，还要演示如何根据作品的主题和风格选择合适的字体和字号，以及如何运用题款、印章等元素来完善作品的整体效果。

第三，创作过程。在演示技法时，还要展示书法的创作过程。可以选取一些经典的作品或片段进行演示，让观众了解书法家是如何从构思、起笔到完成作品的整个创作过程。这样可以帮助观众更深入地理解书法的艺术魅力和文化内涵，激发他们对书法的兴趣和热爱。

(3)临摹练习

第一，选择合适的范本。在临摹练习时，首先要选择合适的范本。可以选择一些经典的书法作品或片段作为范本，让观众进行临摹练习。范本的选择要考虑其难易程度、风格特点和艺术价值等因素，以确保观众能够在练习中取得良好的效果。

第二，讲解临摹技巧。在临摹练习前，要讲解临摹的技巧和方法。包括如何观察和分析范本的特点和风格，如何选择合适的笔法和纸张进行临摹，以及如何进行反复练习和修正等。同时，还要鼓励观众在临摹过程中发挥自己的创造力和想象力，尝试融入自己的理解和感受。

第三，交流与反馈。在临摹练习过程中，要加强与观众的交流和反馈。可以组织观众进行互相点评和讨论，分享自己的临摹经验和感受。同时，还要及时给予观众指导和建议，帮助他们纠正错误和提高水平。这样可以增强观众的自信心和兴趣，促进他们更好地掌握书法的技巧和精髓。

第 4 章

饮食文化与地方特色

饮食文化与地方特色紧密相连,它们共同构成了丰富多彩的地域文化。各地独特的食材、烹饪技艺和饮食习俗,不仅反映了当地的历史传统、地理环境和气候条件,还展现了当地人民的生活方式和审美追求。这种饮食文化的地方特色,不仅为当地人民带来了味觉上的享受,也吸引着世界各地的游客前来体验,成为推动地方文化交流和经济发展的重要力量。

4.1 中国酒文化的历史与现状

中国酒文化历史悠久、底蕴深厚，在发展过程中不断融合传统与现代元素，展现出丰富的地域特色和时代特征。未来，随着社会的不断发展和人们消费观念的变化，中国酒文化将继续传承和创新，焕发出更加璀璨的光彩。

4.1.1 历史沿革

4.1.1.1 新石器时代至商周时期的酒文化

新石器时代，是人类历史上一个重要的转折点，标志着人类社会从原始社会向阶级社会过渡的开始。在这个时期，随着农业生产的兴起和定居生活的确立，人们的生活方式、社会结构和文化习俗都发生了显著的变化。其中，酒文化的产生和发展，不仅体现了人类对生活品质的追求，也深刻地反映了当时社会的社会结构和文化风尚。

(1)新石器时代的酒文化

新石器时代，人们逐渐掌握了种植农作物和饲养家畜的技术，这为酒的产生提供了物质基础。考古发现，这一时期的遗址中常伴有酿酒用的陶器和储存酒的陶罐，这表明当时的人们已经开始酿造并享用酒了。

当时的酒多为自然发酵而成，原料多样，包括稻米、青稞、小麦和蜂蜜等。这些原料经过简单的加工处理后，放入陶罐中，利用自然界中的微生物进行发酵，最终形成酒液。由于技术条件的限制，当时的酒往往带有一定的杂质和异味，但其独特的口感和香气，仍受到了人们的喜爱。

在新石器时代，酒不仅是一种饮品，更是一种文化符号。它常常与祭祀和娱乐活动联系在一起，成为连接人与神、人与祖先的重要媒介。在祭祀活动中，酒被用作敬神的礼品，人们通过饮酒来向神灵表达敬意和祈求保佑。在娱乐活动中，酒则成为人们放松心情、增进感情的催化剂。

(2)商周时期的酒文化

商周时期，随着社会生产力的发展和文化的繁荣，酒文化也进入了一个新的发展阶段。这一时期的制酒工艺逐渐成熟和完善,酒的品种和品质也得到了极大的提升。

商代的制酒技术已经相当发达,出现了专门用于酿酒的工匠和作坊。商代的酒器也极为丰富和精美,尤其是铜鼎等青铜器皿,不仅造型独特、工艺精湛,而且具有很高的艺术价值和文化内涵。这些酒器不仅是当时酒文化的代表,也是商代社会文化的重要载体。

在商周时期,酒已经成为贵族生活中不可或缺的一部分。无论是祭祀、宴会还是日常生活,酒都扮演着重要的角色。在祭祀活动中,酒被用作与神灵沟通的重要媒介,人们通过献酒、饮酒等仪式来表达对神灵的敬意和祈求。在宴会上,酒则成为人们增进感情、加强交流的重要工具。同时,酒也是贵族们展示身份和地位的重要象征。

除了在社会生活中的广泛应用外,酒文化在商周时期还得到了进一步的发展和传播。许多文学作品和艺术作品都以酒为主题或题材进行创作和表现。这些作品不仅丰富了人们的精神生活,也促进了酒文化的传承和发展。

4.1.1.2 秦汉至隋唐时期的酒文化

秦汉至隋唐时期是中国酒文化发展的重要阶段。在这一时期,酒文化得到了更大的发展和繁荣,并呈现出规模化、制度化和多样化的特点。同时,酒文化也与社会文化、经济生活和文学艺术等领域相互交融并相互促进,共同推动了中国文化的繁荣和发展。

(1)秦汉时期:酒文化的规模化与制度化

秦汉时期,随着国家的统一和中央集权制度的建立,社会经济和文化得到了空前的繁荣,酒文化也迎来了一个新的发展阶段。

第一,规模化生产的形成。秦汉时期,随着农业生产的进一步发展和商业贸易的繁荣,制酒业开始形成规模化生产。大型酿酒作坊和酒厂的出现,不仅提高了酿酒效率,也保证了酒的质量和口感。同时,随着酿酒技术的不断改进和创新,酒的品种和风味也日益丰富多样。

第二,酒在社会中的重要地位。在秦汉时期,酒已经不仅仅是一种饮品,更是一种社会文化的象征。酒被列入《礼记·月令》中的“月令”之一,体现了其在社会中的重要地位。在祭祀、宴会、婚丧嫁娶等社会活动中,酒都扮演着重要的角色。同时,酒也成了衡量人际关系和身份地位的重要标志。

第三,酒文化的制度化管理。为了规范酒的生产和销售,秦汉政府采取了一系列措施。例如,制定了酒税政策,对酒的生产和销售进行税收管理;设立了专门的酒类管理机构,对酒的质量和价格进行监管;同时,还制定了一系列酒禁政策,以维护社会秩序和公共利益。

(2)隋唐时期:酒文化的繁荣与多样化

隋唐时期,中国酒文化迎来了一个繁荣和多样化的黄金时代。

第一,酒馆与酒楼的遍布。隋唐时期,随着城市经济的繁荣和市民文化的兴起,酒馆和酒楼开始在城市中遍布。这些酒馆和酒楼不仅提供了丰富的酒品和美食,也成了人们社交和娱乐的重要场所。在酒馆和酒楼里,人们可以品尝到各种美酒佳肴,也可以欣赏到精彩的文艺表演和诗词朗诵。

第二,酒品的丰富多样。在隋唐时期,酒的种类和风味更加丰富多样。黄酒、米酒、果酒和葡萄酒等各种酒品开始大量生产并流行于社会。这些酒品不仅口感各异、风味独特,而且营养价值丰富、具有一定的保健作用。同时,随着酿酒技术的不断提高和创新,一些新的酒品也开始出现并受到人们的喜爱。

第三,酒文化的交流与融合。隋唐时期是一个开放和包容的时代,中外文化交流频繁。在这种背景下,中国酒文化也开始与外来文化进行交流和融合。例如,葡萄酒的酿造技术和文化从西域传入中国并与中国的酒文化相互借鉴和融合;同时,中国酒文化也开始影响周边国家和地区并推动当地酒文化的发展。这种交流与融合不仅丰富了中国酒文化的内涵,也促进了中外文化的相互理解和尊重。

第四,酒文化的艺术化。在隋唐时期,酒文化还开始与艺术相结合并呈现出艺术化的趋势。例如,在诗歌、绘画和音乐等艺术作品中开始大量出现与酒相关的主题和元素;同时,一些文人墨客也开始将酒作为创作的灵感来源和表达情感的工具。这种艺术化的趋势不仅丰富了中国酒文化的表现形式,也提高了其艺术价值和文化内涵。

4.1.1.3 宋元至明清时期的酒文化

宋元至明清时期是中国酒文化发展的重要阶段。在这一时期,酿酒技术的革新和进步使得中国开始生产烧酒和白酒等高品质的酒品;同时,

酒文化的繁荣和多样化也使得各种不同类型的酒开始在社会上广泛流通和受到人们的喜爱。这一时期的酒文化不仅为中国酒文化的发展奠定了坚实的基础,也为后世留下了宝贵的文化遗产。

(1)宋元时期的酿酒技术革新与烧酒、白酒的兴起

宋元时期,中国酿酒技术迎来了一个重大的转折点,蒸馏技术的引入和普及,使得中国开始生产烧酒和白酒,这一变革对中国酒文化产生了深远的影响。

在宋代,随着科学技术的进步和手工业的发展,酿酒技术也得到了显著提升。蒸馏技术,这一在之前尚未广泛应用于酿酒领域的技术,开始在宋代得到重视和应用。蒸馏技术的引入,使得酒的度数得到大幅度提高,同时酒的口感和品质也得到了极大的改善。因此,烧酒和白酒逐渐在民间流传开来,成为当时社会的新宠。

在元代,蒙古族统治者对酒文化的重视和推崇,进一步推动了酿酒技术的发展。元代的酿酒业不仅继承了宋代的传统技艺,还吸收和融合了其他民族的酿酒技术,形成了独具特色的酿酒风格。特别是蒸馏技术的应用,使得元代的烧酒和白酒在品质和口感上达到了新的高度。同时,元代的酒文化也呈现出多元化和包容性的特点,各种不同类型的酒开始在市场上流通。

(2)明清时期酒文化的繁荣与多样化

明清时期,中国酒文化进入了一个全面发展的时期。在这一时期,各种不同种类的酒开始涌现,包括清酒、黄酒、黄枝香等,同时一些著名的白酒产区也开始兴起。

在明代,随着社会经济的发展和文化的繁荣,酒文化也得到了进一步的推动和发展。明代时期的酿酒业在继承前代技艺的基础上,不断进行创新和改进,使得酒的品质和口感得到了极大的提升。同时,明代还出现了一些著名的酿酒世家和酿酒大师,他们通过精湛的技艺和独特的配方,创造出了许多独具特色的名酒。

在清代,中国的酒文化达到了一个新的高峰。清代时期的酿酒业在技术和品种上都有了新的突破。蒸馏技术的应用使得白酒的生产更加普遍和成熟,同时也使得白酒的品质和口感得到了极大的提升。此外,清代还出现了一些新的酿酒原料和配方,如黄枝香等,这些新原料和配方的应

用,使得酒的口感和品质更加丰富多样。

除了技术和品种的进步外,明清时期的酒文化还呈现出多元化和包容性的特点。在这一时期,各种不同类型的酒开始在社会上广泛流通,人们开始根据自己的口味和需求来选择适合自己的酒。同时,酒文化也开始与茶文化等其他文化形式相互融合和渗透,形成了独具特色的文化景观。

4.1.1.4 近代以来的酒文化

近代以来,中国的酒文化经历了前所未有的变革与发展。随着社会的变迁和科技的进步,中国酒文化在保持传统特色的同时,也融入了新的元素,形成了更加丰富多彩的局面。特别是特色酒种的产生和国外进口酒的流入,为中国酒文化注入了新的活力,推动了中国酒业的快速发展。

(1)中国白酒的繁荣

在近代,中国白酒以其独特的酿造工艺和卓越的品质,逐渐在国内外市场上崭露头角。茅台、剑南春等名酒作为中国白酒的代表,凭借其深厚的历史底蕴和精湛的酿造技艺,在国内外享有极高的声誉。这些名酒不仅在国内市场占据主导地位,而且远销海外,成为传承中华文化的重要载体。

中国白酒的繁荣,一方面得益于传统酿造工艺的传承与创新。许多白酒企业在保持传统酿造工艺的基础上,积极引进现代科技手段,提高生产效率和产品质量。同时,一些企业还注重品牌建设和市场营销,通过广告宣传、文化推广等方式,提高了白酒的知名度和美誉度。

另一方面,中国白酒的繁荣也离不开政府的支持和推动。近年来,中国政府高度重视白酒产业的发展,出台了一系列政策措施,支持白酒企业做大做强。同时,政府还加强对白酒市场的监管和规范,打击假冒伪劣产品,维护了市场秩序和消费者权益。

(2)国外进口酒的流入

随着全球化进程的加速和国际贸易的发展,越来越多的国外进口酒开始涌入中国市场。这些进口酒以其独特的口感、品质和文化内涵,给中国酒文化带来了新的冲击和发展机遇。

首先,国外进口酒的流入丰富了中国酒文化的内涵。不同国家和地区的酒文化有着不同的特点和风格,这些进口酒的到来,让中国消费者有机会品尝到世界各地的美酒佳酿,领略不同酒文化的魅力。同时,这些进口酒也为中国酒文化注入了新的元素和灵感,促进了中国酒文化的创新

和发展。

其次,国外进口酒的流入也促进了中国酒业的竞争和进步。这些进口酒在品质、口感、包装等方面都具有较高的水平,给中国白酒企业带来了压力和挑战。为了应对这种竞争压力,中国白酒企业不得不加强自身的研发和创新能力,提高产品品质量和服务水平。这种竞争和进步的过程,不仅推动了中国酒业的整体发展,也提高了中国白酒在国际市场上的竞争力。

最后,国外进口酒的流入也促进了中外酒文化的交流与融合。在国际贸易和文化交流的推动下,中外酒文化开始相互借鉴、融合和创新。这种交流与融合的过程,不仅促进了中国酒文化的国际化和现代化进程,也加深了中外之间的文化了解和友谊。

4.1.2 现状特点

4.1.2.1 传统与现代的融合

中国酒文化,作为中华五千年文明的重要组成部分,承载着丰富的历史底蕴和深厚的文化内涵。随着时代的变迁和社会的发展,中国酒文化在保留传统特色的同时,也积极融入现代元素,展现出新的生机与活力。这种传统与现代的融合,不仅提升了酒的品质和口感,也促进了酒文化的传播和发展。

(1)传统酿酒工艺与现代科技的结合

中国传统的酿酒工艺源远流长,历经数千年的传承与发展,形成了独特的酿酒技艺和风味特点。然而,在现代社会,随着科技的不断进步和消费者口味的多样化,传统酿酒工艺面临着新的挑战和机遇。

为了提升酒的品质和口感,许多酒企开始将传统酿酒工艺与现代科技相结合。例如,通过引进先进的生产设备和技术手段,对传统酿酒工艺进行改进和优化,使得酒的生产过程更加科学、高效和环保。同时,利用现代科技手段对酒的原料、水质、温度等关键环节进行精确控制,保证了酒的品质和口感的稳定性和一致性。

这种传统酿酒工艺与现代科技的结合,不仅提高了酒的生产效率和品质水平,也满足了现代消费者对高品质、健康、安全酒类的需求。同时,这种融合也使得中国酒文化更加丰富多彩、开放包容。

(2)酒文化与现代生活的交融

在现代社会中,随着人们生活方式的多样化和文化娱乐活动的丰富化,酒文化也逐渐与现代生活相交融。酒吧、夜店等娱乐场所的兴起,为年轻人提供了更多的社交和娱乐空间,也促进了酒文化的传播和发展。

在这些娱乐场所中,各种酒类饮品琳琅满目、品种繁多。从传统的白酒、黄酒到现代的啤酒、葡萄酒、鸡尾酒等,各种酒类饮品满足了不同消费者的口味和需求。同时,这些场所也成了年轻人展示个性、交流情感的重要场所。在这里,人们可以品尝到各种美味的酒类饮品,也可以感受到酒文化所带来的独特魅力和氛围。

除了娱乐场所外,酒文化还与现代生活中的许多场景相结合。例如,在商务洽谈、朋友聚会、家庭聚会等场合中,人们常常会品尝美酒佳肴、畅谈人生理想。在这些场合中,酒不仅是沟通感情的媒介,也是展示个人品位和修养的重要工具。

(3)酒文化的传承与创新

在传统与现代的融合中,中国酒文化也面临着传承与创新的问题。一方面,我们需要继承和发扬传统酿酒工艺和文化内涵;另一方面,我们也需要不断创新和发展新的酿酒技术和文化内涵,以满足现代消费者的需求和期待。

为了实现这一目标,我们需要加强酒文化的教育和普及工作以提高公众对酒文化的认识和了解。同时我们也需要加强酒企之间的合作与交流以推动技术创新和产业升级。此外,我们还可以通过举办各种有关酒文化的活动和比赛来展示和传承酒文化的魅力与精髓,进而促进酒文化的创新与发展。

4.1.2.2 地域文化的多样性

中国,这片幅员辽阔的土地上,不仅地形地貌多样,气候差异显著,更孕育了丰富多彩的地域文化。地域文化,作为一个地区在长期历史发展过程中形成的独特文化形态,涵盖了该地区的自然环境、历史传统、社会习俗、生活方式等多个方面。而在这些地域文化中,酒文化无疑是一个重要的组成部分,它以其独特的方式展现了各地的风土人情和文化特色。

中国的酒文化源远流长,历史悠久,早在数千年前的新石器时代,人

们就开始酿造和享用酒。随着时间的推移,各地的酒文化逐渐形成了自己的特色和风格。这些特色不仅体现在酒的酿造工艺、原料选择、口感风味上,更体现在酒文化的内涵、传统习俗和社交方式等方面。

以茅台为例,作为中国最著名的白酒之一,茅台酒以其独特的酿造工艺和卓越的品质而闻名于世。茅台酒的酿造地点位于贵州省的茅台镇,这里的气候、水质和土壤条件都为茅台酒的酿造提供了得天独厚的条件。茅台酒的酿造过程严格遵循传统工艺,经过多次发酵、蒸馏、陈酿等工序,最终形成了其独特的口感和风味。茅台酒不仅是一种美酒佳品,更是贵州省地域文化的重要代表之一,体现了贵州人民的智慧、勤劳和追求卓越的精神。

与茅台酒相似,汾酒也是中国白酒中的佼佼者。汾酒产于山西省的汾阳市,这里的酿酒历史悠久,文化底蕴深厚。汾酒的酿造工艺独特,注重原料的选择和酒曲的培育,使得汾酒具有清香纯正、绵甜爽净的特点。汾酒不仅是山西省的特产,更是中国白酒文化的重要代表之一,体现了山西人民淳朴、务实、创新的品质。

除了茅台和汾酒之外,中国的酒文化中还有许多具有地域特色的代表。比如湖北的枝江大曲,其酿造历史悠久,口感独特,深受当地人民的喜爱。枝江大曲的酿造工艺融合了当地的自然环境和人文特色,体现了湖北人民热情好客、豪爽大方的性格。

这些具有地域特色的酒文化不仅丰富了中国的酒文化宝库,也为当地的经济社会发展带来了重要的推动作用。这些酒文化的传承和发展,不仅促进了当地酒产业的繁荣和发展,也带动了相关产业的发展和就业。同时,这些酒文化也成了当地的文化名片和旅游资源,吸引了大量的游客前来品尝和体验。

4.1.2.3 消费观念的转变

随着社会的发展和时代的变迁,人们的消费观念也在不断地发生转变。特别是在当前经济全球化、文化多元化以及信息技术飞速发展的背景下,这种转变表现得尤为明显。在消费市场,尤其是酒品市场,现代年轻人的消费观念正在经历一场深刻的变革,他们更加注重酒的品质和口感,追求个性化的消费体验。

(1)品质与口感的追求

过去,人们在购买酒品时,往往更看重价格、品牌或包装等因素。然而,随着生活水平的提高和消费者教育程度的提升,现代年轻人对酒的品质和口感要求越来越高。他们不再满足于简单的品牌效应或价格优势,而是更加注重酒的原材料来源、酿造工艺、口感层次和品质保障。他们愿意花费更多的时间和金钱去了解和尝试不同种类的酒品,寻找符合自己口味和需求的优质酒品。

这种对品质和口感的追求,体现了现代年轻人对生活品质的追求和对健康生活的关注。他们希望通过品尝优质的酒品,享受美好的生活体验,同时也关注酒品对身体健康的影响,追求健康、绿色的消费方式。

(2)个性化消费体验的追求

除了对品质和口感的追求外,现代年轻人还追求个性化的消费体验。他们希望酒品不仅仅是一种饮品,更是一种生活方式的体现和个性化的展示。他们关注酒品的设计、包装、宣传等方面的个性化元素,追求与众不同的消费体验。

这种个性化消费体验的追求,体现在他们对酒品的选择、购买、品鉴等各个环节。例如,在选择酒品时,他们更注重酒品是否符合自己的个性和品味;在购买酒品时,他们更倾向于选择具有独特设计或限量版的酒品;在品鉴酒品时,他们更享受与朋友分享、交流的过程,追求独特的社交体验。

(3)消费观念的转变与影响因素

现代年轻人消费观念的转变,受到多种因素的影响。首先,教育程度的提升使他们对消费有了更深入的理解和认识,更加注重品质和口感的选择。其次,互联网和社交媒体的发展使他们更容易获取关于酒品的信息和评论,增加了他们的选择空间和判断力。此外,生活水平的提高也使他们有更多的经济能力去追求更高品质的消费体验。

同时,社会文化的变迁也对消费观念的转变产生了重要影响。随着全球化和文化多元化趋势的加强,现代年轻人更加开放、包容和多元,他们愿意尝试不同的文化和消费方式,追求个性化和差异化的消费体验。

4.1.2.4 传播方式的创新

在数字化浪潮的推动下,互联网和电商的兴起为中国酒文化的传播方式带来了前所未有的变革。这一变革不仅拓宽了酒文化的传播渠道,还深化了公众对酒文化的理解和认知,为传统酒文化注入了新的活力。

(1)线上销售:打破地域限制,拓宽市场边界

互联网和电商平台的崛起,打破了传统酒类销售的地域限制。通过线上平台,消费者可以足不出户地浏览和购买来自全国各地的美酒。这种便捷的销售方式不仅为消费者提供了更多的选择,也为酒文化的传播提供了更广阔的空间。各地的酒文化特色通过线上平台得以展现,让更多人有机会了解和品尝不同地域的酒品,促进了酒文化的交流和融合。

(2)品酒师评测:专业引领,提升消费体验

随着消费者对酒品品质要求的提高,品酒师评测逐渐成为电商平台上的一大特色。专业的品酒师通过对酒品的品鉴和评价,为消费者提供了更加准确、客观的信息。这种评测方式不仅提升了消费者的购买信心,也推动了酒文化的专业化和品质化。通过品酒师的引领,消费者可以更深入地了解酒文化的内涵和魅力,提升消费体验。

(3)社交媒体:互动分享,增强传播效果

社交媒体的普及为酒文化的传播提供了新的途径。消费者可以通过微博、微信、抖音等社交媒体平台分享自己的品酒心得、酒文化知识和酒品推荐等信息。这种互动分享的方式不仅增强了传播的趣味性和互动性,也提高了传播的广度和深度。同时,社交媒体上的话题讨论和热点关注也进一步提升了酒文化的社会影响力和关注度。

(4)直播带货:实时互动,促进消费决策

直播带货作为一种新兴的电商模式,也为酒文化的传播提供了新的机遇。通过直播的形式,主播可以向观众展示酒品的外观、口感和品质等特点,并实时回答观众的问题。这种实时互动的方式不仅增强了观众的参与感和信任感,也促进了消费决策的形成。直播带货不仅为酒品销售提供了新的渠道,也为酒文化的传播提供了更加生动、直观的方式。

(5)数字化营销:精准定位,提高传播效率

互联网和电商平台的数字化营销手段也为酒文化的传播提供了更加精准、高效的方式。通过分析消费者的购买行为和喜好等数据,电商平台可以实现精准推送和个性化推荐等功能。这种精准定位的营销方式不仅提高了传播效率,也增强了传播的针对性和有效性。同时,数字化营销手段还可以结合线上线下活动等多种形式进行推广和宣传,进一步扩大酒文化的影响力和传播范围。

4.2 中国茶文化的品鉴与欣赏

中国茶文化的品鉴与欣赏需要从茶的分类与选择、外观品鉴、香气品鉴、口感品鉴、汤色品鉴以及精神与文化欣赏等多个方面进行综合考量。在品鉴与欣赏的过程中，不仅可以享受茶叶带来的感官体验和精神享受，还可以深入了解中国茶文化的博大精深和独特魅力。

4.2.1 茶的分类

中国是茶的故乡，拥有数千年的茶文化历史。在这片古老而广袤的土地上，茶叶种类繁多，每一种茶都承载着丰富的文化内涵和独特的口感风味。按照发酵程度的不同，中国茶叶主要可以分为绿茶、红茶、乌龙茶、白茶、黄茶和黑茶六大类。每一种茶都有其独特的制作工艺和口感特点，使得茶的世界丰富多彩，令人陶醉。

4.2.1.1 绿茶

绿茶是未经发酵的茶类，以其清汤绿叶、滋味收敛性强的特点而著称。绿茶的制作工艺主要包括杀青、揉捻、干燥等步骤，其中杀青是绿茶制作的关键环节，通过高温迅速破坏茶叶中的酶活性，防止茶叶发酵。绿茶的色泽翠绿，汤色清澈，香气清高，滋味鲜爽，回甘持久。

在选择绿茶时，我们可以根据个人口味和季节变化来挑选。春季是绿茶的采摘旺季，此时茶叶鲜嫩，品质最佳。西湖龙井、洞庭碧螺春、黄山毛峰等都是中国著名的绿茶品种。这些茶叶在制作工艺上各有特色，口感也有所不同。例如，西湖龙井以其“色绿、香郁、味甘、形美”四绝而著称，洞庭碧螺春则以其卷曲成螺、白毫显露、银绿隐翠、叶芽幼嫩的特点而备受喜爱。

4.2.1.2 红茶

红茶是全发酵茶类，以其汤色红亮、滋味醇厚的特点而广受欢迎。红茶的制作工艺主要包括萎凋、揉捻、发酵、干燥等步骤，其中发酵是红茶制作的关键环节，通过控制发酵程度来影响茶叶的品质和口感。红茶的色泽乌黑油润,汤色红艳明亮,香气浓郁持久,滋味醇厚回甘。

在选择红茶时,我们可以关注茶叶的产地和品种。祁门红茶、滇红茶等都是中国著名的红茶品种。祁门红茶以其“香高、味醇、形美、色艳”四绝而著称,被誉为“红茶皇后”;滇红茶则以其独特的蜜香和甜醇口感而备受赞誉。

4.2.1.3 乌龙茶

乌龙茶是半发酵茶类,品质介于绿茶和红茶之间。乌龙茶的制作工艺独特,主要包括萎凋、摇青、炒青、揉捻、干燥等步骤。在摇青和炒青的过程中,茶叶的发酵程度得到了控制,使得乌龙茶既有绿茶的清香,又有红茶的甜醇。乌龙茶的色泽砂绿,汤色金黄,香气浓郁持久,滋味醇厚回甘。

在选择乌龙茶时,我们可以关注茶叶的产地和制作工艺。安溪铁观音、武夷大红袍等都是中国著名的乌龙茶品种。这些茶叶在制作工艺上各有特色,口感也有所不同。例如,安溪铁观音以其“音韵”独特而著称,武夷大红袍则以其“岩韵”明显而备受赞誉。

4.2.2 茶的外观品鉴

茶叶作为世界上广泛饮用的饮品之一,其外观特征不仅是茶叶品质的直接体现,也是制作工艺精湛与否的直观反映。在品鉴茶叶时,观察其外观是一项至关重要的步骤。

4.2.2.1 茶叶外观品鉴的基本要素

一是色泽:茶叶的色泽是判断其品质的重要指标之一。优质的茶叶通常色泽鲜润、自然,且富有光泽。不同种类的茶叶色泽各异,但总体上应呈现出自然的色泽,而非人工添加的色素。

二是形状:茶叶的形状也是判断其品质的重要依据。优质的茶叶形状通常匀整、规则,且无破碎现象。茶叶的形状与其制作工艺和原料质量密切相关,因此通过观察茶叶的形状,可以初步判断其制作工艺的精湛程度。

三是匀整度:匀整度是指茶叶大小、形状和色泽的均匀程度。优质的茶叶通常匀整度高,茶叶之间差异小,整体呈现出协调的美感。匀整度的高低不仅影响茶叶的美观度,还直接关系到茶叶的品质和口感。

4.2.2.2 乌龙茶的外观特征

乌龙茶既有绿茶的清香,又有红茶的甜醇。在外观特征上,乌龙茶也表现出其独特的风貌。

一是色泽:乌龙茶的色泽通常为乌润或砂绿,这是由于乌龙茶在制作过程中经过适度的发酵和烘焙,使得茶叶中的色素得到转化和固定。优质的乌龙茶色泽鲜润、自然,且富有光泽,给人以视觉上的享受。

二是形状:乌龙茶的形状通常呈条索状或卷曲状,这是由于乌龙茶在制作工艺中需要经过揉捻和卷曲等步骤,使得茶叶形成独特的形状。优质的乌龙茶形状匀整、规则,且无破碎现象,整体呈现出协调的美感。

三是匀整度:乌龙茶的匀整度通常较高,茶叶之间大小、形状和色泽的差异较小。这是由于乌龙茶在制作过程中需要精心挑选原料和严格控制制作工艺,以确保茶叶的匀整度和品质。

以安溪铁观音和武夷大红袍为例,这两种乌龙茶在外观特征上均表现出其独特的风貌。安溪铁观音色泽砂绿、形状卷曲紧结,整体呈现出"蜻蜓头、青蛙腿"的特点;武夷大红袍则色泽乌润、形状条索紧结,整体呈现出"三节色"的特点。这些独特的外观特征不仅使得乌龙茶在众多的茶叶品种中脱颖而出,也为其赢得了广泛的赞誉和喜爱。

4.2.3 茶的香气品鉴

品鉴茶叶的香气,是了解茶叶品质与风味的关键环节。茶叶的香气不仅是其独特魅力的体现,更是其品质高低的重要评判标准。在品鉴茶叶的香气时,我们不仅需要凭借敏锐的嗅觉,还需要借助一定的品鉴方法和技巧。

4.2.3.1 香气品鉴的重要性

茶叶的香气是其在生长、采摘、制作和存储过程中所形成的独特风味特征。不同的茶叶品种、制作工艺、存储环境,都会导致茶叶香气的差异。因此,品鉴茶叶的香气,可以让我们更加深入地了解茶叶的品质和风味,从而更好地欣赏和品味茶叶的魅力。

4.2.3.2 香气品鉴的方法

在品鉴茶叶的香气时,我们可以采用火罩杯法。这种方法是通过将茶叶置于一个被热水烫过的杯子中，利用杯子的余温将茶叶烫热，从而释放出茶叶的香气。具体步骤如下：

第一，准备工具。准备一个干净的品茗杯（或闻香杯）和一个热水壶。确保品茗杯干燥无异味，以免影响茶叶香气的品鉴。

第二，烫杯。将热水倒入品茗杯中，轻轻晃动杯子，使杯子内壁充分受热。然后将水倒掉，此时杯子内壁应保持一定的温度。

第三，投茶。将适量的干茶投入品茗杯中。茶叶的用量应根据个人口味和品鉴目的而定，但通常以 3~5 克为宜。

第四，闻香。轻轻晃动品茗杯，使茶叶在杯中翻滚。然后迅速将杯子靠近鼻子，深吸一口气，细细品味茶叶的香气。此时应注意不要将鼻子直接贴在杯口上，以免烫伤。

4.2.3.3 香气品鉴的技巧

在品鉴茶叶的香气时，我们需要注意以下几个技巧：

一是持久性：正宗好茶的香气通常能持久不散。在品鉴时，我们可以多次闻香，观察香气是否能持续释放并保持一定的强度。

二是纯正性：好茶的香气应该纯正无杂味。在品鉴时，我们应仔细辨别香气中是否有异味或杂味，如霉味、烟味等。

三是层次感：茶叶的香气往往具有层次感，即不同的香气成分在时间上有所区分。在品鉴时，我们可以尝试分辨出茶叶的初香、中香和尾香，感受其香气变化的层次感。

四是协调性：茶叶的香气应与口感相协调。在品鉴时，我们可以将香气与口感相结合，观察它们之间是否存在矛盾或冲突。

4.2.3.4 香气品鉴的注意事项

在品鉴茶叶的香气时，我们还需要注意以下几点：

一是环境：品鉴茶叶的香气应在安静、无异味的环境中进行。避免在嘈杂或气味较重的环境中品鉴茶叶，以免影响品鉴结果。

二是心态：品鉴茶叶的香气需要保持平和的心态。不要急于求成或过于紧张，以免影响品鉴效果。

三是多次品鉴：由于茶叶的香气可能会随着时间和环境的变化而有所差异，因此我们可以多次进行品鉴，以获得更准确的品鉴结果。

4.2.4 茶的口感品鉴

在茶文化的世界里,口感品鉴无疑是品鉴茶叶最为核心和关键的环节。口感品鉴不仅是对茶叶品质的直观感受,更是对茶叶制作工艺、原料选择以及生长环境的综合评判。在品饮过程中,我们需将茶水含在口中,细细品味其滋味、润泽度和醇厚程度,以领略茶叶所带来的独特韵味。

4.2.4.1 口感品鉴的重要性

口感品鉴在品鉴茶叶过程中占据着举足轻重的地位。通过口感品鉴,我们可以直接感受到茶叶的滋味、口感和风味,从而了解茶叶的品质和特点。口感品鉴不仅能帮助我们挑选出优质的茶叶,还能让我们更加深入地了解茶叶的魅力和文化内涵。

4.2.4.2 口感品鉴的方法

在进行口感品鉴时,我们需要掌握一定的方法和技巧。以下是一些常见的口感品鉴方法:

一是含汤品味:将茶水含在口中,用舌头轻轻搅动,让茶汤在口腔内充分流动,以便更好地感受茶叶的滋味和口感。

二是分辨滋味:在品味茶汤时,我们需要仔细分辨其甜、酸、苦、涩等滋味。优质茶叶的滋味往往醇厚鲜爽,回甘持久,无苦涩味或异味。

三是感受润泽度:在品味茶汤时,我们还需要关注其润泽度。润泽度高的茶汤在口腔内感觉更加顺滑,有滋润感,令人愉悦。

四是品味醇厚程度:醇厚程度是茶叶品质的重要体现。在品味茶汤时,我们需要关注其醇厚度,感受茶汤在口中的层次感和饱满度。

4.2.4.3 口感品鉴的要点

在进行口感品鉴时,我们需要注意以下几个要点:

第一,温度适中。品鉴茶叶时,茶水的温度应适中,不宜过高或过低。过高的温度会烫伤口腔,影响品鉴效果;过低的温度则会使茶叶的滋味和香气无法充分释放。

第二,多次品味。由于茶叶的滋味和口感可能会随着冲泡次数的增加而有所变化,因此我们需要多次品味同一款茶叶,以全面了解其口感特点。

第三，注重对比。在品鉴不同品种的茶叶时，我们需要注重对比。通过对比不同茶叶的口感特点，我们可以更加深入地了解各种茶叶的独特之处。

第四，结合其他感官。口感品鉴不仅仅是依靠味觉来完成的，还需要结合其他感官来综合评判。例如，我们可以结合视觉观察茶叶的色泽和形状，结合嗅觉感受茶叶的香气等。

4.2.4.4 口感品鉴的意义

口感品鉴在品鉴茶叶过程中具有重要意义。通过口感品鉴，我们可以直接感受到茶叶的品质和风味，从而挑选出适合自己的茶叶品种。同时，口感品鉴还能让我们更加深入地了解茶叶的魅力和文化内涵，增进对茶文化的认识和热爱。此外，口感品鉴还能促进茶产业的发展和创新，推动茶文化的传承和弘扬。

4.2.5 茶的汤色品鉴

在茶文化的世界中，汤色是评价茶水品质的重要维度之一。汤色不仅直接反映了茶叶的品种、制作工艺以及冲泡方法，更是茶叶内在品质的外在表现。因此，在品鉴茶水时，对汤色的观察和分析显得尤为重要。

4.2.5.1 汤色的重要性

汤色是茶叶冲泡后所呈现出的色泽，它包含了茶叶中各种色素物质在水中的溶解和反应过程。通过观察汤色，我们可以初步判断茶叶的品质、新鲜度和存储状态。同时，汤色也是茶叶香气和滋味的重要载体，影响着人们对茶的整体感受。

4.2.5.2 汤色的观察方法

在品鉴茶的汤色时，我们通常采用以下步骤：

第一，准备工具。准备一个透明的玻璃杯或白瓷杯作为品茗杯，以便更好地观察汤色的透明度、亮度和纯净度。

第二，泡茶。按照所选茶叶的冲泡方法，将茶叶投入杯中，注入适量的热水。注意控制泡茶的时间和温度，以保证茶叶的充分舒展和汤色的充分展现。

第三,观察。在茶叶冲泡后,仔细观察汤色的色泽、明亮度和纯净度。将品茗杯置于白色背景上,以便更清晰地观察汤色的细微变化。

4.2.5.3 汤色的品鉴要点

在品鉴茶的汤色时,我们主要关注以下几个方面:

一是透明度:透明度是品鉴茶汤时的重要考量指标,它直接关联着茶汤清澈的程度。优质茶叶所泡出的茶汤,通常展现出极高的透明度,清澈如镜,不含任何杂质或沉淀物。这种高度的透明度不仅彰显了茶叶本身的纯净品质,同时也反映了茶叶制作过程中精湛的技艺和严格的质量控制。透过清澈的茶汤,我们能够更加清晰地观察到茶叶在水中舒展的姿态,以及茶叶内含物质在水中溶解、释放的过程,进一步加深对茶叶品质的理解与欣赏。

二是亮度:这是评判汤色质量的重要指标。亮度指的是茶汤色泽的明亮程度,它直观地反映了茶叶的内在品质。优质茶叶的汤色往往呈现出明亮鲜艳的色泽,仿佛蕴藏着无尽的生命力,给人一种鲜活而富有活力的感觉。这种明亮度的形成,不仅与茶叶的新鲜度密切相关,新鲜茶叶中的色素物质更为活跃,能够呈现出更为明亮的色泽;同时,也受茶叶的存储状态和制作工艺的影响。良好的存储条件能够使茶叶的品质保持稳定,而精湛的制作工艺则能够最大限度地保留茶叶中的色素物质,使得汤色更为亮丽动人。因此,在品鉴茶叶时,我们不仅要关注汤色的亮度,还要结合茶叶的新鲜度、存储状态和制作工艺来全面评价其品质。

三是纯净度:直接反映了汤色中色素物质的纯净程度。优质茶叶的汤色通常呈现出纯净无杂色的特点,色泽清晰、明亮,能够准确地展现茶叶本身的色泽特征。这种纯净度的高低不仅彰显了茶叶的品质高低,更是对茶叶采摘、加工和存储过程中精细工艺的体现。在品鉴过程中,我们应注意观察汤色的纯净度,以此来评估茶叶的整体品质。

4.2.5.4 不同品种茶汤色的特点

不同品种的茶叶在汤色上也会有所差异。以下是一些常见茶叶品种的汤色特点。

绿茶:绿茶的汤色清澈明亮,呈浅绿色至黄绿色,犹如山间清泉般晶莹剔透。这种明亮的汤色不仅令人赏心悦目,更是绿茶新鲜、清爽品质特

点的直观体现。它象征着绿茶在采摘和制作过程中严格把控的品质要求,以及茶叶中所含丰富营养物质的完美保留。当绿茶在杯中舞动时,那一抹清新的绿色仿佛能带走尘世的喧嚣,让人沉浸在宁静与和谐之中。

红茶:红茶的汤色红亮浓郁,呈现一种从红褐色到深红色的渐变,色泽深沉而富有层次。这种浓郁的汤色正是红茶经过恰到好处的发酵后所呈现出的独特风貌,它直观地反映了红茶在制作过程中发酵程度的精确控制,以及茶叶原料的高品质。这种恰到好处的发酵不仅赋予了红茶独特的香气和口感,更在汤色上形成了鲜明的特色,成为红茶品质优良的重要标志。

乌龙茶:乌龙茶的汤色金黄明亮,呈琥珀色至橙黄色,如同夕阳余晖洒在湖面上的美景,散发出迷人的光泽。这种独特的汤色是乌龙茶半发酵工艺和独特品质相结合的完美展现。在制茶过程中,茶叶经过适度的发酵,使得茶多酚和色素物质得以适当转化,形成了乌龙茶特有的汤色。这种汤色不仅令人赏心悦目,更透露出乌龙茶深厚的文化底蕴和独特的品质魅力。

黑茶:黑茶,作为一种经过长时间后发酵的茶叶,其独特的汤色是其品质的重要体现。黑茶的汤色红浓明亮,从红褐色到暗红色渐变,犹如陈年的红酒般深邃迷人。这种红浓的汤色不仅展现了黑茶独特的色泽魅力,更直观地反映了其高度的后发酵程度,是茶叶在长时间的微生物作用下,内含物质充分转化、品质得到显著提升的直观表现。同时,红浓的汤色也彰显了黑茶优良的品质和独特的口感,使得人们在品味时能够感受到其深沉、醇厚、回甘的韵味。

4.2.5.5 汤色品鉴的注意事项

在品鉴茶的汤色时,我们需要注意以下几点:

第一,光线影响。观察汤色时,应确保在适宜的光照条件下进行,以避免光线对汤色产生不必要的干扰。理想的观察环境应为自然光下或柔和的灯光照射,这样的光线能够准确反映茶汤的真实色泽,确保我们品鉴时能够捕捉到细微的色泽变化。在强烈阳光下或过于刺眼的灯光下观察,可能会导致汤色失真,影响品鉴的准确性和可靠性。因此,在品鉴茶的汤色时,务必注意选择适当的光线条件。

第二,品茗杯选择。为了确保能够准确地观察和评估茶的汤色,我们应选用透明度高且无色的品茗杯,如优质的玻璃杯或白瓷杯。这类杯子能够清晰地展现茶汤的色泽,让我们能够观察到汤色的深浅、明亮度和纯净度等细微变化。同时,无色透明的杯子还能避免其他颜色对汤色产生干扰,确保我们品鉴时的准确性。因此,在品鉴茶的汤色时,选择一款合适的品茗杯至关重要。

第三,泡茶技巧。在泡茶时,我们必须精心控制泡茶的时间和温度。泡茶时间过短,茶叶未能充分舒展,汤色可能显得浅淡;而泡茶时间过长,则可能导致茶叶过度浸泡,苦涩味增加,汤色过浓。同时,温度的控制也至关重要。适宜的水温能够促进茶叶中色素物质的充分溶解,使汤色更加明亮、纯净。因此,在泡茶过程中,我们应结合茶叶的品种和特性,科学控制泡茶的时间和温度,以确保茶叶的充分舒展和汤色的完美展现。

4.2.6 茶的精神与文化欣赏

中国茶文化不仅仅是对茶叶的品鉴与欣赏,更是一种精神与文化的传承。在品茶的过程中,可以感受茶文化的博大精深,领略茶与文人墨客之间千丝万缕的联系。同时,茶也被视为友善、和谐、谦虚和平静的象征,人们可以通过泡茶、品茶、斟茶等过程,追求内心的宁静与和谐。

4.3 各地特色美食与饮食文化体验

各地特色美食与饮食文化体验是中国丰富多样文化的生动体现。通过品尝不同地区的特色美食,我们可以更好地了解和感受中国各地的饮食文化和历史传承。同时,在享受美食的过程中,我们也应该注重饮食健康和营养搭配,保持健康的饮食习惯。

4.3.1 地域特色与食材选择

中国,作为世界上历史最悠久的文明古国之一,其地域之辽阔、文化之多元、自然之丰富,共同塑造了其独特的饮食文化。地域特色与食材选择之间存在着紧密的联系,不同地区的自然环境和气候条件孕育了各具特色的食材,而这些食材又通过人们的智慧和巧手,转化为一道道令人垂涎的美食。

4.3.1.1 华北地区的食材选择与特色

华北地区,地处中国北部,四季分明,气候适中,为农作物的生长提供了良好的条件。这里盛产的粮食作物如小麦、玉米等,为面食文化的发展奠定了基础。同时,华北地区也是畜牧业的重要区域,优质的草场和丰富的水资源为畜牧业的发展提供了得天独厚的条件。

以北京烤鸭为例,这道美食便是华北地区食材选择与烹饪技艺的完美结合。北京烤鸭选用的是当地优质的肉食鸭——北京鸭。这种鸭体型丰满,肉质细嫩,皮下脂肪适中,经过果木炭火烤制,皮色红润,肉质鲜美,酥脆可口,被誉为“天下美味”。此外,华北地区的面食也极具特色,如山西的刀削面、河北的驴打滚等,都以其独特的口感和风味赢得了广大食客的喜爱。

4.3.1.2 华南地区的食材选择与特色

华南地区,位于中国南部,气候温暖湿润,雨量充沛,为热带和亚热带作物的生长提供了得天独厚的条件。这里盛产稻米、水果、海鲜等食材,为华南地区的饮食文化注入了丰富的元素。

广东早茶是华南地区饮食文化的重要代表之一。早茶中包含了各种精细的茶点和小吃,如虾饺、肠粉、叉烧包等,这些美食不仅口感鲜美,而且营养丰富。这些茶点的制作过程中,食材的选择和搭配都体现了岭南地区独特的饮食文化。例如,虾饺中的虾仁选用的是当地新鲜的海虾,口感鲜嫩多汁;肠粉则是以优质的稻米为原料制作而成,口感爽滑细腻。这些食材的选择和搭配,都使得广东早茶成了中国饮食文化中的一道亮丽风景线。

除了广东早茶外,华南地区还有许多其他具有地域特色的美食。如福建的佛跳墙,这道菜肴选用了海参、鲍鱼、鱼翅等珍贵的海鲜食材,搭配多种肉类和蔬菜,经过长时间的炖煮而成。其口感醇厚鲜美,营养丰富,是福建地区最具代表性的美食之一。再如广西的桂林米粉,其米粉选用优质的大米制作而成,口感爽滑细腻,搭配独特的酸辣汤料和丰富的配菜,使得桂林米粉成了广西地区的一道特色小吃。

4.3.2 制作工艺与烹饪方法

中国的饮食文化博大精深,源远流长,各地的特色美食更是层出不穷,每一种美食背后都蕴藏着独特的制作工艺和烹饪方法。这些传统的手艺不仅展现了地域特色,更体现了中华民族的智慧和创造力。

4.3.2.1 刀削面的制作工艺与烹饪方法

刀削面,作为山西省的一种特色传统面食,以其独特的制作工艺和口感赢得了广大食客的喜爱。据传,刀削面始于唐朝,由驸马柴绍所创,至今已有上千年的历史。

第一,原料准备。刀削面的主要原料是高筋面粉和水,面粉的选用至关重要,它决定了面条的筋性和口感。此外,还需要准备各种口味的臊子和调料,如猪肉、牛肉、羊肉、豆腐干、鸡蛋等。

第二,和面。将高筋面粉和水按一定比例混合,和成稍硬的面团。和面的技巧在于掌握水的用量和面的软硬度,需要反复揉捏,使面团光滑有弹性。

第三,削面。削面是刀削面制作的关键步骤。师傅需要手持特制的削面刀,站在开水锅前,将面团放在左臂上,右手持刀,将面团一片一片地

削入锅中。削出的面条应呈柳叶形,中间厚两边薄,入口外滑内筋,软而不黏。

第四,煮面。将削好的面条在锅中煮熟,捞出沥干水分。煮面的时间要掌握好,既要煮熟又不能煮烂。

第五,调味。将煮好的面条放入碗中,加入各种口味的臊子和调料,如猪肉臊子、牛肉臊子、豆腐干臊子等,再淋上特制的辣椒油和香醋,搅拌均匀即可食用。

4.3.2.2 烤全羊的制作工艺与烹饪方法

内蒙古的烤全羊是一道具有浓郁民族风情的传统美食,以其独特的烹饪方法和制作工艺而闻名遐迩。

一是选材:烤全羊的原料是整只羊,一般选用肥瘦适中的草原羊。羊的挑选非常讲究,要求羊龄适中、肉质鲜嫩、无疫病。

二是处理:将选好的羊宰杀后去毛、去内脏、洗净,然后用盐、葱、姜、胡椒等调料腌制数小时,使羊肉充分入味。

三是烤制:烤全羊的烤制方法有两种,一种是传统的木炭烤制法,另一种是现代的电烤制法。无论哪种方法,都需要将羊放在特制的烤架上,用火慢慢烤制。烤制时要不断翻动羊身,使其受热均匀。同时,还要根据羊肉的熟度适时调整火候和烤制时间。

四是切割:当羊肉烤至外焦里嫩、色泽金黄时即可取出。此时需要将羊身切成大小适中的块状,摆放在盘中供食客享用。

五是调味:烤全羊的调料也非常讲究,一般会用盐、葱、姜、胡椒等调料混合后涂抹在羊肉上。此外,还可以根据个人口味加入辣椒粉、孜然粉等调料增加风味。

4.3.2.3 麻辣火锅的烹饪方法

四川的麻辣火锅以其麻辣鲜香、味道浓郁而著称,是中国火锅文化的重要代表之一。

一是锅底制作:麻辣火锅的锅底是关键,需要用多种辣椒和香料熬制而成。常见的辣椒有花椒、辣椒粉、豆瓣酱等,香料则有八角、桂皮、草果等。将这些调料按比例混合后,加入适量的高汤或清水熬制数小时即可。

二是食材准备:麻辣火锅的食材非常丰富多样,包括各种肉类、海鲜、蔬菜、豆制品等。食材的选用和处理也非常讲究,需要保持食材的新鲜和口感。

三是烫煮:将准备好的食材放入锅中烫煮。烫煮时要注意火候和时间掌握得当,既要煮熟食材又要保持其鲜嫩口感。同时,还可以根据个人口味调整辣度和麻度。

四是调味:在烫煮过程中可以根据个人口味加入适量的调料如蒜末、香菜等增加风味。此外还可以搭配各种小吃如毛肚、黄喉等以丰富口感。

以上所述只是中国各地特色美食中的冰山一角,但它们所展现的制作工艺和烹饪方法却体现了中国饮食文化的博大精深和地域特色。这些传统的手艺不仅需要我们传承和发扬,更需要我们不断创新和发展,以适应现代人的口味和需求。

4.3.3 口味特色与风味体验

在中华大地上,各地美食的口味特色与风味体验是其深厚的文化底蕴和历史积淀的重要体现。无论是天津的茶汤、广西的米粉,还是东北的酸菜、湖南的辣椒,这些美食都以其独特的口味和风味,吸引了无数食客前来品尝。

4.3.3.1 天津茶汤:色泽粉红,香甜润口

天津茶汤,作为天津地区的一种传统小吃,以其独特的口感和风味,赢得了广大食客的喜爱。茶汤的色泽粉红,犹如少女脸颊的羞红,给人以视觉上的享受。其质地细腻,口感滑润,入口即化,仿佛是在品尝一种精致的甜品。茶汤的香甜味道,更是让人回味无穷,仿佛置身于一个甜蜜的梦境之中。

天津茶汤的制作工艺十分讲究,需要选用优质的茶叶和糯米,经过多道工序精心制作而成。在品尝茶汤时,可以搭配一些小吃,如麻花、豆干等,让口感更加丰富。在天津的大街小巷,都可以找到售卖茶汤的摊位,茶汤已经成为当地人民日常生活中不可或缺的一部分。

4.3.3.2 广西米粉:口感爽滑,汤底鲜美

广西米粉,作为广西地区的一种特色美食,以其独特的口感和风味,

吸引了无数食客前来品尝。米粉的口感爽滑，入口即化，仿佛是在品尝一种轻盈的云朵。汤底的鲜美味道，更是让人陶醉其中，仿佛置身于美味的海洋之中。

广西米粉的配料也十分丰富，可以根据个人口味选择不同的配料，如牛肉、鸡肉、豆腐皮等。这些配料与米粉的搭配，使得整道菜品口感更加丰富多样。在广西的各个城市，都可以找到售卖米粉的餐馆和摊位，米粉已经成为当地人民日常生活中不可或缺的一部分。

4.3.3.3 东北酸菜：酸爽可口，回味无穷

东北酸菜，作为东北地区的一种传统美食，以其独特的酸爽口感和风味，赢得了广大食客的喜爱。酸菜的口感酸爽可口，带有一种独特的发酵香味，让人食欲大增。在东北人的餐桌上，酸菜是必不可少的配菜之一，可以与各种肉类、蔬菜等搭配食用。

东北酸菜的制作工艺也十分独特，需要选用新鲜的大白菜，经过多道工序精心制作而成。在腌制过程中，需要掌握好盐的比例和发酵的时间，才能制作出口感酸爽、味道鲜美的酸菜。在东北的各个城市，都可以找到售卖酸菜的餐馆和摊位，东北酸菜成为当地人民日常生活中不可或缺的一部分。

4.3.3.4 湖南辣椒：香辣可口，刺激味蕾

湖南辣椒，作为湖南地区的一种特色美食调料，以其独特的香辣口感和风味，赢得了广大食客的喜爱。湖南的辣椒种植历史悠久，品种繁多，有的辣味浓郁，有的则带有一种独特的果香。在湖南人的餐桌上，辣椒是必不可少的调味品之一，可以用于烹制各种美食。

湖南的辣椒制作工艺也十分讲究，需要选用优质的辣椒品种，经过晾晒、腌制等多道工序精心制作而成。在烹制过程中，辣椒的用量和烹饪时间都需要掌握好，才能制作出色香味俱佳的美食。在湖南的各个城市，都可以找到售卖辣椒的餐馆和摊位，辣椒成为当地人民日常生活中不可或缺的一部分。

4.3.4 饮食习俗与文化传承

在中国广袤的土地上，品尝各地的特色美食不仅是一次味蕾上的享

受，更是一次深入人心的文化体验。这些美食不仅仅是为了满足口腹之欲，它们背后蕴含着丰富的历史、文化和传统习俗。正如广东的早茶、北京的烤鸭、山东的煎饼果子等，这些美食不仅代表了各地的饮食特色，更是当地文化的重要组成部分，传承着深厚的文化底蕴。

4.3.4.1 广东早茶：饮食与社交的完美融合

广东早茶，作为广东地区独特的饮食习俗，早已超越了简单的餐饮范畴，成了一种社交方式。在这里，人们通过品尝精致的点心、香浓的茶汤，享受悠闲的早晨时光。同时，早茶也是广东人社交的重要场合，无论是亲朋好友还是商业伙伴，都可以在茶楼中相聚，一边品尝美食，一边交流感情，增进友谊。

广东早茶的魅力在于其精致和多样。茶点种类繁多，包括虾饺、肠粉、叉烧包等，每一道点心都经过精心制作，呈现出极高的工艺水平。而茶汤的选用也十分讲究，通常以普洱茶、铁观音等名茶为主，茶香浓郁，回味无穷。在品尝早茶的过程中，人们不仅可以感受到美食的魅力，更可以领略到广东地区独特的饮食文化和社交氛围。

4.3.4.2 北京烤鸭：历史与文化的完美传承

北京烤鸭作为北京地区的代表性美食，具有悠久的历史和深厚的文化内涵。这道菜选用优质的北京填鸭为原料，经过独特的烹饪工艺制成，皮脆肉嫩，香味四溢。烤鸭的烹饪技艺不仅体现了中国传统烹饪的精髓，更承载了丰富的历史和文化信息。

北京烤鸭的历史可以追溯到南宋时期，当时称为“炙鸭”。随着时间的推移，烤鸭的制作技艺逐渐完善，形成了今天我们所熟知的北京烤鸭。在品尝烤鸭的过程中，人们不仅可以享受到美食带来的愉悦，更可以感受到中国传统文化的独特魅力。同时，烤鸭也成了北京地区文化交流和传承的重要载体，吸引着来自世界各地的游客前来品尝。

4.3.4.3 山东煎饼果子：传统与现代的完美融合

山东煎饼果子作为山东地区的传统美食，以其独特的口感和制作工艺赢得了广泛的赞誉。这道美食选用优质的绿豆面、黄豆面为原料，经过精心制作后形成薄如纸片的煎饼。在煎饼上加入各种配料如鸡蛋、香肠、生菜等，再搭配特制的酱料，口感丰富多样，令人回味无穷。

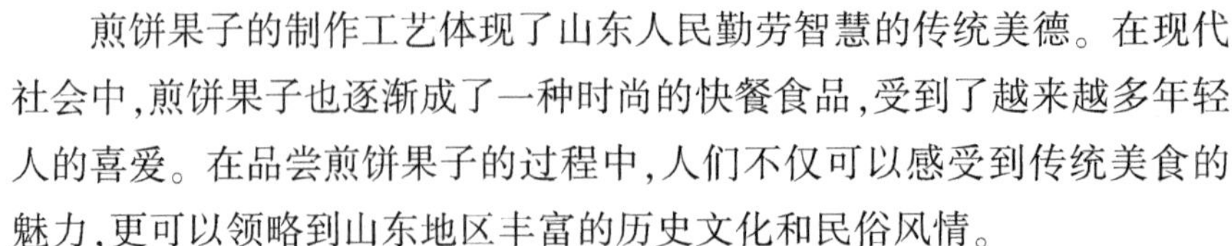
煎饼果子的制作工艺体现了山东人民勤劳智慧的传统美德。在现代社会中,煎饼果子也逐渐成了一种时尚的快餐食品,受到了越来越多年轻人的喜爱。在品尝煎饼果子的过程中,人们不仅可以感受到传统美食的魅力,更可以领略到山东地区丰富的历史文化和民俗风情。

4.3.5 饮食健康与营养搭配

随着生活水平的提高,人们在品尝各地特色美食的同时,也日益关注饮食健康和营养搭配。合理的饮食习惯和营养搭配,不仅能够满足人们味蕾的享受,还能保障身体的健康。本节将从食材选择、烹饪方法和营养搭配等方面,探讨如何在品尝美食的同时,实现饮食健康与营养搭配的平衡。

4.3.5.1 食材选择:天然、新鲜、多样

食材的选择是实现饮食健康与营养搭配的基础。我们应该尽量选择天然、新鲜、多样的食材,以保证摄入充足的营养。天然食材没有经过过多加工,保留了食物的原汁原味和营养成分;新鲜食材富含水分和多种维生素,有助于提高免疫力;多样的食材则能为我们提供丰富的营养素,避免营养不均衡。

在挑选食材时,我们应注意以下几点:一是优先选择当地特色食材,如海鲜、山货等,这些食材不仅新鲜,而且营养价值高;二是尽量选择有机、无农药残留的食材,以减少有害物质对身体的伤害;三是注意食材的多样性,包括蔬菜、水果、肉类、豆类等,确保摄入多种营养素。

4.3.5.2 烹饪方法:低油、低盐、健康烹饪

烹饪方法对于饮食健康与营养搭配同样重要。我们应该采用低油、低盐、健康的烹饪方法,以减少油脂和盐分的摄入,降低患病风险。例如,可以采用蒸、煮、炖、烤等烹饪方式,避免油炸、烧烤等高油高脂的烹饪方法;在烹饪过程中,可以适量使用调味料,如姜、蒜、醋等,以增加食物的口感和营养价值。

此外,我们还应该关注烹饪过程中的食材搭配。例如,在烹饪肉类时,可以搭配一些蔬菜,如胡萝卜、西兰花等,以增加膳食纤维和维生素的摄入;在烹饪海鲜时,可以加入一些豆腐、菌菇等食材,以提高营养价值。

4.3.5.3 营养搭配:合理搭配,营养均衡

营养搭配是实现饮食健康与营养均衡的关键。我们应该根据自身的身体状况和营养需求,合理搭配食材,确保摄入足够的蛋白质、脂肪、碳水化合物、维生素和矿物质等营养素。

在营养搭配方面,我们可以遵循以下原则:一是保证食物多样化,摄入不同种类的食材,以满足身体对各种营养素的需求;二是注意食物的比例和分量,避免摄入过多或过少的食物;三是注意食物的互补性,如动物性食物与植物性食物的互补,以提高营养价值;四是注意食物的消化吸收率,选择易于消化吸收的食材和烹饪方式,以提高营养素的利用率。

在具体操作时,我们可以参考以下建议:一是合理搭配主食和副食,如米饭、面条等主食搭配蔬菜、肉类等副食;二是适量摄入优质蛋白质,如瘦肉、鱼类、豆类等;三是增加膳食纤维的摄入,如多吃蔬菜、水果等;四是适量摄入脂肪和碳水化合物,以提供身体所需的能量;五是注意维生素和矿物质的补充,如多吃富含维生素 C 的水果、富含钙的奶制品等。

4.4 饮食文化与地方民俗的关联

饮食文化与地方民俗之间存在着密切的关联。它们相互影响、相互促进，共同塑造了一个地区独特的生活氛围和文化特色。通过深入了解和研究饮食文化与地方民俗的关联，可以更好地保护和传承当地的文化传统，促进地方文化的繁荣和发展。

4.4.1 饮食文化是地方民俗的重要组成部分

饮食文化，作为人类生活中不可或缺的一部分，不仅满足了人们的生理需求，更是地方民俗的重要组成部分。它承载着当地人民对食物的独特理解、精湛的烹饪技艺和深厚的饮食习惯，是地方文化的重要表现形式。

第一，饮食文化体现地方民俗的独特性。每个地方都有其独特的饮食文化，这些文化反映了当地人民的生活习惯、历史传统和地理环境。例如，江南地区的饮食文化以精致、细腻、注重食材新鲜和口感层次丰富而著称，这与江南水乡温润的气候和富饶的物产密切相关。而西北地区由于气候干燥、物产相对匮乏，其饮食文化则更加注重食材的储存和烹饪方式的多样化，如著名的羊肉泡馍、手抓羊肉等，都体现了西北地区人民的智慧和创造力。这些独特的饮食文化不仅丰富了人们的味蕾，更成为地方民俗的重要标志。

第二，饮食文化传承地方民俗的技艺。饮食文化的传承离不开精湛的烹饪技艺。地方民俗中的饮食文化往往包含了当地人民世代相传的烹饪技艺和秘方。这些技艺和秘方不仅体现了当地人民对食物的独特理解和尊重，更是地方文化的重要载体。例如，广东的早茶文化，不仅包含了丰富的点心和茶饮，更传承了广东人民对生活的热爱和追求。在品尝广东早茶的过程中，人们不仅可以感受到食物的美味，更可以感受到广东人民对生活的态度和文化底蕴。

第三，饮食文化反映地方民俗的饮食习惯。饮食习惯是地方民俗的重要组成部分，它反映了当地人民的生活方式、价值观念和审美趣味。不同地区的饮食习惯差异很大,这与当地的气候、物产、历史传统等因素密切相关。例如,四川地区由于气候湿润、物产丰富,其饮食习惯以麻辣、重口味为主,这种饮食习惯不仅满足了当地人民的口味需求,更体现了四川人民热情、豪放的性格特点。而江南地区则更注重饮食的清淡、细腻,这与江南水乡温婉、细腻的文化气质相得益彰。

第四,饮食文化在地方民俗中的社会功能。饮食文化在地方民俗中还具有重要的社会功能。它不仅是人们日常生活中不可或缺的一部分,更是人们社交的重要媒介。在各种节日、庆典和聚会中,饮食文化都扮演着重要的角色。通过共同品尝美食、分享烹饪技艺和饮食文化,人们不仅可以增进彼此之间的了解和友谊,更可以传承和弘扬地方文化。例如,春节期间的年夜饭、端午节的粽子、中秋节的月饼等,都是人们通过饮食文化来表达亲情、友情和乡情的重要方式。

第五,饮食文化在现代社会中的意义。随着现代社会的发展,饮食文化在地方民俗中的地位和作用更加凸显。在全球化背景下,各种文化和饮食习惯相互交融,地方饮食文化面临着前所未有的挑战和机遇。因此,保护和传承地方饮食文化显得尤为重要。通过挖掘和传承地方饮食文化中的独特元素和技艺,不仅可以丰富人们的饮食生活,更可以弘扬地方文化、增强文化自信心和民族凝聚力。

4.4.2 地方民俗对饮食文化的影响

地方民俗作为一种独特的地域文化现象,不仅体现了当地人民的生活方式和价值观念,也对当地的饮食文化产生了深远的影响。从食材选择、烹饪方式到饮食习惯,地方民俗中的每一个环节都与饮食文化紧密相连,共同构成了丰富多彩的饮食文化景观。

4.4.2.1 食材选择与地方民俗

在地方民俗中,节庆、婚丧嫁娶等习俗往往与特定的食材选择密切相关。这些食材不仅具有地方特色,还承载着丰富的文化内涵。以春节为例,春节是中国最重要的传统节日之一,各地在春节期间都会准备丰盛的年夜饭。在北方,饺子是年夜饭中必不可少的食品,象征着团圆和幸福;而在南方,年糕则更受欢迎,寓意着年年高升。这些食材的选择不仅反映

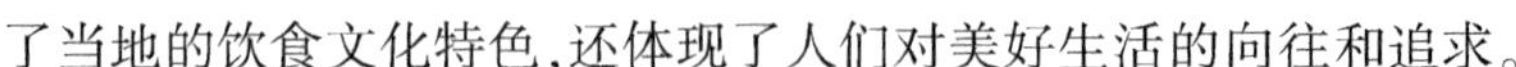

了当地的饮食文化特色，还体现了人们对美好生活的向往和追求。

除了节庆习俗外，婚丧嫁娶等人生大事也与食材选择密切相关。在一些地区，婚嫁时男方会送给女方“聘礼”，其中往往包括各种食材，如猪肉、鱼、鸡等。这些食材不仅代表了男方对女方的诚意和尊重，也体现了当地对婚姻和家庭的重视。同时，在丧礼中，人们也会选择特定的食材来制作供品，以表达对逝者的哀思和缅怀。

4.4.2.2 烹饪方式与地方民俗

地方民俗中的烹饪方式也体现了当地的饮食文化特色。不同地区的气候、地理环境和历史文化背景等因素，导致了当地独特的烹饪技艺和烹饪方法。例如，在四川地区，由于气候潮湿，人们喜欢吃辣以驱寒除湿。因此，川菜以其麻辣口味而闻名于世。在烹饪过程中，川菜厨师善于运用各种辣椒和花椒等调料，使菜肴味道浓郁而独特。而在广东地区，由于气候炎热潮湿，人们更注重食物的清淡和原汁原味。因此，粤菜以其精细的烹饪技艺和独特的口味而著称。在烹饪过程中，粤菜厨师注重火候的掌握和食材的搭配，使菜肴口感鲜美、营养丰富。

此外，一些地方民俗中的烹饪方式还具有独特的文化内涵。例如，在云南地区，有一种名为“过桥米线”的特色美食，其独特的烹饪方式是将米线、肉片、蔬菜等食材分别盛放在不同的碗中，然后依次倒入滚烫的鸡汤中。这种烹饪方式不仅使米线更加爽滑可口，还寓意着家人之间的团圆与和睦。

4.4.2.3 饮食习惯与地方民俗

地方民俗中的饮食习惯也是饮食文化的重要体现。不同地区的人民在饮食习惯上存在差异，这些差异往往与当地的地理、气候和文化背景等因素密切相关。例如，在北方地区，由于气候寒冷干燥，人们喜欢吃面食以补充能量和保暖。因此，在北方地区，面食成了当地人民的主食之一。而在南方地区，由于气候温暖湿润，水稻种植广泛，因此米饭成了当地人民的主食。这种饮食习惯的差异不仅体现了当地的气候和地理特点，也反映了当地人民的生活方式和饮食文化特色。

此外，一些地方民俗中的饮食习惯还具有特殊的文化内涵。例如，在蒙古族地区，有一种名为“烤全羊”的传统美食。在蒙古族人的婚礼和节日庆典中，烤全羊是必不可少的食品。这种饮食习惯不仅体现了蒙古族人民对羊肉的喜爱和珍视，还寓意着家庭的和睦和团结。同时，在烤全羊的制作过程中，蒙古族人民还会举行一系列的传统仪式和歌舞表演，使这种饮食习惯更加具有文化内涵和民俗特色。

4.4.3 饮食文化对地方民俗的塑造作用

饮食文化，作为地方民俗的重要组成部分，不仅满足了人们的生理需求，更在潜移默化中塑造和传承着地方的文化传统。它通过独特的食物制作技艺、烹饪方法以及餐桌礼仪等方面，不仅丰富了人们的饮食生活，更在无形中增强了地方认同感和归属感，成为地方文化的重要载体和传承方式。

4.4.3.1 传承和弘扬地方文化传统

饮食文化作为地方文化的重要组成部分，通过代代相传的方式，传承和弘扬了当地的文化传统。在一些地方，特色菜肴的制作技艺和烹饪方法，往往是通过家族传承或师徒传授的方式得以延续。这些技艺和方法不仅包含了丰富的烹饪技巧，更蕴含着当地的历史文化和人文情怀。例如，江南地区的传统糕点制作技艺，就是一代代糕点师傅通过口口相传的方式传承下来的。这些糕点不仅口感独特，更融入了江南水乡的温婉和细腻，成为当地文化的重要代表。

同时，饮食文化也通过其独特的食材和烹饪方法，展现了当地的地理和气候特点。例如，四川地区的麻辣火锅，就充分利用了当地丰富的辣椒和花椒等食材，通过独特的烹饪方法，将麻辣味道发挥到极致。这种独特的口味不仅满足了当地人的口味需求，更成为四川文化的重要代表之一。

4.4.3.2 增强地方认同感和归属感

饮食文化作为地方民俗的重要表现形式，往往与当地的地理、历史和文化背景等因素密切相关。通过品尝当地特色美食，人们可以感受到家乡的味道和温暖，增强对家乡的认同感和归属感。这种认同感和归属感不仅体现在个人层面上，更体现在社会层面上，成为地方凝聚力和向心力的重要来源。

4.4.3.3 促进地方经济发展和文化交流

饮食文化的发展不仅丰富了人们的饮食生活,更促进了地方经济的发展和文化交流。随着旅游业的发展,越来越多的游客开始关注地方特色美食,品尝当地美食成为旅游的重要组成部分。这不仅为当地带来了经济效益,更促进了地方文化的传播和交流。

同时,饮食文化的发展也促进了地方产业的升级和转型。一些地方通过挖掘和整理当地的饮食文化资源,开发出具有地方特色的食品产业,如农家乐、特色小吃等。这些产业的发展不仅带动了当地经济的增长,更促进了当地文化的传承和弘扬。

4.4.4 饮食文化与地方民俗的相互交融

饮食文化与地方民俗,作为两种独特而丰富的文化现象,一直以来都呈现出相互交融、相互促进的态势。这种交融不仅体现在饮食文化为地方民俗提供了丰富的展示平台,也体现在地方民俗为饮食文化增添了独特的文化魅力。

4.4.4.1 节庆与饮食文化的交融

地方民俗中的节庆习俗,如春节、中秋节、端午节等,往往与特定的饮食文化紧密相连。春节的饺子、年糕,中秋节的月饼,端午节的粽子等,都是这些节庆习俗中不可或缺的元素。这些特色美食不仅满足了人们的口腹之欲,更在无形中传递着节日的喜庆和团圆氛围。同时,节庆习俗中的饮食文化也通过代代相传的方式,不断传承和弘扬着地方的文化传统。

4.4.4.2 婚丧嫁娶与饮食文化的交融

在地方民俗中,婚丧嫁娶等人生大事也往往与饮食文化紧密相连。在婚礼上,新娘的嫁妆中常常包括各种精美的食品,如糖果、糕点等,这些食品不仅象征着甜蜜和幸福,更在婚礼上营造出喜庆和欢乐的氛围。在葬礼上,亲友们会准备各种供品,如米饭、菜肴等,以表达对逝者的哀思和怀念。这些食品不仅体现了人们对逝者的尊重和怀念,也展现了地方民俗中深厚的饮食文化内涵。

4.4.4.3 特色菜肴与地方民俗的交融

饮食文化中的特色菜肴，往往与当地的地理、气候和文化背景等因素密切相关。这些特色菜肴不仅口感独特，更蕴含着丰富的文化内涵和历史底蕴。例如，四川的麻辣火锅、广东的早茶、福建的佛跳墙等，都是各自地区的文化名片。这些特色菜肴不仅吸引了大量游客前来品尝，更成为当地人民自豪和骄傲的象征。同时，这些特色菜肴也通过其独特的制作工艺和烹饪方法，展现了当地人民的智慧和创造力，为地方民俗增添了独特的文化魅力。

4.4.4.4 烹饪技艺与地方民俗的交融

饮食文化中的烹饪技艺，如刀工、火候、调味等，都是经过长期实践和总结而形成的宝贵财富。这些烹饪技艺不仅体现了当地人民对食物的热爱和追求，更在无形中传承和弘扬着地方的文化传统。在一些地方，烹饪技艺已经成了一种独特的艺术形式，如雕刻水果、制作糖人等。这些艺术形式不仅展现了当地人民的智慧和创造力，更成为当地文化的重要组成部分。同时，这些烹饪技艺也通过师徒传授、家族传承等方式，不断传承和弘扬着地方的文化传统。

4.4.4.5 饮食习惯与地方民俗的交融

饮食文化中的饮食习惯，如用餐时间、餐具使用、食物搭配等，都是当地人民在长期生活中形成的独特习惯。这些饮食习惯不仅体现了当地人民的生活方式和文化特色，更在无形中塑造了地方民俗的独特风貌。例如，在南方地区，人们注重饮食的精致和细腻，餐具和菜品都讲究搭配和协调；而在北方地区，人们则更注重饮食的实惠和豪放，餐桌上的菜品多以肉类和面食为主。这些不同的饮食习惯不仅展现了当地人民的生活方式和文化特色，更在无形中增强了地方民俗的独特性和魅力。

第 5 章

历史文化遗址与名胜古迹

历史文化遗址与名胜古迹，是历史长河中留下的宝贵财富，它们不仅见证了人类文明的演进和发展，还蕴含着丰富的历史信息和文化内涵。这些遗址和古迹是过去的见证者，承载着民族的记忆和故事，是研究和了解历史、文化、艺术等方面的重要载体。通过保护和传承这些珍贵的文化遗产，我们能够更好地理解和欣赏人类文明的多样性，增强民族自豪感和文化自信心。

5.1 古代文明遗址的发掘与保护

古代文明遗址的发掘与保护是一项复杂而重要的工作。在发掘过程中,需要进行详尽的考古调查与勘探、谨慎的挖掘与发掘以及科学的文物鉴定与清理。在保护过程中,需要加强遗址环境保护、建筑物与遗址保护、文物保护与管理以及国际合作与交流等方面的工作。这些措施有助于更好地保护和传承古代文明遗址的历史价值和文化内涵。

5.1.1 古代文明遗址的发掘

古代文明遗址的发掘,是连接现代人与过去世界的重要桥梁,它为我们揭示了古代社会的生活场景、技术水平以及艺术审美等多方面的信息。这一复杂而精细的过程,从考古调查与勘探开始,到挖掘与发掘,再到文物鉴定与清理,每一步都充满了科学性和逻辑性。

5.1.1.1 考古调查与勘探

古代文明遗址的发掘始于详尽的考古调查与勘探阶段。这一阶段的工作,旨在通过实地勘察、文献研究以及现代科技手段,确定遗址的具体位置、范围和可能存在的文化遗存。

实地勘察是考古调查与勘探的基础工作。考古学家们会亲自前往可能存在遗址的区域,进行地形地貌、植被覆盖、土壤结构等方面的观察和分析。这些观察和分析,有助于初步判断遗址的存在与否以及可能的规模。

文献研究是考古调查与勘探的重要补充。通过对历史文献的梳理和分析,考古学家们可以了解到历史上该地区的政治、经济、文化等方面的信息,为遗址的发掘提供重要的背景资料。

现代科技手段的运用,则极大地提高了考古调查与勘探的效率和准确性。例如,使用遥感技术,可以对遗址区域进行大范围、高分辨率的扫描,发现地下埋藏的文物和建筑遗迹。而探地雷达等现代科技手段,则可以非侵入式地探测地下结构,为遗址的发掘提供重要参考。

5.1.1.2 挖掘与发掘

在确定了遗址的位置和范围后，就进入了挖掘与发掘阶段。这一阶段的工作，需要制定详细的发掘计划和方案，采用各种考古工具和技术，谨慎、细致地进行。

发掘计划的制定，是确保挖掘工作顺利进行的关键。计划需要明确挖掘的目标、范围、深度以及可能遇到的困难和挑战。同时，还需要考虑到遗址的保护和后续研究的需求。

在挖掘过程中，考古学家们会使用各种考古工具和技术，如刷子、小铲子、量角器等。这些工具和技术，有助于他们逐层清理土壤和岩石，发现并记录文物的位置、形状和数量。在挖掘过程中，需要特别注意保护文物和遗址的完整性，避免对它们造成损害。

同时，对发掘过程进行详细记录和摄影也是必不可少的。这些记录和照片，不仅有助于后续的研究和保护工作，还可以为公众提供直观的了解和认识。

5.1.1.3 文物鉴定与清理

在挖掘出文物后，就需要进行鉴定和清理工作。这一阶段的工作，是揭示文物历史价值和文化内涵的关键。

文物鉴定包括对文物的年代、材质、工艺等方面的鉴定。通过对文物的仔细观察和分析，考古学家们可以初步判断其年代和材质，进而了解其历史背景和文化内涵。同时，对于一些复杂的文物，还需要借助科技手段进行更深入的鉴定和研究。

文物清理则是将文物表面的泥土、污渍等进行清理的过程。这一工作有助于更好地展现文物的原貌和细节，为后续的展示和研究打下基础。在清理过程中，需要特别注意保护文物的完整性和安全性，避免对其造成损害。

5.1.2 古代文明遗址的保护

古代文明遗址是人类历史的瑰宝，它们承载了丰富的历史文化信息，对于研究人类文明的起源、发展和演变具有重要意义。然而，随着时间的推移和自然环境的变化,这些遗址面临着诸多保护难题。因此,我们必须采取科学、系统的措施来保护这些珍贵的文化遗产。

5.1.2.1 遗址环境保护

遗址环境保护是保护工作的基础,它涉及遗址周边自然环境和人文环境的保护。首先,我们需要划定遗址周边的保护区域,限制开发建设活动,防止对遗址造成破坏。在保护区域内,应加强环境监测,及时发现并解决环境污染问题,确保遗址区域内的生态平衡和稳定性。此外,我们还需要对遗址周边的自然环境进行保护和恢复,如保护植被、水源等,以维护遗址的原始风貌和生态环境。

在保护遗址环境的过程中,我们需要注重科学规划和管理。首先,应制定详细的保护规划,明确保护目标、任务和措施。其次,应建立健全的管理机构,加强遗址保护的日常管理和监督。最后,我们还需要加强宣传教育工作,提高公众对遗址环境保护的认识和意识,形成全社会共同参与遗址保护的良好氛围。

5.1.2.2 建筑物与遗址保护

对于已经发掘出来的古代建筑和遗址,我们需要采取必要的保护措施。首先,应对遗址进行加固、修复和维护工作,以确保其稳定性和安全性。在修复过程中,我们应遵循“最小干预”原则,尽量保持遗址的原貌和历史真实性。同时,我们还需要注重修复技术的科学性和先进性,采用适合遗址特点的修复技术和材料。

除了加固和修复工作外,我们还需要建立遗址档案,对遗址的历史、文化等方面的信息进行整理和保存。这些档案可以为后续的研究和保护工作提供重要的参考依据。同时,我们还可以通过数字化手段对遗址进行记录和保护,如利用无人机拍摄、三维扫描等技术对遗址进行全方位、多角度的记录。

5.1.2.3 文物保护与管理

已发掘出的文物是遗址的重要组成部分,它们承载着丰富的历史文化信息。为了妥善保护这些文物,我们需要建立健全的文物保护制度和法规,为文物的保存和研究提供法律保障。同时,我们还需要提供专门的保护设施和人力资源,确保文物在保存过程中得到妥善的照顾和管理。

在文物保护的过程中,我们还需要加强文物的展示和宣传工作。通过举办展览、出版书籍、制作纪录片等方式,向公众展示文物的魅力和价值,提高公众对文物保护的认识和意识。同时,我们还可以通过开展文物教育和培训活动,培养更多具备文物保护知识和技能的专业人才。

5.1.2.4 国际合作与交流

古代文明遗址的保护工作往往需要国际合作与交流。各国之间可以共同制定遗址保护的准则和标准,分享先进的技术和经验,共同应对跨国遗址保护面临的挑战。例如,我们可以建立国际遗址保护组织或联盟,加强各国之间的沟通和协作;我们还可以开展联合考古和修复项目,共同挖掘和研究古代文明遗址。

此外,建立跨国遗址保护基金等机制也是国际合作的重要方式。这些基金可以为需要修复和保护的遗址提供资金支持,帮助各国解决遗址保护过程中的资金问题。同时,这些基金还可以促进各国之间的文化交流与合作,推动全球文化遗产保护事业的发展。

5.2 古代建筑艺术的欣赏与讲解

古代建筑艺术的欣赏与讲解，是一项深入探索古代文明、技术与美学价值的活动。

5.2.1 建筑的历史背景与文化内涵

建筑，作为人类文明的产物，不仅为人们提供了居住和活动的空间，更承载着丰富的历史信息和文化内涵。每一座古代建筑都是一段历史的见证，一种文化的传承。在欣赏与讲解古代建筑时，我们不仅要关注其外在的形态和结构，更要深入了解其背后的历史背景和文化内涵，以便更好地领略其独特的魅力和价值。

5.2.1.1 历史背景

古代建筑的历史背景是其存在和发展的基础。在欣赏与讲解古代建筑时，我们首先需要了解建筑所处的历史背景，包括朝代、年代、地理位置等因素。这些因素对于理解建筑的历史价值具有重要意义。

(1)朝代与年代

古代建筑往往与特定的朝代和年代紧密相连。不同的朝代和年代有着不同的政治、经济、文化等背景，这些背景直接影响了建筑的设计、材料和风格。例如，中国的古代建筑在唐宋时期达到了巅峰，形成了独特的风格和特点。唐朝的建筑以雄浑大气、气势磅礴著称，而宋朝的建筑则更加注重精致细腻和人文情怀。这些差异都与当时的社会背景和审美观念密切相关。

(2)地理位置

地理位置也是影响古代建筑历史背景的重要因素。不同的地理环境对建筑风格、结构和材料等方面都有影响。例如，中国的古代建筑在南方和北方存在着明显的差异。南方的建筑多采用砖木结构，注重通风和防潮；而北方的建筑则多采用土木结构，注重保温和防风。这些差异都与当地的气候和地理环境密切相关。

5.2.1.2 文化内涵

古代建筑不仅是物质的载体，更是文化的传承。它们体现了古代人民的智慧、信仰、审美观念等。在欣赏与讲解古代建筑时，我们应深入挖掘其文化内涵，以揭示其独特的文化魅力。

(1)建筑风格

建筑风格是建筑文化内涵的重要体现。不同的建筑风格反映了不同的文化和审美观念。例如，中国的古代建筑以木构架为主要结构形式，形成了独特的木构架建筑风格。这种风格不仅体现了中国古代人民对木材的偏爱，更展示了他们对自然和宇宙的敬畏和崇拜。此外，中国的古代建筑还注重与周围环境的和谐统一，体现了“天人合一”的哲学思想。

(2)建筑符号

建筑符号是建筑文化内涵的重要组成部分。它们通过特定的形态和图案传达了特定的信息和意义。例如，中国的古代建筑中常出现的龙、凤、狮等动物形象以及云纹、莲花纹等植物形象都具有深厚的文化内涵。这些符号不仅体现了古代人民的信仰和追求，更展示了他们的智慧和创造力。同时，这些符号也成了古代建筑的重要装饰元素，增添了建筑的艺术魅力。

(3)装饰艺术

装饰艺术是建筑文化内涵的另一种表现形式。古代建筑的装饰艺术往往体现了当时社会的审美观念和文化水平。例如，中国的古代建筑在装饰上注重细节和工艺水平，常常采用雕刻、彩绘、镶嵌等技法来丰富建筑的外观和内涵。这些装饰不仅具有实用性和美观性，更蕴含了深刻的文化意义。通过欣赏古代建筑的装饰艺术，我们可以更好地领略其独特的文化魅力。

5.2.2 建筑的结构与布局

建筑，作为人类文明的重要载体，不仅体现了不同历史时期的技术水平，还承载了丰富的文化内涵。在探讨建筑的魅力时，其结构与布局无疑是最为核心的部分。这两者不仅关乎建筑的实用性和安全性，更是其美学价值和文化内涵的重要体现。

5.2.2.1 结构特点

建筑的结构特点，是指其构成和支撑体系所展现出的技术特性和艺术风格。在古代，建筑的结构特点往往与当时的技术水平和建筑理念紧密相连。

(1)结构类型

古代建筑的结构类型多种多样，其中最为常见的有木结构、砖石结构等。木结构建筑以其轻盈、灵活的特点，在古代中国、日本等地得到了广泛应用。这种结构类型通过木材的榫卯连接，形成稳固的框架体系，既保证了建筑的稳定性，又展现了木材的天然美感。而砖石结构建筑则以其坚固、耐久的特点，在古代罗马、希腊等地占据主导地位。这种结构类型通过砖石材料的堆砌和砂浆的黏结，形成厚重的墙体和拱券，为建筑提供了强大的支撑力。

(2)承重方式

建筑的承重方式是结构特点中的重要一环。在古代建筑中，常见的承重方式有墙承重、柱承重、梁承重等。墙承重方式通过厚重的墙体来承担建筑的重量和水平力，常见于砖石结构建筑中。柱承重方式则通过柱子和梁构成的框架体系来承担建筑的重量，常见于木结构建筑中。梁承重方式则通过梁和板构成的楼盖体系来承担建筑的水平力和竖向力，常见于大型公共建筑中。

(3)连接方式

连接方式也是结构特点中的重要方面。在古代建筑中，连接方式主要有榫卯连接、卯榫连接、斗拱连接等。榫卯连接是通过木材的凹凸部分相互咬合来连接构件的方式，常见于木结构建筑中。卯榫连接则是通过木材的孔洞和榫头相互穿插来连接构件的方式，也常见于木结构建筑中。斗拱连接则是通过斗拱构件的层层叠加和相互支撑来连接梁和柱的方式，常见于古代中国的大型宫殿和寺庙建筑中。

5.2.2.2 布局规划

建筑的布局规划，是指其空间组织和功能安排的总体设计。在古代建筑中，布局规划往往体现了当时社会的等级制度和空间观念。

(1)轴线布局

轴线布局是古代建筑布局规划中的基本特点之一。通过一条或多条轴线将建筑空间进行有序划分和组织,形成对称或不对称的空间布局。轴线不仅是建筑空间的骨架和脉络,更是等级制度和文化内涵的重要体现。例如,在古代中国的宫殿建筑中,中轴线是布局规划的核心,通过中轴线将建筑空间划分为前朝后寝、左祖右社等功能区域,体现了皇权的至高无上和等级制度的森严。

(2)对称布局

对称布局是古代建筑布局规划中的常见形式。通过对称的设计手法将建筑空间划分为左右对称或上下对称的布局形式,形成稳定、和谐的空间效果。对称布局不仅体现了古代社会的等级制度和礼仪规范,还展现了建筑美学中的平衡和协调原则。例如,在古代希腊的神庙建筑中,通过柱廊的对称布局和三角形的山花设计,形成了稳定、庄重的空间效果。

(3)院落布局

院落布局是古代建筑布局规划中的又一重要特点。通过院落的设计手法将建筑空间划分为多个相对独立的院落单元,形成丰富的空间层次和景观效果。院落不仅是建筑空间的组成部分,更是生活方式的体现和文化内涵的载体。例如,在古代中国的民居建筑中,通过四合院的布局形式将生活空间划分为多个相对独立的院落单元,形成了独特的居住方式和家庭文化。

5.2.3 建筑的装饰与细部处理

建筑的装饰与细部处理,是建筑艺术中不可或缺的重要组成部分。它们不仅为建筑增添了丰富的视觉效果,还深刻反映了当时社会的审美观念、文化特点和工艺水平。在古代建筑中,装饰与细部处理更是体现了工匠们的精湛技艺和无穷智慧。

5.2.3.1 装饰艺术

古代建筑的装饰艺术,以其丰富多彩、形式多样的特点,成了建筑艺术中最为引人注目的一部分。这些装饰不仅具有极高的艺术价值,还承载着丰富的文化内涵和历史信息。

(1)装饰部位

古代建筑的装饰部位遍布建筑的各个角落,从屋顶到地面,从室内到室外,都可见到精美的装饰。屋顶的装饰最为醒目,如飞檐翘角、脊兽等,不仅为建筑增添了动感和活力,还寓意着吉祥和美好。墙面的装饰则更加丰富多彩,包括壁画、浮雕、砖雕等多种形式,它们或描绘历史故事,或表现自然风光,或展现神话传说,为建筑增添了浓厚的文化氛围。此外,门窗、梁柱、台阶等也是装饰的重点部位,它们通过精美的雕刻和彩绘,为建筑增添了细腻和精致的感觉。

(2)装饰手法

古代建筑的装饰手法多种多样,包括雕刻、彩绘、镶嵌等多种技艺。雕刻是其中最为常见的手法之一,它通过木材、石材等材料的切削和打磨,形成各种造型和图案。彩绘则是将颜料涂抹在建筑物表面,形成色彩鲜艳、图案丰富的装饰效果。镶嵌则是将不同材质的物体嵌入建筑物中,形成独特的视觉效果。这些装饰手法不仅具有极高的技术难度,还体现了工匠们的艺术造诣和审美追求。

(3)装饰内容

古代建筑的装饰内容丰富多彩,既有具象的动植物、人物等形象,也有抽象的几何图案和符号。这些装饰内容不仅具有极高的艺术价值,还蕴含着深刻的文化内涵和历史信息。例如,在古代中国的建筑中,常常可以看到龙、凤、狮子等吉祥动物的形象,它们寓意着权力、地位和财富。同时,各种花卉、鸟类等自然元素也被广泛运用在装饰中,展现了古人对自然美的追求和崇尚。此外,一些具有象征意义的几何图案和符号也被广泛应用在装饰中,如回纹、云纹等,它们不仅美观大方,还寓意着吉祥和美好。

5.2.3.2 细部处理

古代建筑的细部处理,是展现工匠技艺和审美追求的重要方面。这些细部处理不仅体现了建筑的技术水平,还展现了工匠们的匠心独运和精益求精的精神。

(1)门窗设计

门窗是建筑的重要组成部分,也是细部处理的重点之一。在古代建筑中,门窗的设计十分讲究,不仅注重造型美观,还追求实用性和安全性。例如,在古代中国的建筑中,常常可以看到雕刻精美的木门窗,它们采用榫卯结构连接，既保证了结构的稳固性，又展现了木材的天然美感。同时，门窗上的格子、花纹等装饰元素也体现了工匠们的艺术造诣和审美追求。

(2)屋檐处理

屋檐是建筑外观的重要组成部分，也是细部处理的重点之一。在古代建筑中，屋檐的处理十分精细，从檐口到檐角都充满了细节和变化。例如，在古代中国的建筑中，常常可以看到翘起的檐角和精美的檐口装饰，它们不仅为建筑增添了动感和活力，还体现了工匠们的精湛技艺和审美追求。同时，屋檐上的瓦当、滴水等构件也体现了工匠们的匠心独运和精益求精的精神。

(3)斗拱构造

斗拱是古代中国建筑中特有的构件之一，也是细部处理的重点之一。斗拱由多个小木块组成，通过榫卯结构连接在一起，形成独特的造型和视觉效果。在古代建筑中，斗拱不仅具有承重和传力的作用，还具有装饰和美化建筑的作用。工匠们通过精细的雕刻和彩绘，将斗拱打造成了一件件艺术品，为建筑增添了独特的魅力和韵味。

5.2.4 建筑与环境的关系

建筑与环境之间存在着密切而复杂的关系。在古代，建筑不仅仅是人们居住和活动的场所，更是与自然环境和人文环境相互交织、相互影响的综合体。通过深入探讨建筑与环境的关系，我们能够更好地理解建筑的历史价值、文化内涵及其在现代社会中的意义。

5.2.4.1 建筑与自然环境的关系

自然环境是建筑存在的基础，而建筑则是自然环境的有机组成部分。古代建筑在设计与建造过程中，往往充分考虑了与自然环境的和谐共生，形成了独特的景观效果。

(1)山水相依

在古代中国，建筑与山水的关系尤为密切。许多古建筑都依山傍水而建，与自然山水融为一体。这种山水相依的建筑布局不仅体现了古人对自然美的追求，也反映了他们对自然环境的尊重与敬畏。在欣赏与讲解时，我们应关注建筑如何巧妙地利用自然山水，形成优美的景观效果，以及这种景观效果对人们居住和活动的积极影响。

(2)植被环绕

植被是自然环境中的重要元素,也是建筑景观的重要组成部分。古代建筑在设计和建造过程中,常常将植被作为重要的景观元素加以利用。例如,在园林建筑中,通过精心设计和布置植被,可以营造出独特的园林空间氛围,形成富有诗意的景观效果。同时,植被还可以起到调节气候、净化空气等生态作用,为人们的生活环境带来积极的影响。

(3)顺应自然

古代建筑在设计和建造过程中,还充分考虑了顺应自然的原则。例如,在建筑选址上,古人会根据地形、气候等自然条件选择合适的建筑地点;在建筑风格上,古人也会根据当地的自然环境和气候条件设计出适应性的建筑风格。这种顺应自然的建筑理念不仅体现了古人对自然环境的尊重与敬畏,也展示了他们对生态文明的深刻认识。

5.2.4.2 建筑与人文环境的关系

人文环境是建筑存在的社会背景,也是建筑文化内涵的重要体现。古代建筑在设计和建造过程中,往往与人文环境紧密相连,反映了当时社会的风俗习惯、信仰等。

(1)与周围建筑的协调

在古代城市中,建筑往往与周围建筑形成紧密的群体关系。这种群体关系不仅体现在建筑风格和形制的协调上,更体现在建筑功能和空间的互补上。通过合理的规划和布局,古代城市中的建筑群体可以形成独特的城市风貌和景观效果。在欣赏与讲解时,我们应关注建筑如何与周围建筑形成协调的群体关系,以及这种群体关系对城市景观和人们生活的影响。

(2)与街道、广场的交融

街道和广场是城市空间的重要组成部分,也是建筑与人文环境交融的重要场所。在古代城市中,建筑往往与街道、广场形成紧密的联系。街道和广场不仅是人们日常出行和社交的场所,也是展示城市文化和建筑风格的重要窗口。在欣赏与讲解时,我们应关注建筑如何与街道、广场形成交融的空间关系,以及这种空间关系对城市文化和生活方式的影响。

(3)反映社会风俗习惯

古代建筑往往承载着当时社会的风俗习惯和文化传统。例如,在民

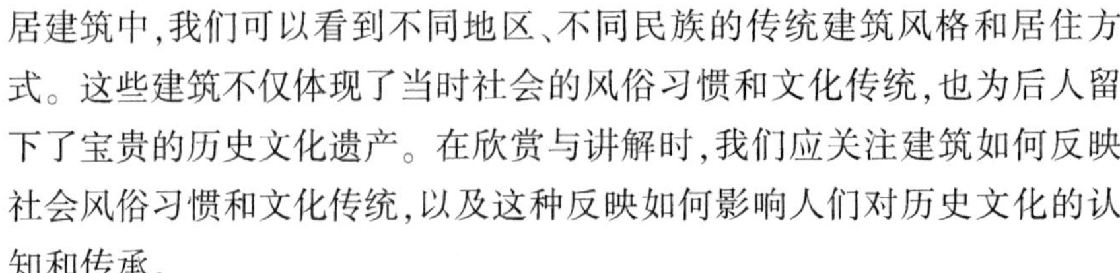

居建筑中,我们可以看到不同地区、不同民族的传统建筑风格和居住方式。这些建筑不仅体现了当时社会的风俗习惯和文化传统,也为后人留下了宝贵的历史文化遗产。在欣赏与讲解时,我们应关注建筑如何反映社会风俗习惯和文化传统,以及这种反映如何影响人们对历史文化的认知和传承。

5.2.5 总结与启示

在深入欣赏与讲解古代建筑艺术的过程中,我们被古代人民的卓越智慧和艺术才华所深深折服。更为重要的是,这些古代建筑不仅是历史的见证,更是为现代建筑设计和城市规划提供了宝贵的启示。古代建筑的结构特点和布局规划,如木结构的轻盈与砖石结构的坚固,轴线布局与院落空间的组织,都为现代建筑提供了灵感和借鉴,促使我们追求更加稳固、美观且富有文化内涵的建筑形式。同时,古代建筑的装饰艺术和细部处理,在材料选择、工艺运用和审美表达上的独特之处,启发现代建筑在追求创新的同时,不忘对传统文化的传承和发扬。此外,古代建筑与环境和谐共生的关系,提醒我们在现代城市建设中,要兼顾经济发展与环境保护,追求生态平衡和可持续发展。这些启示,无疑为我们指明了现代建筑设计和城市规划的前进方向。

5.3 博物馆与历史文化展示

博物馆与历史文化展示是紧密相连的，它们共同承载着传承、保护和展示人类历史文化遗产的重要使命。

5.3.1 博物馆是历史文化展示的重要平台

博物馆作为专门收藏、研究和展示人类历史文化遗产的机构，其核心价值在于成为历史文化展示的重要平台。它不仅承载着保护和传承历史文化的使命，更通过多样化的展览形式，将人类历史文化的瑰宝呈现给公众。博物馆通过精心策划的展览，如中国国家博物馆的“龙肇新元——甲辰龙年新春文化展”和“青春作赋思无涯——王蒙文学创作70周年展”，将历史的厚重与文化的深度融为一体，使观众在欣赏文物、艺术品和历史遗迹的同时，能够深入感受到人类历史文化的丰富多彩和深厚底蕴。这些展览不仅是对历史的回顾，更是对文化的传承，使博物馆成为连接过去与未来、沟通历史与现实的桥梁。

5.3.2 博物馆历史文化展示的特点

博物馆作为保存、展示和研究人类历史文化的重要机构，其历史文化展示具有鲜明的特点。这些特点不仅体现在科学性、艺术性和教育性等方面，还贯穿于整个展示过程，使观众在参观过程中能够全面、深入地了解和感受到历史文化的魅力和价值。

5.3.2.1 科学性

科学性是博物馆历史文化展示的首要特点。博物馆在进行历史文化展示时，必须遵循科学的原则和方法，确保展示内容的真实性和准确性。这主要体现在以下几个方面：

一是科学鉴定与分类：博物馆会对收藏的文物进行严格的科学鉴定，依据文物的年代、材质、工艺等特征进行分类。这种科学的分类方法有助

于观众更加清晰地了解文物的历史背景和文化内涵。

二是科学展示与解读:在展示文物时,博物馆会依据科学的研究成果,对文物进行准确的解读和说明。通过科学的展示手段,如灯光、布景等,将文物的历史价值和文化意义直观地呈现给观众。

三是学术研究支撑:博物馆的历史文化展示离不开学术研究的支撑。博物馆会定期邀请专家学者进行学术交流和研讨,以确保展示内容的科学性和权威性。

5.3.2.2 艺术性

艺术性是博物馆历史文化展示的又一重要特点。通过艺术化的设计、布置和展示手段,博物馆将历史文化信息以更加生动、形象的方式呈现给观众,使观众在欣赏艺术的同时,感受到历史文化的魅力。

在艺术化的展示设计方面:博物馆在展示历史文化时,会运用各种艺术手法进行设计和布置。如利用灯光、色彩、布景等元素,营造出具有历史感和文化氛围的展示环境,使观众在参观过程中能够身临其境地感受到历史文化的魅力。

在艺术化的展示手段方面:博物馆会采用多种艺术化的展示手段来呈现历史文化信息。如通过雕塑、绘画、摄影等艺术形式来展现历史场景和人物形象;通过多媒体、虚拟现实等现代技术手段来模拟历史场景和重现历史事件,使观众能够更加直观地了解历史文化。

在艺术与历史的结合方面:博物馆的历史文化展示强调艺术与历史的结合。通过艺术化的手法来呈现历史文化信息,不仅使观众在欣赏艺术的同时了解历史,还能够激发观众对历史文化的兴趣和热爱。

5.3.2.3 教育性

教育性是博物馆历史文化展示的核心特点。作为社会教育机构,博物馆承担着向公众普及历史知识、提高公众文化素养和历史意识的重要使命。

一是历史知识普及:博物馆通过展示历史文化遗产,向公众普及历史知识。观众在参观过程中可以了解到各个历史时期的文化特点、社会风貌和人物事迹等,从而加深对历史的认识和理解。

二是文化素养提升:博物馆的历史文化展示不仅有助于提升公众的

文化素养,还能够培养公众的审美能力和批判性思维。通过欣赏和了解历史文化遗产,观众可以感受到人类文明的多样性和复杂性,从而更加珍视和传承自己的文化传统。

三是历史意识培养:博物馆的历史文化展示还能够培养公众的历史意识。通过展示历史事件和人物故事,博物馆能够激发观众的爱国情感、民族自豪感和责任感,使观众更加关注国家命运和民族未来。

此外,博物馆还会通过举办讲座、研讨会等活动来深化观众对历史文化的认识和理解。这些活动不仅丰富了博物馆的展示内容,也为观众提供了更多的学习和交流机会。

5.3.3 博物馆历史文化展示的方式

一是静态展示:静态展示是博物馆历史文化展示的主要方式之一,主要通过文物、艺术品和历史遗迹的实物展示,向观众呈现历史文化的真实面貌。例如,中国国家博物馆的各类展览中,都有大量的文物和艺术品进行实物展示。

二是动态展示:除了静态展示外,博物馆还通过动态展示的方式,如模拟考古现场、互动游戏等,让观众参与到历史文化展示中来,增强观众的参与感和体验感。这种动态展示方式更加生动、有趣,能够更好地吸引观众的注意力。

三是数字化展示:随着科技的不断发展,数字化展示已经成为博物馆历史文化展示的重要趋势。通过虚拟现实、增强现实等先进技术,博物馆可以将历史文化信息以数字化的形式呈现给观众,使观众能够更加直观地感受到历史文化的魅力。

5.3.4 博物馆在历史文化展示中的作用

第一,传承和保护历史文化遗产。博物馆通过收集、整理、保存和展示历史文化遗产,传承和保护了人类历史文化的宝贵财富。这些历史文化遗产不仅记录了人类社会的发展历程,还蕴含着丰富的智慧和价值观念,对于人类的未来发展具有重要意义。

第二，促进文化交流与融合。博物馆作为国际文化交流的重要平台，通过举办各类历史文化展览和活动，促进了不同文化之间的交流与融合。这种交流与融合有助于增进不同民族和国家之间的了解和友谊，推动世界文化的多样性发展。

第三，提升公众文化素养和历史意识。博物馆作为社会教育机构，通过历史文化展示和教育活动，提升了公众的文化素养和历史意识。这有助于增强公众对于国家、民族和文化的认同感和自豪感，促进社会的和谐稳定与文明进步。

5.4 名胜古迹的历史背景与文化内涵

名胜古迹的历史背景与文化内涵是理解和欣赏这些独特地方的关键。通过深入了解其起源与建造、历史变迁以及文化价值和象征意义等方面的内容,我们可以更好地领略到这些古迹的独特魅力和深刻内涵。

5.4.1 历史背景

5.4.1.1 起源与建造

名胜古迹,作为人类文明的重要载体,不仅蕴含着深厚的历史底蕴,更体现了人类智慧的结晶。这些古迹的起源往往可以追溯至遥远的古代,它们见证了时代的变迁,承载着先人的智慧和梦想。

以中国的长城为例,这座举世闻名的建筑不仅是中华民族的象征,也是世界文化遗产的瑰宝。长城的建造始于公元前 7 世纪的春秋战国时期,当时中国处于分裂状态,各诸侯国之间为了争夺领土和资源,纷纷修筑城墙来防御外敌。随着历史的发展,这些城墙逐渐连接成一条蜿蜒数千千米的巨大防线,成了保护中原农耕文明免受北方游牧民族侵扰的重要屏障。在随后的秦、汉、明等朝代,长城又经历了多次修建和完善,形成了如今我们所见的壮丽景象。长城的建造不仅体现了古代中国人民的智慧和勇气,更成了中华民族坚韧不拔、自强不息的精神象征。

除了长城这样的防御性建筑外,还有许多名胜古迹的建造与当时的政治、军事、经济等密切相关。以秦始皇陵为例,这座陵墓是秦始皇帝嬴政的陵墓,位于陕西省西安市临潼区城东 5 千米处的骊山北麓。秦始皇陵的建造始于公元前 247 年,历时 39 年完成。这座陵墓不仅规模宏大,设计精巧,而且内藏丰富,充满了神秘色彩。秦始皇陵的建造,一方面是为了彰显秦始皇的权威和地位,体现其“一统天下”的雄心壮志;另一方面,也是对死后世界的信仰和追求,寄托了秦始皇对长生不老、永享富贵的渴望。

除了上述防御性建筑、陵墓外,还有许多名胜古迹的建造与经济发展

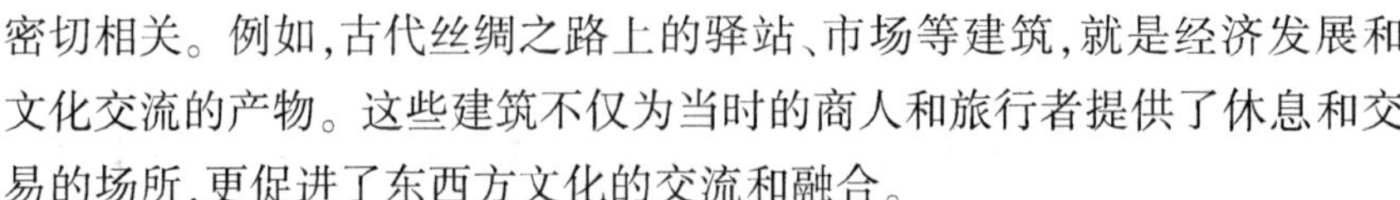

密切相关。例如，古代丝绸之路上的驿站、市场等建筑，就是经济发展和文化交流的产物。这些建筑不仅为当时的商人和旅行者提供了休息和交易的场所，更促进了东西方文化的交流和融合。

5.4.1.2 历史变迁

历史变迁是一个漫长而复杂的过程，其中包含着无数的事件、冲突、进步和倒退。在这一过程中，名胜古迹以其独特的地位和角色，成了历史的见证者和传承者。它们不仅是物质文化遗产的瑰宝，更是人类历史和文化的重要载体。

以故宫为例，这座宏伟的宫殿建筑群位于北京的中心，是明清两代的皇家宫殿，也是世界上现存规模最大、保存最为完整的木质结构古建筑之一。它见证了明清两朝的兴衰和更替，承载了无数帝王将相的梦想与荣耀，也记录了无数普通百姓的悲欢离合。

在历史的长河中，故宫经历了无数次的战争、政治动荡和社会变革。每一次的政权更迭，都给它带来了不同程度的破坏和损失。然而，正是这些挑战和磨难，使得故宫更加坚韧和顽强。它像一座历史的丰碑，屹立不倒，成了中华民族历史和文化的重要象征。除了战争和政治因素外，自然灾害也对故宫造成了不小的损害。地震、火灾、水灾等自然灾害时有发生，给这座宫殿带来了巨大的威胁。然而，故宫的建筑师们凭借着高超的建筑技艺和智慧，一次又一次地修复了这些损害，使得故宫得以保存至今。此外，人为破坏也是故宫面临的一大挑战。在过去的岁月中，曾有多次盗掘和破坏文物的行为发生，给故宫的文物保护工作带来了极大的困难。然而，正是这些挑战和困难，激发了人们保护文化遗产的决心和行动。如今，故宫已经成了一个重要的旅游景点和文化遗产保护基地，吸引着无数国内外游客前来参观和学习。

故宫的保存和传承，不仅仅是为了保留一个物质文化遗产的实体，更是为了传承一种历史和文化的精神。它告诉我们，历史是连续的，文化是多元的。我们应该尊重历史、珍视文化，从中汲取智慧和力量，为未来的发展提供借鉴和启示。

除了故宫之外，世界上还有许多其他的名胜古迹也经历了类似的历史变迁。它们或许是古老的城堡、寺庙、陵墓，或许是现代的建筑、雕塑、纪念碑。无论它们的形式如何不同，它们都承载着人类历史和文化的重要信息,都是我们了解和认识这个世界的宝贵资源。

在今天这个时代,我们应该更加重视历史文化遗产的保护和传承。通过加强文物保护、开展历史研究、推广文化教育等方式,让更多的人了解和认识这些名胜古迹所蕴含的历史和文化价值。同时,我们也应该借鉴历史的经验教训,从中汲取智慧和力量,为未来的发展提供借鉴和启示。

5.4.2 文化内涵

5.4.2.1 文化价值

名胜古迹,作为人类历史与文化的瑰宝,其背后所蕴含的文化价值无疑是深厚且多面的。它们不仅是物质文化遗产的瑰宝,更是古代人民智慧、艺术成就和审美观念的集中体现。这些古迹承载着丰富的历史信息,展现了古代社会的风貌和人民的生活状态,为我们研究和了解古代文化提供了珍贵的实物资料。

以敦煌莫高窟为例,这座位于甘肃省的佛教艺术圣地,拥有数以千计的洞窟和壁画、雕塑等艺术品,被誉为“东方艺术宝库”。莫高窟的壁画和雕塑不仅展示了古代中国的文化信仰和艺术成就,更深入地反映了当时社会的生活方式、价值观念和审美观念。这些作品以细腻的笔触、生动的形象和丰富的色彩,呈现了一幅幅生动的历史画卷,使我们能够跨越时空的界限,感受古代文化的魅力。

首先,敦煌莫高窟的壁画和雕塑体现了古代人民的智慧。这些艺术品不仅仅是简单的视觉享受,更是古代人民智慧和创造力的结晶。通过精湛的工艺和独特的艺术手法,古代艺术家们将佛教教义、历史故事和民间传说等题材巧妙地融入壁画和雕塑之中,展现了他们对生命、宇宙和艺术的深刻理解和独到见解。这些作品不仅具有很高的艺术价值,更蕴含着丰富的文化内涵和人文精神。

其次,敦煌莫高窟的壁画和雕塑也是古代中国艺术成就的重要体现。这些艺术品以其独特的风格和技艺,展现了中国古代艺术的魅力和特点。壁画中的色彩鲜艳、线条流畅、构图巧妙,雕塑中的形象生动、栩栩如生、神态各异,都体现了古代艺术家们高超的艺术造诣和精湛的技艺水平。这些作品不仅在中国艺术史上占有重要地位,更对世界艺术产生了深远

的影响。

最后,敦煌莫高窟的壁画和雕塑还展示了古代社会的风貌和人民的生活状态。通过这些艺术品,我们可以了解古代社会的文化信仰、生活方式、价值观念和审美观念等方面的信息。这些作品不仅为我们提供了研究古代社会的珍贵史料,更让我们能够深入了解古代文化的精髓和内涵。

名胜古迹作为文化传承的重要场所,其文化价值不仅体现在其本身的物质形态上,更体现在其对于后人的影响和教育作用上。通过参观和学习这些古迹,我们可以深入了解古代文化的精髓和内涵,感受到古代人民的智慧和创造力,从而激发我们对于传统文化的热爱和尊重。同时,这些古迹也是我们进行爱国主义教育和历史文化教育的重要资源,可以帮助我们树立正确的历史观和文化观,增强民族自豪感和文化自信心。

5.4.2.2 象征意义

名胜古迹,作为人类历史与文化的瑰宝,往往承载着深厚的象征意义。它们不仅是历史的见证者,更是文化的传承者,代表着某个时代、某个地区或某个民族的文化和精神。这些象征意义不仅增强了古迹的文化价值,更在无形中激发了人们的民族自豪感和文化认同感。

以长城为例,这座蜿蜒数千千米的伟大建筑,早已超越了其作为军事防御工事的初衷,成了中华民族精神的象征。长城的修建历时数千年,跨越多个朝代,是中国古代劳动人民智慧和毅力的结晶。它见证了中国古代文明的辉煌,也体现了中国人民对家园的热爱和对和平的渴望。

长城的象征意义丰富而深刻。首先,它代表着中国人民的智慧和创造力。在科技尚不发达的古代,中国人民凭借勤劳和智慧,用双手筑起这座坚固的防线,展现了人类智慧和劳动的伟大。其次,长城也象征着中国人民的团结和协作精神。长城的修建需要数百万人的共同努力,这种团结协作的精神在中华民族的历史上一直得以传承和发扬。最后,长城还象征着中国人民对和平的渴望和追求。它不仅仅是一道防线,更是中国人民对和平生活的向往和期盼。

除了长城之外,世界上还有许多其他的名胜古迹也承载着类似的象征意义。例如,埃及的金字塔,作为古埃及文明的象征,代表着古埃及人民的智慧和信仰;法国的埃菲尔铁塔,作为现代工业文明的象征,代表着人类对科技和创新的追求;印度的泰姬陵,作为爱情的象征,代表着人类对美好情感的向往和追求。

这些名胜古迹的象征意义,不仅增强了它们自身的文化价值,也激发了人们的民族自豪感和文化认同感。当人们站在这些古迹面前时,会不由自主地感受到一种归属感和认同感。这些古迹所代表的文化和精神,成了人们共同的精神财富和文化遗产。

在当今社会,随着全球化的不断深入和文化交流的日益频繁,保护和传承这些名胜古迹及其象征意义显得尤为重要。通过加强文物保护、开展历史研究、推广文化教育等方式,我们可以让更多的人了解和认识这些古迹所蕴含的历史和文化价值,增强人们的文化自信心和民族自豪感。同时,我们也应该积极推广这些古迹的象征意义,让它们成为连接不同文化、不同民族的桥梁和纽带,促进人类文化的多样化和交流互鉴。

5.4.2.3 艺术价值

名胜古迹,作为人类文明的瑰宝,不仅在历史长河中扮演着举足轻重的角色,而且在建筑、雕塑、绘画等多个艺术领域都展现出了极高的艺术价值。这些艺术成就,不仅是工匠们智慧的结晶,更是人类文化和艺术的独特表现,为我们带来了视觉的盛宴和精神的享受。

以故宫为例,这座明清两代的皇家宫殿,在建筑艺术上达到了登峰造极的境地。故宫的建筑风格独特,融合了汉族、满族和蒙古族等多种文化元素,彰显出皇权的尊严和宏伟。从屋顶的黄色琉璃瓦,到檐下的斗拱彩绘,再到门窗的雕刻装饰,每一处细节都体现了中国古代宫殿建筑的精湛技艺和辉煌成就。这种严谨的布局和精细的工艺,不仅让人们在视觉上得到极大的享受,更让人们感受到中国古代文化的博大精深。

除了建筑艺术,名胜古迹中的雕塑艺术也同样令人叹为观止。以秦始皇陵的兵马俑为例,这些生动逼真的雕塑作品,展现了古代中国工艺水平的独特魅力。兵马俑的每一位士兵都栩栩如生,其面部表情、服饰装束都各有不同,仿佛就是一支真实存在的古代军队。这种精湛的工艺和巧妙的构思,不仅让人们对古代工匠的智慧和技艺赞叹不已,更让人们感受到古代文化的深厚底蕴和独特魅力。

此外,名胜古迹中的绘画艺术也同样具有极高的艺术价值。无论是壁画、彩画还是油画,都以其独特的艺术风格和表现手法,展现了人类文化的多样性和丰富性。例如,敦煌莫高窟的壁画,以其精湛的技艺和独特

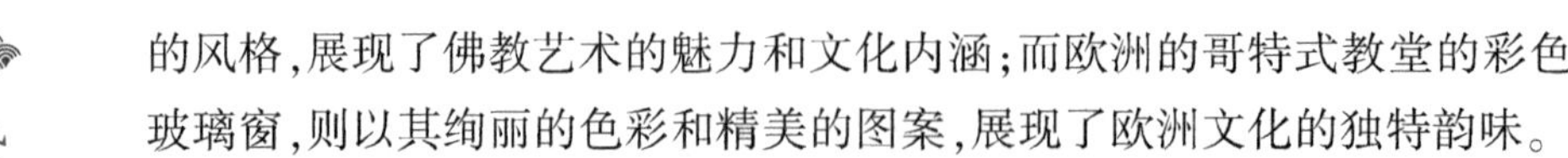

的风格，展现了佛教艺术的魅力和文化内涵；而欧洲的哥特式教堂的彩色玻璃窗，则以其绚丽的色彩和精美的图案，展现了欧洲文化的独特韵味。

这些艺术价值不仅让人们在视觉上得到享受，更重要的是，它们还提高了人们的审美水平和文化素养。通过对名胜古迹的欣赏和研究，我们可以更好地理解和欣赏不同文化和艺术的魅力，增强对不同文化的尊重和包容。同时，这些艺术成就也为我们提供了学习和借鉴的宝贵资源，促进了人类文明的发展和进步。

然而，值得注意的是，这些艺术价值并非一成不变。随着时代的变迁和人们审美观念的变化，一些传统的艺术形式和表现手法可能会逐渐淡出人们的视野。因此，我们需要更加珍视和保护这些宝贵的艺术遗产，让它们得以传承和发扬光大。

第 6 章

建筑艺术与园林景观

建筑艺术与园林景观是相辅相成、相得益彰的艺术形式。建筑艺术通过独特的造型、材料和结构，展现着人类文明的智慧与创造力，而园林景观则以其和谐自然、精致细腻的设计，为建筑空间增添了无限生机与美感。两者共同构建了一个充满韵味和层次感的空间环境，使人们在其中既能感受到建筑的力量与庄重，又能领略到自然的柔美与宁静。

6.1 中国传统建筑风格的演变

中国传统建筑风格的演变与特点体现了中华民族悠久的历史和丰富的文化内涵。这些特点和风格不仅影响了中国的建筑艺术发展，也对全球建筑艺术产生了深远的影响。

6.1.1 原始社会至奴隶社会

在人类历史的长河中，建筑不仅是居住和生活的物质空间，更是社会文明进步的重要标志。从原始社会到奴隶社会，建筑技术经历了从无到有、从简到繁的演变过程，其发展历程与社会文明的进步紧密相连。

6.1.1.1 原始社会：穴居与半穴居的居住形式

在遥远的原始社会，人类的生产力水平极低，对自然界的认知也极为有限。在这样的背景下，人类只能依靠简单的工具和技术，在自然界中寻找生存的空间。因此，穴居和半穴居成了人类早期主要的居住形式。

穴居，即在地面上挖掘洞穴作为居住空间，这种居住形式在气候温暖、土壤松软的地区尤为普遍。半穴居则是在地面上建造房屋，但房屋的一部分仍然嵌入地下，这种居住形式在一定程度上提高了居住空间的稳定性和安全性。穴居和半穴居的出现，代表了人类早期对居住空间的探索，也体现了人类对自然环境的适应和改造能力。

随着时间的推移，人类逐渐掌握了更多的建筑技术，开始尝试建造更加稳定、安全的居住空间。靠山窑、平地窑和木骨泥墙房屋等新型建筑形式逐渐出现，这些建筑形式在结构和材料上都有了显著的进步，为人类提供了更加舒适、宽敞的居住空间。

6.1.1.2 奴隶社会：建筑技术的显著进步

随着私有制的兴起和阶级分化的加剧，人类社会进入了奴隶社会。在奴隶社会，建筑技术有了显著的进步，这不仅体现在建筑材料的运用上，更体现在建筑设计和施工技术的提高上。

在夏、商、周时期，中国进入了奴隶社会的鼎盛时期。这一时期，建筑技术得到了空前的发展，出现了许多具有划时代意义的建筑作品。例如，河南偃师二里头一号宫殿遗址的发现，为我们揭示了早期木架夯土建筑

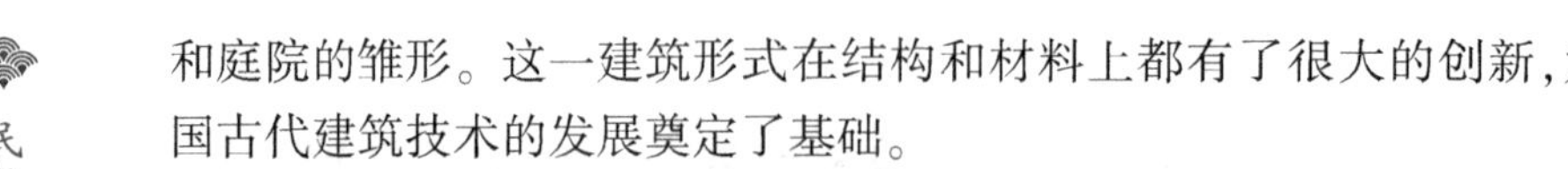

和庭院的雏形。这一建筑形式在结构和材料上都有了很大的创新,为中国古代建筑技术的发展奠定了基础。

商朝时期,建筑技术进一步发展,出现了台基和“四阿顶”的标准形式。台基是一种高出地面的建筑基座,可以增加建筑的稳定性和庄严感。而“四阿顶”则是一种四面坡顶的屋顶形式,具有优美的曲线和丰富的变化,成为中国古代建筑的典型特征之一。

到了西周时期,建筑技术得到了进一步的发展和完善。西周的建筑在技术和艺术上都有了很大的提高,不仅注重建筑本身的美观和实用,还开始考虑建筑与环境的关系。同时,西周还建立了严格的建筑等级制度,不同等级的建筑在规模、材料和装饰上都有所区别,体现了奴隶社会等级制度的严谨和森严。

6.1.2 封建社会前期(战国至南北朝)

封建社会前期,中国历经了战国、秦朝以及随后的多个朝代,这一时期的建筑与艺术发展呈现出独特的风貌,尤其是木工技术和建筑规模的显著进步,为后世的建筑艺术奠定了坚实的基础。

6.1.2.1 战国时期的建筑与艺术

战国时期,是中国历史上一个重要的转折点,标志着封建社会的初步形成。在这一时期,木工技术取得了长足的发展,达到了相当高的水平。木工技术的精湛体现在多个方面,其中尤以榫卯结构的制作最为突出。榫卯结构是中国古代建筑中的一种独特连接方式,通过木构件的凹凸部分相互咬合,实现建筑的稳固与美观。战国时期的木工们已经能够制作出精确、形式多样的榫卯结构,这些结构不仅具有高度的稳定性,还展现出了极高的艺术价值。

战国时期的建筑在技术和艺术上的进步,为后来的建筑发展奠定了基础。首先,榫卯结构的广泛应用,使得建筑在结构上更加稳固,能够承受更大的荷载。其次,木工技术的精湛使得建筑在细节处理上更加精细,无论是梁、柱、斗拱还是门窗等构件,都体现出了极高的艺术价值。此外,战国时期还出现了许多具有创新性的建筑形式,如楼阁式建筑、台榭式建筑等,这些建筑形式不仅丰富了古代建筑的类型,也为后世的建筑艺术提供了灵感。

6.1.2.2 秦朝的建筑与艺术

秦朝是中国历史上第一个统一的封建王朝，其建筑艺术也达到了一个新的高度。秦始皇统一全国后，进行了大规模的建筑活动，其中最著名的当属咸阳的都城建设和阿房宫的建造。

咸阳的都城建设是秦朝建筑艺术的代表作之一。这座都城规模宏大，布局严谨，充分体现了封建帝王的权威和建筑的雄伟。在都城建设中，秦朝工匠们运用了先进的建筑技术和材料，如使用砖石砌筑城墙、采用陶瓦覆盖屋顶等，使得建筑更加坚固耐用。同时，都城内的宫殿、庙宇、道路等建筑也体现出了秦朝建筑艺术的独特风格。

阿房宫则是秦朝建筑艺术的另一座巅峰之作。这座宫殿规模宏大、气势磅礴，是秦始皇为了彰显自己的权威和财富而建造的。阿房宫的建筑风格独特，融合了多种元素，如宫殿的屋顶采用了曲线造型，使得整个建筑看起来更加优美动人。此外，阿房宫的内部装饰也极为奢华，使用了大量的金银珠宝和玉器进行装饰，使得整个宫殿熠熠生辉。

秦朝的建筑艺术不仅体现了封建帝王的权威和建筑的雄伟，还展现出了中国古代建筑艺术的独特魅力。秦朝工匠们通过精湛的建筑技术和独特的艺术构思，创造出了许多令人惊叹的建筑作品，这些作品不仅在当时引起了轰动，也对后世的建筑艺术产生了深远的影响。

6.1.3 封建社会中期(隋唐至明清)

6.1.3.1 隋唐时期的建筑发展

隋唐时期，中国封建社会进入了一个繁荣昌盛的阶段，建筑艺术也随之发展到一个独立而完整的体系，形成了独特的风格和特点。这一时期的建筑，不仅在技术上有所创新，而且在艺术上也达到了一个新的高度。

第一，建筑风格的独立与完整。隋唐时期，建筑艺术开始摆脱前代的影响，形成了独立的风格和特点。这一时期的建筑，不仅注重实用性，还追求艺术性和观赏性。在建筑布局、结构、材料、装饰等方面，都表现出独特的风格和特点。

第二，长安与洛阳的宫殿、苑囿、官署。长安和洛阳作为隋唐两代的政治、经济、文化中心，其宫殿、苑囿、官署等建筑代表了当时的最高成就。长安城作为隋唐的国都，其宫殿建筑宏伟壮观，气势磅礴。大明宫、太极宫等宫殿建筑群，不仅体现了皇权的威严和尊贵，也展现了建筑艺术的精

湛和卓越。洛阳城作为隋唐的东都,其建筑也同样具有极高的艺术价值。

第三,技术与艺术的结合。隋唐时期的建筑,不仅在技术上有所创新,如采用新的建筑材料、改进建筑结构等,而且在艺术上也达到了一个新的高度。隋唐时期建筑的装饰和雕刻艺术得到了充分的发展,如壁画、石刻、木雕等,都表现出极高的艺术水平。

6.1.3.2 宋、辽、金时期的建筑发展

宋、辽、金时期,中国封建社会进入了一个相对稳定的阶段,城市布局和建筑方式也更加系统化、模块化,工程技术和管理水平达到了新的高度。

第一,城市布局的系统化。宋、辽、金时期,城市布局开始呈现出系统化的特点。城市被划分为不同的区域,如宫殿区、商业区、居住区等,每个区域都有其独特的功能和特点。这种系统化的城市布局,不仅提高了城市的运行效率,也方便了人们的生活。

第二,建筑方式的模块化。在建筑方式上,宋、辽、金时期开始采用模块化的方法。这种方法将建筑分为不同的模块,每个模块都有其独立的功能和特点。通过模块的组合和搭配,可以构建出不同功能和规模的建筑。这种模块化的建筑方式,不仅提高了建筑的灵活性和适应性,也降低了建筑的成本和风险。

第三,工程技术与管理的进步。宋、辽、金时期,工程技术和管理水平也达到了新的高度。在建筑设计和施工过程中,开始采用更加科学和精确的方法和技术。同时,也加强了对建筑质量和安全的监管和管理。这些措施的实施,不仅提高了建筑的质量和安全性,也促进了建筑艺术的进一步发展。

6.1.3.3 元代建筑风格的转变

元代时期,中国封建社会进入了一个多元融合的阶段,建筑风格也开始发生变化。这一时期的建筑,开始大胆减少使用木架结构,而是更多地采用砖石结构和白色琉璃瓦。

第一,砖石结构的广泛应用。元代时期,砖石结构得到了广泛的应用。这种结构不仅具有较高的稳定性和耐久性,而且外观也更加美观和大气。在宫殿、寺庙、城墙等建筑中,都可以看到砖石结构的身影。

第二,白色琉璃瓦的普及。除了砖石结构外,元代还普及了白色琉璃瓦的使用。这种琉璃瓦不仅色彩鲜艳、光泽度高,而且具有防腐、防水等性能。在宫殿、寺庙等建筑的屋顶上,都可以看到白色琉璃瓦的身影。这种白色琉璃瓦的使用,不仅提高了建筑的美观度,也增强了建筑的防水性能。

6.2 古典园林的造园艺术与欣赏

6.2.1 造园艺术的核心理念

古典园林的造园艺术，其核心理念在于追求自然与人的和谐统一，达到“虽由人作，宛自天开”的审美境界。这种理念体现在园林的布局、植物配置、建筑造型等方面，使得古典园林成为自然景观与人文景观完美结合的典范。

6.2.2 造园艺术的主要手法

造园艺术，作为中华传统文化瑰宝之一，历史悠久、内涵丰富，它凝聚了古人对自然、社会和生活的深刻理解。在漫长的历史进程中，造园艺术逐渐形成了一套独特而精湛的手法，这些手法不仅体现了古人对美的追求，也反映了他们对自然与人文的和谐统一的向往。

6.2.2.1 布局规划

布局规划是造园艺术的首要手法，它决定了园林的整体结构和空间布局。古典园林的布局往往遵循“自然”与“对称”的原则，追求“虽由人作，宛自天开”的艺术效果。

在自然布局方面：自然布局强调顺应自然地形、地貌和气候，将山水、建筑、植物等元素融为一体，形成和谐统一的自然景观。例如，在山地园林中，利用山势的高低起伏，布置亭台楼阁，形成错落有致的景观效果；在水景园林中，则通过引水造湖、筑堤建桥等手段，营造出湖光山色的美丽景象。

在对称布局方面：对称布局追求园林空间的均衡和稳定，通过轴线、对称轴等手段，将园林划分为若干对称的区域或空间。这种布局手法在皇家园林中尤为常见，如北京颐和园的长廊和万寿山，通过轴线对称布局，形成了庄严肃穆、气势恢宏的皇家园林风范。

在具体的布局手法上，古典园林常采用“一池三山”“一曲三折”等手

法，使园林空间显得曲折有致、引人入胜。如江南私家园林中常出现的“一曲三折”布局，通过蜿蜒曲折的园路和水道，将园林划分为若干相对独立的空间，每个空间都有其独特的景观特色和主题，使得整个园林空间层次丰富、变化多端。

6.2.2.2 植物配置

植物配置是造园艺术中不可或缺的手法之一，它通过不同种类、不同色彩的植物搭配，营造出四季有景、步移景异的景观效果。

在色彩搭配方面：植物配置中的色彩搭配至关重要，它可以通过不同色彩的植物组合，形成鲜明对比或和谐统一的视觉效果。例如，在春季可以种植樱花、桃花等粉色系植物，营造出浪漫温馨的氛围；在秋季则可以种植银杏、枫树等黄色系植物，营造出金秋丰收的景象。

在形态搭配方面：除了色彩搭配外，形态搭配也是植物配置中的重要手法。通过不同形态的植物组合，可以形成高低错落、疏密有致的景观效果。例如，在草坪上种植几株高大的乔木作为背景树，再搭配一些低矮的灌木和地被植物作为前景，就可以形成层次丰富的植物景观。

在季相变化方面：植物配置还注重季相变化，即根据植物的季相变化来布置园林空间。通过选择不同季节开花的植物或常绿植物与落叶植物的搭配，使得园林空间在不同季节都能呈现出不同的景观效果。这种手法不仅丰富了园林的景观层次，也增加了游客的观赏乐趣。

6.2.2.3 建筑造型

建筑造型是造园艺术中的又一重要手法，它通过建筑的形式、风格和功能来塑造园林空间、组织景观。

一是形式多样：古典园林中的建筑形式多样，包括亭、台、楼、阁、榭等。这些建筑不仅具有观赏价值，还承担着园林空间划分、景观组织等功能。例如，在园林中设置一座亭子或楼阁作为视觉焦点或观景平台，可以引导游客的视线和游览路线；在湖边或水面上建造一座水榭或桥廊，则可以增加水面的层次感和空间感。

二是风格协调：建筑造型的风格往往与园林的整体风格相协调。在江南私家园林中，建筑多采用粉墙黛瓦、马头墙等传统江南民居风格；在皇家园林中，则多采用金碧辉煌、气势恢宏的宫殿式建筑风格。这种风格协调的手法使得园林空间更加和谐统一、富有特色。

三是功能多样：古典园林中的建筑还承担着多种功能。例如，亭台楼阁等建筑可以作为游客休息、观景和避雨的场所；书房、茶室等建筑则可以作为园林主人读书、品茶和会客的地方。这些功能多样的建筑不仅丰富了园林的景观层次和文化内涵，也增加了游客的参与度和体验感。

6.2.3 造园艺术的审美

造园艺术，作为中国传统文化的重要组成部分，承载着丰富的历史底蕴和审美理念。其独特的审美不仅体现在对自然美的追求上，更体现在通过艺术手法创造出的超越物质层面的精神境界上。

6.2.3.1 意境美

意境美是造园艺术审美最为核心和独特的方面。它超越了单纯的物质形态，追求一种深层次的、与人的心灵相契合的精神境界。古典园林通过精心的布局、植物配置、建筑造型等手段，营造出一种宁静、幽雅、深远的意境氛围。

园林的布局注重“因地制宜”，即根据地形、地貌、气候等自然条件进行规划，使园林与周围环境融为一体，形成和谐统一的景观。这种布局方式不仅体现了对自然的尊重，也创造出了独特的空间感，使游览者在其中能够感受到身心的愉悦和宁静。

植物配置在造园艺术中占据着举足轻重的地位。古典园林中的植物不仅具有观赏价值，更被赋予了丰富的文化内涵。通过精心选择、搭配和修剪，植物被赋予了不同的象征意义，如松树象征长寿、竹子象征高洁等。这些植物与园林中的其他元素相互映衬，共同营造出一种深邃的意境氛围。

建筑造型也是造园艺术中不可或缺的一部分。古典园林中的建筑多采用传统的中式风格，注重与自然的和谐统一。建筑的造型、色彩、材料等都与周围环境相协调，营造出一种古朴典雅、宁静致远的氛围。这种氛围使游览者能够忘却尘世的喧嚣，沉浸在园林所营造的意境之中。

6.2.3.2 色彩美

色彩美是造园艺术审美中另一个重要的方面。古典园林中的色彩运用非常讲究,通过植物、建筑、水体等元素的色彩搭配,形成丰富多彩的视觉效果。同时,色彩的运用也符合中国传统文化的审美观念。

植物是园林中色彩的主要来源。古典园林中常用各种花卉、树木等植物来丰富园林的色彩。这些植物在不同的季节呈现出不同的色彩变化,为园林增添了丰富的层次感。同时,植物与周围环境相协调的色彩搭配也创造出了和谐统一的视觉效果。

建筑在园林中也是色彩美的重要载体。古典园林中的建筑多采用传统的中式风格,色彩以红、黄、灰、白等为主。这些色彩不仅具有鲜明的民族特色,也符合中国人的审美习惯。建筑与周围环境相协调的色彩搭配使得整个园林看起来更加和谐统一。

水体在园林中也起到了重要的色彩调节作用。古典园林中的水景通常呈现出清澈透明的蓝色或绿色,与周围的植物、建筑等形成鲜明的对比。这种对比不仅增强了园林的视觉效果,也使得整个园林看起来更加生动活泼。

6.2.3.3 动态美

动态美是造园艺术审美中另一个独特的方面。它主要体现在水景的营造上,通过池塘、溪流、瀑布等水景的设计,使得园林空间充满生机和活力。

首先,池塘作为园林中常见的水景形式之一,其平静的水面能够反映出周围的景色和天空的倒影。这种倒影与周围的景色相互映衬,形成了一种独特的视觉效果。同时,池塘中的荷叶、荷花等水生植物也为园林增添了生机和活力。

其次,溪流在园林中也起到了重要的动态美营造作用。通过溪流的设计可以使得整个园林空间更加灵动活泼。溪流的流动不仅带来了水声的悦耳之音,也形成了独特的景观效果。同时溪流两侧的植被和石头等也为园林增添了更多的层次感和立体感。

最后,瀑布作为园林中最具动态美的水景形式之一,其壮观的气势和飞溅的水花都为园林带来了强烈的视觉冲击力和震撼力。瀑布的设计不仅体现了园林主人对自然之美的追求和向往,也展现了造园艺术的高超技艺和独特魅力。

6.2.4 欣赏古典园林的方法

古典园林,作为中华文化的瑰宝,不仅体现了古人对自然与人文的深刻理解,更承载了丰富的历史与文化内涵。在欣赏古典园林时,我们需要运用科学的方法,从多个角度去感受其独特的魅力。

第一,深入了解历史背景。古典园林的欣赏,首先要从了解其历史背景开始。每一座园林都有其独特的建造年代、主人身份和文化背景。了解这些信息,不仅可以帮助我们理解园林的建造目的和设计理念,更能使我们很好地领略园林中所蕴含的文化韵味。比如,苏州的拙政园,始建于明代正德初年,其主人王献臣曾为明嘉靖年间的御史。他在官场失意后回到苏州,聘请著名文人参与设计,历时十余年建成了这座具有浓郁江南水乡特色的园林。在欣赏拙政园时,了解其历史背景,我们可以更加深入地理解其设计理念,感受其独特的文化韵味。

第二,细致观察整体布局。古典园林的整体布局是其艺术价值的重要组成部分。在欣赏园林时,我们要注意观察其轴线、对称线等要素,以及各景点之间的空间关系。这些布局不仅体现了园林的空间结构和组织方式,更展现了古人对自然与人文的深刻理解。例如,北京的颐和园,其整体布局以万寿山和昆明湖为基础,形成了"一池三山"的景观格局。万寿山象征着"寿比南山",昆明湖则寓意着"海晏河清"。这种布局不仅体现了古人对自然的敬畏和尊重,更展现了其追求和谐、平衡的生活理念。

第三,品味细节处理的艺术。古典园林中的细节处理往往蕴含着丰富的艺术价值。在欣赏园林时,我们要仔细观察其植物配置、建筑造型、雕刻装饰等细节元素。这些元素不仅展现了园林的精致与美观,更体现了古人的审美情趣和艺术追求。以苏州的留园为例,其建筑造型典雅别致,雕刻装饰精美绝伦。园中的植物配置也独具匠心,通过巧妙地运用不同种类的植物,形成了层次丰富、色彩缤纷的景观效果。在欣赏留园时,品味这些细节处理的艺术,我们可以更加深入地感受其独特的艺术魅力。

第四,融入意境氛围的体验。古典园林追求的是一种意境美。在欣赏园林时,我们要尝试融入其氛围中,感受其宁静、幽雅、深远的意境氛围。这种意境美不仅体现了古人对自然与人文的深刻理解,更给予了我

们一种心灵的慰藉和宁静。以扬州的个园为例,其以竹石为主题,通过巧妙地运用竹子和石头等元素,营造出了一种清幽、深远的意境氛围。在欣赏个园时,我们可以静下心来感受其独特的意境美,体验身心的愉悦和宁静。

第五,理解园林的造园艺术。古典园林的造园艺术是其独特魅力的重要组成部分。在欣赏园林时,我们要理解其造园理念和手法,以及如何通过设计来表达出对自然与人文的深刻理解。这种理解不仅可以帮助我们更好地欣赏园林的艺术价值,也更能使我们从中汲取灵感和启示。

第六,对比不同园林的风格特点。中国古典园林风格多样,有江南园林的精致细腻、北方园林的雄浑大气、岭南园林的轻盈飘逸等。在欣赏园林时,我们可以对比不同园林的风格特点,感受其独特的艺术魅力和文化内涵。这种对比不仅有助于我们更加全面地了解古典园林的多样性,也更能激发我们对美的追求和热爱。

6.3 现代建筑与传统元素的融合

通过对中国传统建筑风格的深入了解,我们进一步探讨古典园林的造园艺术与欣赏技巧。现代建筑与传统元素的融合,是当代建筑设计领域中的一个重要趋势,它旨在通过创新的手法将传统文化的精髓融入现代建筑之中,从而创造出既具有时代感又不失文化底蕴的建筑作品。

6.3.1 设计理念与灵感的融合

在现代建筑设计领域,设计理念与灵感的融合是实现传统元素与现代建筑和谐共存的关键。这一过程不仅要求设计师具备深厚的历史文化底蕴,还需要他们具备创新的设计思维,以便在传统与现代之间找到恰当的平衡点。

6.3.1.1 空间布局的融合与创新

现代建筑在空间布局上往往追求开放、流动和灵活性,而传统建筑则注重空间的层次感和序列性。将传统元素融入现代建筑的空间布局中,需要设计师在保持现代空间特点的同时,引入传统空间的层次感,使建筑空间既具有现代感,又不失传统文化的韵味。例如,王澍的中国美术学院象山校区的设计。王澍在设计中充分运用了传统建筑的空间布局理念,通过错落有致的建筑群体和庭院空间,营造出一种富有层次感和序列性的空间体验。同时,他还将传统建筑中的天井、廊道等元素巧妙地融入现代建筑中,使建筑空间既具有现代感,又充满传统文化的韵味。这种空间布局的融合,不仅提升了建筑的整体品质,还为人们提供了一个既现代又传统的空间环境。

6.3.1.2 结构形式的提炼与再创造

现代建筑在结构形式上往往追求简洁、明了和高效,而传统建筑则以其独特的结构形式和精湛的工艺技巧而著称。将传统元素融入现代建筑的结构形式中,需要设计师深入挖掘传统建筑的结构特点,提炼出具有代表性的元素,并以现代的手法进行再创造。例如,贝聿铭的苏州博物馆的

设计。贝聿铭在设计中巧妙地运用了传统建筑中的坡屋顶、挑檐等结构形式，通过现代的材料和技术进行再创造，使建筑既保留了传统建筑的韵味，又展现了现代建筑的特点。同时，他还将传统建筑中的木构架结构进行抽象化处理，以现代钢材和玻璃等材料进行替代，创造出一种既传统又现代的结构形式。这种结构形式的融合，不仅使建筑更加美观和实用，还体现了设计师对传统文化的尊重和创新。

6.3.1.3 装饰细节的提炼与运用

现代建筑在装饰上往往追求简洁、明快和精致，而传统建筑则以其丰富的装饰细节和精湛的雕刻工艺而著称。将传统元素融入现代建筑的装饰中，需要设计师深入挖掘传统建筑中的装饰细节，提炼出具有代表性的元素，并以现代的手法进行运用。例如，安藤忠雄的光之教堂的设计。安藤忠雄在设计中巧妙地运用了传统建筑中的木质材料和简洁的线条，通过现代的工艺技术进行加工和处理，创造出一种既传统又现代的装饰效果。同时，他还将传统建筑中的窗棂、门扇等元素进行抽象化处理，以现代的材料和形式进行呈现，使建筑在保持现代感的同时，又充满了传统文化的韵味。这种装饰细节的融合，不仅提升了建筑的审美价值，还为人们提供了一个既现代又传统的精神空间。

6.3.1.4 文化符号的提炼与表达

传统元素中蕴含着丰富的文化符号和象征意义，这些符号和意义往往与特定的历史、地域和民族文化紧密相连。将传统元素融入现代建筑中，需要设计师深入挖掘这些文化符号和象征意义，并以现代的手法进行表达和呈现。例如，隈研吾的竹屋设计。隈研吾在设计中巧妙地运用了竹子这一传统材料，通过现代的建筑技术和设计理念，创造出一种既传统又现代的建筑形式。竹子作为中国传统文化中的重要元素，具有深厚的文化内涵和象征意义。隈研吾通过对竹子的运用，不仅使建筑更加环保，还为人们提供了一个感受传统文化魅力的空间。同时，他还将竹子的形态和纹理进行抽象化处理，以现代的手法进行表达和呈现，使建筑在保持现代感的同时，又充满了传统文化的韵味。

6.3.1.5 环境与景观的融合与创造

现代建筑在环境与景观的设计上，不仅追求自然、和谐与生态的平衡，还致力于创造具有独特韵味和文化内涵的空间。传统建筑则以其与周围环境的深度融合和协调，展现出一种历久弥新的美感。为了实现传统元素与现代建筑环境与景观的有效融合，设计师需细致考察建筑与环境之间的相互作用，运用精妙的设计手法，将传统元素巧妙地嵌入现代景观之中，从而营造出一种既彰显现代气息，又不失传统文化底蕴的环境氛围。

四川美术学院虎溪校区的设计便是一个环境与景观融合与创造的典范。在该项目中，对原有的农业景观进行了保留与改造，并根据地形地貌，因地制宜地梳理了水系，增加了池塘和水渠，将坡地修整为梯田，形成了“荷塘—稻田—鱼塘—溪流”这一独具特色的山地湿地生态系统。此外，设计师还利用草垛等生态材料，构建了充满田园风情的校园景观，既保留了传统农业景观的质朴与自然，又融入了现代设计的创新与精致。这种环境与景观的融合与创造，不仅提升了校园的整体美学价值，还为学生提供了一个既现代又传统的学习和生活环境，使他们在感受现代文明的同时，也能深刻体会到传统文化的魅力。

6.3.1.6 创新设计思维的引导与实践

在设计理念与灵感的融合过程中，创新设计思维起着至关重要的作用。设计师需要具备敏锐的观察力和丰富的想象力，以便在传统元素与现代建筑之间找到恰当的融合点。同时，他们还需要具备实践能力和团队协作精神，以便将创新的设计思维转化为具体的建筑作品。例如，马岩松的 MAD 建筑事务所设计的哈尔滨大剧院。马岩松在设计中巧妙地运用了传统建筑中的曲线形态和流线形设计，通过现代的材料和技术进行呈现，创造出一种既传统又现代的建筑形象。这种创新的设计思维不仅使建筑更加美观和实用，还为人们提供了一个感受传统文化魅力的现代空间。同时，他还注重与团队协作和沟通，以便将创新的设计思维转化为具体的建筑作品。这种创新设计思维的引导与实践，为传统元素与现代建筑的融合提供了新的思路和方法。

6.3.2 材料与技术的融合

在现代建筑的发展进程中，材料与技术的革新是推动其不断前行的核心动力。传统元素，作为文化传承的重要载体，往往与特定的地域、历

史时期的材料和技术紧密相连，进而形成独特的建筑风格和文化标识。然而，随着时代的变迁，传统材料和技术在某些方面已难以满足现代建筑对性能、效率及可持续性的要求。因此，如何在尊重传统的基础上，巧妙融合现代材料与技术，成为当代建筑设计领域的一大挑战与机遇。

6.3.2.1 现代材料模拟传统元素

一是钢材与玻璃的灵活运用。钢材与玻璃作为现代建筑的标志性材料，其高强度、透明性及可塑性为模拟传统元素提供了新的可能。例如，位于中国北京的“鸟巢”国家体育场，其结构设计灵感来源于中国传统编织工艺，通过钢结构的扭曲编织形态，展现了力与美的结合，同时这种现代材料的应用也赋予了传统编织技艺以新的生命力，成了现代建筑技术与传统文化融合的典范。

二是新型复合材料的创新应用。随着科技的进步，新型复合材料如碳纤维、玻璃纤维增强塑料（GFRP）等，因其轻质高强、耐腐蚀等特性，在模拟传统元素方面展现出巨大潜力。例如，在某些仿古建筑修复中，使用GFRP替代传统木材制作屋顶桁架，既保留了古建筑的外观风貌，又大大提高了结构的耐久性和安全性。此外，通过表面处理技术，这些复合材料还可以模拟出木材、石材的质感，实现视觉上的高度还原。

6.3.2.2 现代技术再现传统工艺

一是3D打印技术的精准复制。3D打印技术以其高精度、复杂形状制造能力，在复制传统建筑中的复杂装饰图案和细节方面展现出巨大优势。在中国的一些古镇保护项目中，研究人员利用3D扫描技术记录古建筑上的雕刻、彩绘等细节，再通过3D打印技术制作出精确的复制品，用于损坏部位的修复或新建筑的设计灵感来源。这种方法不仅保护了原有的文化遗产，还促进了传统工艺与现代科技的融合，为传统元素的传承与创新开辟了新路径。

二是数字化设计与建造。数字化设计工具，如BIM（建筑信息模型）和参数化设计，使得传统元素的再现更加精确和高效。通过BIM技术，设计师可以在虚拟环境中模拟建筑的全生命周期，包括结构分析、材料选择、施工模拟等，确保设计方案既符合传统美学，又满足现代建筑的功能需求。参数化设计则允许设计师通过调整参数，快速生成多种设计方案，探索传统元素与现代形式的最佳结合点。例如，在某些新中式建筑项目中，设计师利用参数化设计生成了既具有传统屋顶轮廓，又符合现代建筑比例和功能的建筑形态，实现了传统与现代的和谐共生。

6.3.2.3 可持续材料与技术的融合实践

一是绿色建材的应用。在追求传统与现代融合的同时，可持续发展的理念日益成为建筑设计的重要考量。绿色建材，如再生木材、竹材、生态混凝土等，因其环保、可再生或低环境影响的特点，被广泛应用于现代建筑中，以模拟或再现传统元素。例如，成都远洋太古里。成都远洋太古里是一个集购物、餐饮、娱乐于一体的商业综合体，其设计巧妙融合了四川传统建筑元素与现代商业空间的需求。项目中大量使用了木结构、青砖灰瓦等传统材料，同时通过现代钢结构和玻璃幕墙的巧妙搭配，创造了一个既传统又时尚的空间环境。此外，项目还注重生态环境的营造，如屋顶绿化、雨水回收等，实现了文化传承与生态保护的双重目标。

二是高效能源系统的集成。现代建筑技术还包括高效能源系统的集成，如太阳能光伏板、地源热泵、智能建筑管理系统等，这些技术的应用不仅能够提高建筑的能效，减少能源消耗，还能在不破坏传统外观的前提下，实现建筑的绿色转型。例如，上海世博会中国馆“东方之冠”是一个将传统元素与现代材料技术完美融合的典范。其设计灵感来源于中国古代的斗拱结构，采用现代钢结构与红色幕墙材料，不仅展现了中国传统建筑的雄浑气势，还通过顶部的太阳能光伏板和雨水收集系统，体现了绿色建筑的理念。这一设计不仅赢得了国内外广泛赞誉，也展示了中国在文化传承与科技创新方面的双重成就。

6.3.3 形式与功能的融合

在现代建筑设计理念中，形式与功能的融合被视为设计成功的关键要素之一。这种融合不仅要求建筑外观具有审美价值，还要确保建筑内部空间的功能性得到充分发挥。与此同时，传统元素作为文化和历史的载体，在现代建筑中的运用更是对文化传承的一种体现。设计师在融合形式与功能时，需深入挖掘传统元素的文化内涵，巧妙地将其与现代建筑的设计理念相结合，使建筑既具有时代感，又不失文化底蕴。

6.3.3.1 形式与功能融合的重要性

一是提升建筑的整体价值。形式与功能的完美融合能够提升建筑的整体价值,使其在视觉和使用上都达到最佳效果。美观的外观可以吸引人们的注意力,而合理的功能布局则能提高建筑的使用效率,满足人们的生活和工作需求。

二是增强建筑的文化认同感。传统元素在现代建筑中的运用,可以增强建筑的文化认同感。通过将这些元素与现代设计理念相结合,建筑不仅成为物质空间的载体,更成为文化传承的媒介,使人们在使用建筑的过程中感受到文化的熏陶。

三是促进可持续发展。在形式与功能的融合过程中,设计师往往需要考虑建筑的节能、环保等方面。通过采用先进的建筑技术和材料,结合传统元素的智慧,可以创造出既美观又实用的绿色建筑,促进可持续发展。

6.3.3.2 形式与功能融合的原则

一是整体性原则。在考虑融合形式与功能时,应坚持整体性原则,确保建筑的整体风格和功能布局相协调。设计师需要从全局出发,综合考虑建筑的外观、内部空间、结构、材料等多个方面,使建筑在形式上具有统一性,在功能上具有完整性。

二是功能性原则。功能性是建筑设计的基础,也是形式与功能融合的前提。设计师在运用传统元素时,应充分考虑其在实际使用中的功能需求,避免单纯为了装饰而牺牲建筑的功能性。

三是创新性原则。在融合形式与功能的过程中,创新是必不可少的。设计师需要敢于突破传统束缚,尝试新的设计理念和技术手段,将传统元素以新的形式呈现在现代建筑中,使其焕发新的生命力。

四是文化性原则。传统元素承载着丰富的文化内涵和历史价值,设计师在运用这些元素时,应尊重其文化背景和历史传承,避免随意改动或歪曲其原意。同时,还应通过现代设计手法,将传统元素与现代文化相结合,创造出具有时代特色的建筑作品。

6.3.3.3 形式与功能融合的方法

第一,提炼与抽象。提炼与抽象是传统元素在现代建筑中运用的常用方法。设计师可以从传统建筑中提取具有代表性的元素,如窗棂、门扇、屋顶形式等,通过简化、变形等手法,将其融入现代建筑的设计中。这种方法既保留了传统元素的韵味,又使其更加符合现代审美和功能需求。

第二,符号化运用。符号化运用是将传统元素以符号的形式运用在现代建筑中,如将传统图案、纹样等印刻在建筑的立面或室内墙面上,或者将传统建筑构件以雕塑的形式放置在建筑空间中。这种方法既起到了装饰作用,又使人们能够直观地感受到传统文化的存在。

第三,结构与技术融合。在现代建筑中,结构和技术是实现形式与功能融合的重要手段。设计师可以利用现代建筑技术和材料,如钢结构、玻璃幕墙等,结合传统建筑的结构形式,创造出既具有传统韵味又符合现代功能需求的建筑空间。

第四,环境融合。建筑与环境的关系是形式与功能融合中不可忽视的一方面。设计师在运用传统元素时,应充分考虑建筑所处的自然环境、人文环境等因素,使建筑在形式上与周围环境相协调,在功能上能够满足人们的使用需求。

例如,中国国家大剧院。中国国家大剧院是形式与功能融合的典范之一。大剧院的设计灵感来源于中国传统建筑中的"天圆地方"理念,其外部形态由椭圆形的壳体和下方的正方形基座组成,既体现了中国传统文化的精髓,又满足了现代剧院对于空间、声学等方面的要求。同时,大剧院在内部空间的设计上也充分考虑了观众的使用需求,如设置多个观众厅、休息区、卫生间等,使人们在欣赏演出的同时也能享受到舒适的环境。

再如,上海世博会中国馆。上海世博会中国馆是另一座形式与功能完美融合的建筑。在功能上,中国馆则充分考虑了世博会对于展示、交流等方面的需求,设置了多个展厅、会议室、休息区等空间,为参观者提供了一个全面了解中国文化的平台。同时,中国馆还注重节能环保的设计理念,采用了先进的建筑技术和材料,如太阳能光伏板、雨水收集系统等,使建筑在满足功能需求的同时也能降低能耗。

再如,北京奥运会主体育场(鸟巢)。北京奥运会主体育场是形式与功能融合的又一佳作。体育场的设计灵感来源于鸟巢的形态,通过钢结构的交织和编织,创造出了一个既具有视觉冲击力又符合体育场馆功能需求的建筑空间。在功能上,体育场能够满足田径、足球等多种体育比赛的需求,同时还设置了观众席、运动员休息区、媒体区等多个功能区域,为观众和运动员提供了良好的观赛和比赛环境。此外,体育场还注重与周围环境的融合,通过巧妙的景观设计,使建筑与城市空间相得益彰。

6.3.4 空间与环境的融合

在现代建筑设计理念中,空间与环境的融合是追求建筑与自然、文化和谐共生的关键。现代建筑以其独特的空间布局和环境营造技术,为传统元素的融入提供了广阔的舞台。而传统元素,作为历史文化的载体,其空间布局和环境特征往往与特定的地域、气候、文化紧密相连,为现代建筑的空间设计提供了丰富的灵感和素材。为了实现现代建筑与传统元素在空间与环境上的融合,设计师需要深入挖掘两者的内在联系,探索创新的设计手法,以创造出既具有现代感又不失传统文化韵味的建筑空间。

6.3.4.1 空间布局的融合

一是传统空间布局的借鉴。传统建筑的空间布局往往遵循着严格的礼制秩序和风水理念,形成了独特的空间组织方式。例如,中国古代建筑中的“四合院”布局,以中轴线为中心,左右对称,前低后高,体现了尊卑有序、长幼有别的传统伦理观念。现代建筑在借鉴传统空间布局时,可以保留这种轴对称的布局方式,同时结合现代生活的需求,进行适度的调整和创新。如苏州博物馆新馆的设计,就巧妙地借鉴了传统园林和民居的空间布局,通过庭院、廊道等元素的运用,营造出一种既传统又现代的空间氛围。

二是现代空间布局的融合。现代建筑在空间布局上更加注重功能性和灵活性,强调空间的开放性和流动性。为了实现与传统元素的融合,设计师可以在保持现代空间布局特点的基础上,融入传统建筑的空间元素。例如,在现代建筑的公共空间中设置传统形式的茶室、书房等,既满足了现代人的休闲需求,又传承了传统文化。同时,还可以利用现代建筑的空间高度和跨度优势,创造出具有震撼力的传统元素展示空间,如大型的传统艺术展览厅、戏曲表演剧场等。

6.3.4.2 环境营造的融合

一是自然景观的融入。传统建筑往往与自然环境紧密相连,注重借景、对景等手法的运用，以营造出一种天人合一的居住环境。现代建筑在环境营造上也可以借鉴这种手法，将自然景观融入建筑之中。例如，在现代建筑的庭院设计中，可以运用传统园林中的假山、流水、亭台等元素，结合现代的材料和技术手段，创造出既具有传统韵味又不失现代感的景观空间。如贝聿铭设计的北京香山饭店，就在庭院中巧妙地融入了传统园林的元素，使建筑与自然环境和谐共生。

二是人文氛围的营造。传统建筑不仅注重自然景观的融入，还强调人文氛围的营造。通过雕刻、绘画、书法等艺术手段，将传统文化融入建筑的每一个角落。现代建筑在环境营造上也可以借鉴这种手法，通过艺术品的陈列、文化墙的设置等方式，营造出一种浓郁的人文氛围。例如，在现代建筑的公共空间中设置传统艺术品的展示区，或者将传统图案和元素融入建筑的装饰设计中，都可以使人们在现代建筑中感受到传统文化的魅力。

三是生态理念的融合。随着环保意识的不断提高，生态理念在现代建筑设计中越来越受到重视。传统建筑中的许多做法都蕴含着生态智慧，如天井、庭院等空间形式有利于自然通风和采光，减少了对人工照明和空调的依赖。现代建筑在环境营造上可以借鉴这些传统做法，结合现代的生态技术，创造出既节能又环保的建筑空间。例如，在现代建筑的屋顶设计中设置绿化层，不仅可以美化环境，还可以起到保温隔热的作用；在建筑的外墙设计中采用传统的窗棂形式，既保留了传统元素，又有利于自然通风和采光。

例如，成都宽窄巷子。成都宽窄巷子是成都市区内的一片传统街区，经过改造后成了集商业、文化、旅游于一体的综合性街区。在改造过程中，设计者充分保留了传统建筑的空间布局和环境特征，如青砖黛瓦、木门木窗、石板路等，同时融入了现代商业和旅游元素，如咖啡厅、书店、艺术品展示等。这种融合使得宽窄巷子既保留了传统街区的韵味，又满足了现代人的生活和娱乐需求，成了成都市区内的一处文化名片。

6.3.4.3 融合的挑战与策略

尽管现代建筑与传统元素在空间与环境上的融合展现了独特的魅力，为建筑设计领域带来了丰富的文化内涵和视觉享受，但同时也面临着一系列挑战。首要挑战在于如何平衡现代生活的便捷性、高效性与传统

文化的深厚底蕴及传承需求。现代建筑往往追求简约、实用和科技感，而传统文化则强调历史、地域和人文价值，二者在理念上存在一定差异。例如，在城市更新项目中，如何在保留传统建筑风貌的同时，引入现代生活设施，如智能家居、节能环保系统等，成为设计师需要深思的问题。其次，如何在建筑创新中保持与地域文化的紧密联系，避免千城一面，也是一大难题。建筑师需要在借鉴国际先进设计理念的同时，深入挖掘地域特色，如利用当地材料、融合民俗风情等，使建筑既具有时代感又不失地域性。最后，协调建筑与自然环境的关系同样至关重要。现代建筑应尊重自然、顺应自然，通过绿色建筑技术、生态景观规划等手段，实现与周围环境的和谐共生，如新加坡的滨海湾花园项目，就成功地将现代建筑与自然环境融为一体，展现了人类智慧与自然之美的完美结合。

6.3.5 文化传承与创新的融合

现代建筑与传统元素的融合，在深层次上，是一种文化传承与创新的深刻体现。这一融合过程，不仅展现了设计手法的创新，更在文化传承与创新之间架起了一座桥梁，使得古老的文化智慧能够在当代社会中得到新的生命和表达。通过巧妙地将传统元素融入现代建筑，不仅可以让人们更加直观地了解和认识传统文化的价值，还能激发社会各界对传统文化的保护和传承意识。同时，这种融合也为建筑设计领域带来了新的创新思路和发展方向，为现代建筑注入了新的活力和灵感。

6.3.5.1 文化传承的载体：传统元素在现代建筑中的应用

传统元素，作为文化传承的重要载体，承载着丰富的历史信息和文化内涵。在现代建筑中融入传统元素，不仅是对传统文化的尊重和延续，也是对其进行创新性转化的一种尝试。这种融合，既保留了传统文化的精髓，又使其在现代社会中焕发出新的光彩。

例如，中国国家大剧院。中国国家大剧院是传统文化与现代建筑融合的典范。大剧院的设计灵感来源于中国古代的戏曲舞台和传统建筑元素，如红墙、灰瓦、斗拱等。这些传统元素被巧妙地融入现代建筑设计之中，使得大剧院在整体上呈现出一种既传统又现代的美感。同时，大剧院内部的空间布局和装饰也充分体现了传统文化的韵味，为观众提供了一个既舒适又具有文化氛围的观演环境。这种融合,不仅使大剧院成了北京的一道亮丽风景线,也向世界展示了中国传统文化的魅力和现代建筑的创新能力。

例如,苏州博物馆新馆。苏州博物馆新馆是另一座将传统元素与现代建筑完美融合的建筑。新馆的设计灵感来源于苏州的传统园林和建筑元素,如白墙、黑瓦、飞檐、漏窗等。这些元素被巧妙地运用在新馆的建筑和景观设计中,使得新馆在整体上呈现出一种江南园林的韵味。同时,新馆内部的空间布局和展览设计也充分体现了传统文化的精髓,为观众提供了一个既具有教育意义又具有审美价值的参观环境。这种融合,不仅使苏州博物馆新馆成了苏州文化的一张名片,也为中国现代建筑的发展提供了新的思路和方向。

6.3.5.2 创新发展的动力:传统元素与现代建筑的相互激发

传统元素与现代建筑的融合,不仅仅是一种简单的叠加或模仿,更是一种相互激发、相互促进的过程。传统元素为现代建筑提供了丰富的设计灵感和文化内涵,而现代建筑则为传统元素提供了新的表达方式和展示平台。这种相互激发的过程,推动了建筑设计领域的创新和发展。例如,上海世博会中国馆是传统文化与现代建筑相互激发的杰出代表。中国馆的设计灵感来源于中国古代的建筑元素和传统文化,如斗拱、红墙、青瓦等。这些元素被巧妙地运用在中国馆的建筑和景观设计中,使得中国馆在整体上呈现出一种既传统又现代的美感。同时,中国馆内部的空间布局和展览设计也充分体现了传统文化的精髓和现代科技的魅力,为观众提供了一个既具有教育意义又具有审美价值的参观环境。这种融合,不仅展示了中国传统文化的魅力和现代建筑的创新能力,也为世界各国的建筑设计提供了新的思路和方向。

6.3.5.3 文化传承与创新的双重意义

现代建筑与传统元素的融合,在文化传承与创新方面具有双重意义。一方面,这种融合有助于传承和弘扬传统文化,使人们在现代社会中仍然能够感受到传统文化的魅力和价值。另一方面,这种融合也推动了建筑设计领域的创新和发展,为现代建筑注入了新的活力和灵感。

一是文化传承的意义。传统文化是一个民族的精神家园和文化根

基。通过将传统元素融入现代建筑,可以使人们更加直观地了解和认识传统文化的价值,从而激发对传统文化的保护和传承意识。这种传承不仅有助于保持文化的多样性和独特性,也有助于增强民族自豪感和文化自信心。同时,传统元素的融入还可以为现代建筑增添文化内涵和人文气息,使其更加具有吸引力和感染力。

二是创新发展的意义。建筑设计领域的创新和发展是推动社会进步和文明发展的重要动力。通过将传统元素与现代建筑相融合,可以打破传统与现代之间的界限,为建筑设计带来新的思路和方向。这种创新不仅有助于提升建筑的设计水平和审美价值,也有助于推动建筑技术的进步和建筑产业的发展。同时,传统元素的融入还可以为现代建筑增添地域特色和民族风情,使其更加具有辨识度和独特性。

6.4 园林景观的规划与设计

园林景观的规划与设计是一个复杂而细致的过程，它涉及多个方面，旨在创造出既美观又实用、同时满足人类需求与自然和谐共存的户外空间。

6.4.1 前期调研与分析

在园林设计与规划的过程中，前期调研与分析是至关重要的环节。这一阶段的工作不仅为后续的设计提供基础数据和理论支撑，还直接影响到园林的功能性、美观性和文化性。

6.4.1.1 场地分析

场地分析是园林前期调研的基础，它主要包括对园林场地的自然条件和外部因素的详细研究。

(1)自然条件分析

地形地貌是园林设计的重要基础。通过地形测量和地貌分析，可以了解场地的坡度、高程、水系等基本情况，为后续的地形改造和景观设计提供依据。同时，地貌特征还可以作为设计元素，融入景观之中，形成独特的景观效果。

土壤是植物生长的基础。通过对土壤的分析，可以了解土壤的成分、酸碱度、肥力等特性，为植物的选种和种植提供依据。此外，还可以根据土壤的特性，制定相应的土壤改良措施，为植物的生长创造良好的环境。

植被是园林的重要组成部分。通过对场地现有植被的调查，可以了解植被的种类、数量、分布等基本情况，为后续的植被保护和利用提供依据。同时，还可以根据植被的特性，制定相应的植被配置方案，形成丰富多彩的植物景观。

水文条件对园林设计具有重要的影响。通过对场地的水文条件进行分析，可以了解水源、水位、水质等基本情况，为后续的景观设计和水系布局提供依据。同时，还可以根据水文条件的特点，制定相应的水景设计方

案，形成独特的水景景观。

(2)外部因素分析

交通条件是园林设计的重要考虑因素之一。通过对场地的交通条件进行分析，可以了解周边的道路情况、交通流量等基本情况，为后续的交通组织和人流引导提供依据。同时，还可以根据交通条件的特点，制定相应的交通设计方案，确保游客的安全和便利。

气候条件对园林设计和植物的生长具有重要的影响。通过对场地的气候条件进行分析，可以了解温度、降水、风向等基本情况，为后续的植物选种和景观设计提供依据。同时，还可以根据气候条件的特点，制定相应的植物保护措施和景观维护方案，确保园林的可持续发展。

周边环境是园林设计的重要参考因素之一。通过对周边环境进行调研，可以了解周边的建筑、道路、绿地等基本情况，为后续的景观协调和融合提供依据。同时，还可以根据周边环境的特点，制定相应的景观设计方案，形成与周边环境相协调的园林景观。

6.4.1.2 功能需求分析

功能需求分析是园林前期调研的重要环节之一。它主要通过对园林的主要功能和使用人群的需求进行细化分析，为后续的规划和设计提供依据。

第一，主要功能分析。园林的主要功能包括休闲、娱乐、观赏、生态等。通过对这些功能的分析，可以明确园林的主题和定位，为后续的设计提供方向。同时，还可以根据主要功能的特点，制定相应的设计原则和策略，确保园林的功能性得到充分发挥。

第二，使用人群需求分析。园林的使用人群包括儿童、老人、健身者等不同群体。通过对这些群体的需求分析，可以了解他们的需求特点和偏好，为后续的景观设计和设施配置提供依据。例如，针对儿童群体可以设置游乐设施和亲子活动区，针对老人群体可以设置休息区和健身设施，针对健身者可以设置运动区和健身器材等。

6.4.1.3 历史文化考察

历史文化考察是园林前期调研的重要组成部分。它通过对场地的历史文化背景进行深入了解，为后续的园林设计提供文化支撑和灵感来源。

第一,历史沿革分析。通过对场地的历史沿革进行分析,可以了解场地的历史变迁和发展脉络,为后续的园林设计提供历史背景和文化底蕴。同时,还可以根据历史沿革的特点,制定相应的设计策略和手法,将历史文化元素融入园林设计中。

第二,文化特色分析。通过对场地的文化特色进行分析,可以了解当地的文化传统、习俗和特色元素。这些元素可以作为设计元素融入园林设计中,增加园林的文化内涵和地域特色。同时,还可以根据文化特色的特点制定相应的设计风格和主题,确保园林的文化性得到充分体现。

6.4.2 规划布局

在园林设计中,规划布局是至关重要的一环,它决定了园林的整体结构、空间感受以及游客的游览体验。一个成功的规划布局,需要综合考虑功能需求、场地条件、空间序列、交通流线以及景观轴线与焦点设计等多个方面。

6.4.2.1 空间划分

空间划分是园林规划布局的基础,它根据功能需求和场地条件,将园林划分为不同的空间类型。这些空间类型包括开放空间、半开放空间和私密空间等,以满足游客的多样化需求。

一是开放空间:开放空间是园林中最为宽敞、视野最为开阔的区域,通常用于举行大型活动、举办庆典或供游客进行休闲活动。在规划时,应充分考虑其开放性、通透性和景观效果,确保游客能够充分感受到园林的广阔与壮丽。

二是半开放空间:半开放空间是介于开放空间和私密空间之间的一种过渡性空间,它具有一定的私密性,同时又能保持与周围环境的联系。这种空间类型常用于设置休闲座椅、景观小品等,为游客提供一个相对私密而舒适的休息场所。

三是私密空间:私密空间是园林中最为私密、宁静的区域,通常用于设置小型庭院、花园等,供游客进行深度体验或独处思考。在规划时,应注重其私密性、宁静性和舒适性,确保游客能够在这里找到一片属于自己的宁静天地。

同时,在空间划分时,还应考虑空间的序列性和层次感。通过合理的空间布局和景观设置,形成丰富多样的空间体验,使游客在游览过程中能够感受到空间的变化和层次。

6.4.2.2 交通流线设计

交通流线设计是园林规划布局中的重要组成部分,它决定了游客在园林中的游览路线和方式。一个合理的交通流线设计,不仅能够确保游客便捷地到达各个景点和活动区域,还能够增强游客的游览体验。

在便捷性方面:交通流线设计应充分考虑游客的出行需求,确保游客能够快速地到达各个景点和活动区域。通过设置合理的道路网络、引导标识等,为游客提供清晰明确的游览路线。

在景观效果方面:交通流线设计还应注重景观效果,使游客在游览过程中能够欣赏到园林中的美景。通过设置景观步道、廊道等,将游客引导至最佳观赏点,增强游客的游览体验。

在安全性方面:在交通流线设计中,应充分考虑游客的安全问题。通过设置人行道、车行道等不同的道路类型,确保游客在游览过程中的安全。同时,还应设置警示标识、照明设施等,提高游客的安全意识。

6.4.2.3 景观轴线与焦点设计

景观轴线与焦点设计是园林规划布局中的点睛之笔,它们能够将园林中的各个景点和空间串联起来,形成整体的景观框架。同时,通过设置景观焦点,能够吸引游客的注意力,增强游客的游览体验。

一是景观轴线设计:景观轴线是园林中的一条重要线条,它能够将各个景点和空间串联起来,形成整体的景观框架。在规划时,应充分考虑园林的整体布局和景观效果,确定景观轴线的位置和走向。同时,还应注重景观轴线的层次感和变化性,使游客在游览过程中能够感受到景观的多样性和丰富性。

二是焦点设计:焦点是园林中的一个重要元素,它能够吸引游客的注意力,增强游客的游览体验。在规划时,应根据园林的主题和风格,选择合适的焦点元素进行设置。这些焦点元素可以是雕塑、喷泉、花坛等,它们应具有独特的造型和寓意,能够引起游客的共鸣和兴趣。同时,还应注重焦点元素的布局和位置选择,确保它们能够与周围的景观相协调,形成整体的美感。

6.4.3 景观设计

景观设计作为园林艺术的重要组成部分,不仅要求美观,还要兼具实用性和生态性。它涉及植物、水体、硬质景观等多个方面的综合设计,旨在通过科学的规划和布局,营造出既符合场地条件又满足功能需求的优美环境。

6.4.3.1 植物景观设计

植物景观设计是园林设计的核心,它利用植物的形态、色彩、季相变化等特性,营造出丰富多样的植物景观。在植物景观设计中,需要充分考虑场地条件、功能需求以及植物的生态习性。

在植物种类选择方面:根据场地的气候、土壤等条件,选择适合的植物种类。优先选择本地树种,以提高成活率,同时也有助于保护当地的生态平衡。此外,还可以考虑引进一些外来观赏植物,以丰富植物景观的多样性。

在植物配置方式方面:植物配置方式应根据场地的功能需求和景观效果来确定。例如,在休闲区,可以采用组团式种植,形成丰富的植物层次和色彩搭配;在景观节点处,可以设置孤植树或树丛,作为视觉焦点;在边界处,可以种植绿篱或绿墙,以界定空间。

在季相变化与色彩搭配方面:植物景观的季相变化和色彩搭配是营造景观效果的重要手段。通过选择不同季节开花的植物,可以形成四季有花的景观效果。同时,注重植物的色彩搭配,使景观在视觉上更加丰富多彩。

在生态功能考虑方面:在植物景观设计中,还应充分考虑植物的生态功能。例如,选择具有净化空气、保持水土等功能的植物,以改善环境质量;通过植物造景,模拟自然生态环境,为动物提供栖息和繁殖的场所。

6.4.3.2 水体景观设计

水体景观设计是园林设计中不可或缺的一部分,它利用场地内的水体资源,设计出具有观赏性和生态性的水体景观。在水体景观设计中,需要充分考虑水质的保持和水循环系统的建立。

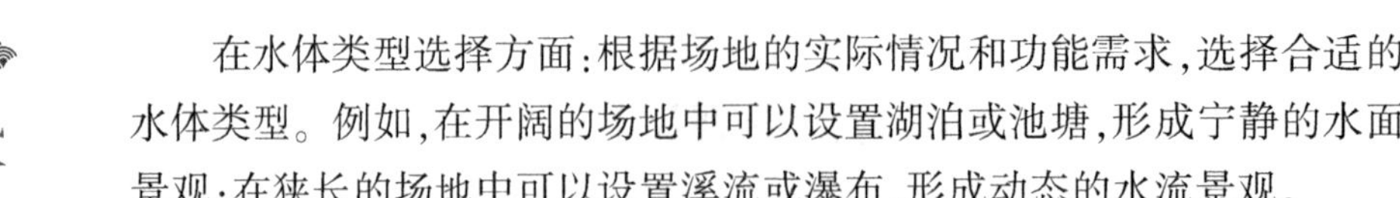

在水体类型选择方面：根据场地的实际情况和功能需求，选择合适的水体类型。例如，在开阔的场地中可以设置湖泊或池塘，形成宁静的水面景观；在狭长的场地中可以设置溪流或瀑布，形成动态的水流景观。

在水质保持与水循环系统方面：在水体景观设计中，水质保持和水循环系统的建立是关键。通过设置生态浮床、种植水生植物等措施，可以净化水质，保持水体的清澈透明。同时，建立水循环系统，实现水资源的循环利用，减少水资源的浪费。

在景观效果营造方面：水体景观设计应注重景观效果的营造。通过合理的布局和设计，使水体景观与周围的植物景观、硬质景观等相协调，形成统一和谐的景观效果。同时，注重水体的光影效果和动态变化，增强景观的观赏性和趣味性。

6.4.3.3 硬质景观设计

硬质景观设计包括道路、广场、建筑小品等硬质景观元素的设计。这些元素在园林中起到连接、引导和点缀的作用，是园林设计的重要组成部分。

在道路设计方面：道路是园林中的交通要道，它连接着各个景点和活动区域。在道路设计中，应注重道路的宽度、走向和铺装材料的选择，以确保游客能够便捷地到达各个景点和活动区域。同时，道路的景观效果也是需要考虑的因素之一，可以通过设置景观灯、绿化带等手段，增强道路的景观效果。

在广场设计方面：广场是园林中的开放空间，通常用于举行活动或供游客休息。在广场设计中，应注重广场的尺度、形状和铺装材料的选择，以营造出舒适、宽敞的空间感。同时，可以设置座椅、雕塑等景观小品，为游客提供休息和观赏的场所。

在建筑小品设计方面：建筑小品是园林中的点缀元素，它可以是亭台楼阁、雕塑景观等。在建筑小品设计中，应注重小品的造型、色彩和材质的选择，以使其与周围的植物景观、水体景观等相协调。同时，建筑小品还应具有一定的文化内涵和艺术价值，以提升园林的文化品位和艺术魅力。

6.4.4 生态设计与可持续发展

在园林景观设计的实践中,生态与可持续发展是不可或缺的核心原则。这不仅关乎园林自身的美观与实用性,更涉及人与自然和谐共生、生态平衡与环境保护的重大议题。

6.4.4.1 生态设计

生态设计,顾名思义,是指在园林规划与设计中,充分考虑生态系统的完整性和稳定性,通过科学的设计手法和措施,实现生态环境的保护与恢复。在园林景观设计中,生态设计主要体现在以下几个方面:

一是植被恢复与保护。植被是园林生态系统的重要组成部分,对于维持生态平衡、改善环境质量具有重要意义。在园林设计中,应注重植被的恢复与保护,选择适应当地生态环境的植物品种,通过合理的种植布局和养护管理,提高植被的覆盖率和生态功能。同时,还应注重植被的多样性,避免单一化种植,以增加生态系统的稳定性。

二是湿地保护与利用。湿地是地球上最重要的生态系统之一,具有极高的生态价值和环境效益。在园林设计中,应充分利用和保护湿地资源,通过湿地恢复、湿地景观建设等措施,提高湿地的生态功能和景观价值。同时,还应注重湿地的可持续利用,避免过度开发和污染,确保湿地的生态安全。

三是雨水利用与节水设计。水是园林生态系统中的重要组成部分,对于维持植物生长、景观营造等方面具有重要作用。在园林设计中,应注重雨水的利用与节水设计,通过雨水收集、雨水净化、雨水灌溉等措施,实现雨水的循环利用和节约使用。同时,还应注重节水灌溉技术的应用,减少水资源的浪费和损失。

四是生态材料与技术的运用。在园林建设中,应优先选用生态材料和技术,如可降解材料、绿色建材、太阳能技术等,以减少对环境的影响和破坏。同时,还应注重生态技术的创新与应用,如生态修复技术、生物技术等,以提高园林的生态价值和环境效益。

6.4.4.2 可持续发展

可持续发展是指在满足当前人类需求的同时,不损害后代人满足其需求的能力。在园林规划与设计中,可持续发展主要体现在以下几个方面:

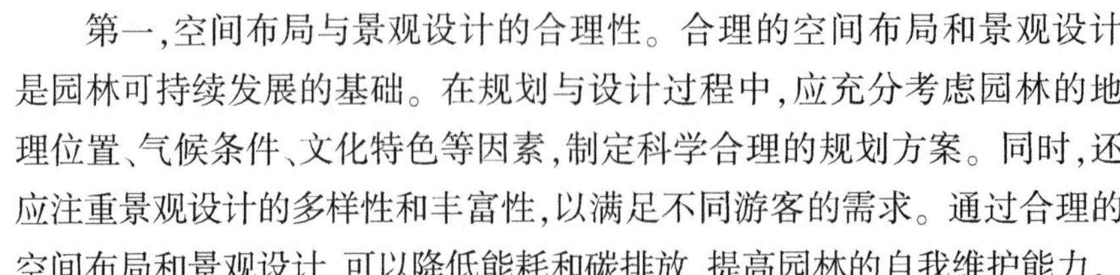

第一，空间布局与景观设计的合理性。合理的空间布局和景观设计是园林可持续发展的基础。在规划与设计过程中，应充分考虑园林的地理位置、气候条件、文化特色等因素，制定科学合理的规划方案。同时，还应注重景观设计的多样性和丰富性，以满足不同游客的需求。通过合理的空间布局和景观设计，可以降低能耗和碳排放，提高园林的自我维护能力。

第二，能源利用与节能设计。在园林建设中，应注重能源的利用与节能设计。通过采用可再生能源、优化能源结构、提高能源利用效率等措施，降低园林的能耗和碳排放。同时，还应注重节能技术的应用和推广，如 LED 照明技术、节能灌溉技术等，以实现园林的绿色发展。

第三，游客参与和教育。游客是园林的重要组成部分，他们的行为和意识对于园林的可持续发展具有重要意义。在园林规划与设计中，应注重游客的参与和教育。通过设置环保标识、开展环保活动、推广环保理念等措施，提高游客的环保意识。同时，还应注重游客的参与性设计，如设置互动体验区、开展志愿者活动等，让游客在游览过程中感受到园林的环保理念和实践。

第四，管理与维护的可持续性。园林的管理与维护是确保其可持续发展的关键。在规划与设计过程中，应注重园林的管理与维护的可持续性。通过制定合理的管理制度、加强养护管理、推广智能化管理技术等措施，提高园林的管理水平和维护质量。同时，还应注重园林的生态系统监测和评估，及时发现和解决生态问题，确保园林的生态系统健康稳定。

6.4.5 实施与管理

园林项目的实施与管理是确保园林从设计蓝图变为现实美景，并持续保持其美观与功能性的重要环节。这个过程不仅涵盖了施工与材料选择，还涉及园林的后期管理与维护。

6.4.5.1 施工与材料选择

在施工过程中，遵循科学严谨的施工管理和严格的质量控制是保证园林工程质量的基础。首先，施工单位必须按照设计方案进行精确施工，确保每个细节都符合设计要求。同时，制订详细的施工计划，合理安排施工进度，确保工程按时完成。

在材料选择方面，应充分考虑材料的性能、价格、环保性等因素。优先选择符合国家标准和行业规范的优质材料，确保材料的质量和可靠性。同时，注重材料的环保性，选择低污染、可回收的材料，降低施工对环境的影响。

在施工过程中，采用先进的施工工艺和技术，提高施工效率和质量。例如，采用机械化施工设备，减少人工操作，降低施工成本。同时，注重施工过程中的环境保护，采取防尘、降噪等措施，减少施工对周围环境和居民的影响。

此外，还应加强施工安全管理，制定完善的安全管理制度和应急预案。确保施工人员严格遵守安全操作规程，提高安全意识，避免发生安全事故。

6.4.5.2 后期管理与维护

园林的后期管理与维护是保持园林美观和功能性的关键。首先，应建立完善的植物养护制度，对植物进行定期修剪、浇水、施肥等工作，确保植物健康生长。同时，根据季节和气候的变化，调整养护措施，提高植物的成活率和观赏价值。

水体的清洁也是园林后期管理的重要内容。应定期对水体进行清理和消毒，防止水体污染和藻类滋生。同时，加强水体的监测和管理，确保水体的清澈度和透明度。

设施的维修也是园林后期管理的重要任务。应定期对园林中的设施进行检查和维修，确保设施的正常运行和使用安全。对于损坏或老化的设施，应及时进行更换或修复，避免影响游客的游览体验。

在管理制度方面，应建立完善的园林管理制度和应急预案。明确各岗位的职责和任务，确保园林的日常管理和维护工作有序进行。同时，制定应急预案，应对突发事件和自然灾害等不可预见的情况，确保园林的安全和正常运行。此外，还应加强游客管理，制定游客行为规范，提高游客的文明素质。通过加强宣传教育、设置警示标识等措施，引导游客文明游览，保护园林环境和设施。

在科技应用方面，可以引入先进的信息化技术，如智能灌溉系统、远程监控系统等，提高园林管理的智能化水平。通过实时监测和数据分析，及时发现和解决问题，提高管理效率和质量。同时，注重园林的可持续发展。在管理和维护过程中，注重资源的节约和循环利用，减少对环境的影响。例如，采用节水灌溉技术、利用可再生能源等，降低园林的能耗和排放。

第7章

表演艺术与民俗文化展示

表演艺术与民俗文化展示是文化传承和展示的重要形式。它们通过音乐、舞蹈、戏剧等多样化的艺术形式,将各地的民俗文化生动地展现出来,让观众在欣赏艺术的同时,深入了解不同民族和地区的文化特色和历史传统。这种展示不仅丰富了人们的文化生活,也促进了文化的交流和传播,对于保护和传承非物质文化遗产具有重要意义。

7.1 民间表演艺术的种类与特点

民间表演艺术种类繁多，各具特色，是中国传统文化的重要组成部分，也是中华民族的文化瑰宝。

7.1.1 民间表演艺术的种类

7.1.1.1 传统戏曲

中国传统戏曲，作为中华民族文化瑰宝的一部分，融合了音乐、舞蹈、美术、文学等多种艺术形式，以其独特的艺术魅力和深厚的文化底蕴，在世界戏剧史上独树一帜。它包括京剧、昆曲、越剧、豫剧、黄梅戏、川剧等多种剧种，每一种都承载着丰富的地域文化和历史传统，是中国独有的戏剧表演艺术。戏曲表演以唱、念、做、打为主要艺术手段，具有综合性、虚拟性、程式性的特点，且每种剧种都有其独特的表演风格和流派。

第一，综合性。传统戏曲的综合性是其最显著的特点之一。它不仅仅是一种舞台表演艺术，更是中华民族传统文化的集大成者。在戏曲表演中，唱、念、做、打四大艺术手段相互融合，形成了独特的表演体系。其中，“唱”指歌唱，是戏曲表演的主要形式之一；“念”指念白，即说话，是戏曲中人物交流的重要方式；“做”指表演身段和面部表情，通过细腻的动作和表情来刻画人物性格和内心世界；“打”则指武打动作，是戏曲中表现冲突和斗争的重要手段。这些艺术手段在戏曲表演中相互交织、相互补充，共同构成了戏曲艺术的独特魅力。

第二，虚拟性。传统戏曲的虚拟性是其另一个显著特点。在戏曲舞台上，演员通过虚拟的表演手法，将生活中的实物和场景进行艺术化的处理，从而创造出一种独特的审美空间。例如，演员通过手中的马鞭、船桨等道具，配合相应的表演动作，就能表现出骑马、划船等场景。这种虚拟性的表演手法，不仅丰富了戏曲的表现力，也增强了观众的审美体验。

第三，程式性。程式性是传统戏曲的又一重要特点。在戏曲表演中，演员的表演动作、唱腔、念白等都有一定的规范和标准，这些规范和标准

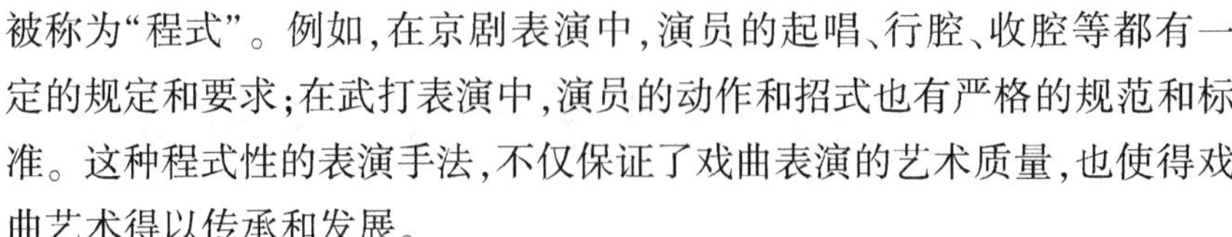

被称为“程式”。例如，在京剧表演中，演员的起唱、行腔、收腔等都有一定的规定和要求；在武打表演中，演员的动作和招式也有严格的规范和标准。这种程式性的表演手法，不仅保证了戏曲表演的艺术质量，也使得戏曲艺术得以传承和发展。

第四，独特性与流派性。传统戏曲的每一种剧种都有其独特的表演风格和流派。这些独特性和流派性不仅体现在唱腔、念白、表演等方面，还体现在剧本选择、角色塑造、音乐伴奏等方面。例如，京剧以其高亢激昂的唱腔和精湛的表演技巧著称，昆曲则以其婉转悠扬的唱腔和细腻的表演风格见长，越剧则以其清新脱俗的唱腔和生动的表演形式赢得了观众的喜爱。这些独特性和流派性使得传统戏曲艺术更加丰富多彩，也为其传承和发展提供了更多的可能性。

7.1.1.2 木偶戏与皮影戏

在中国悠久的戏剧文化长河中，木偶戏与皮影戏以其独特的艺术魅力，占据了不可或缺的地位。这两种戏剧形式不仅体现了中国传统的制作工艺和表演技巧，更承载了深厚的文化内涵和乡土情感。

(1)定义

木偶戏，作为中国传统戏剧的重要组成部分，是由演员通过操纵木偶进行表演的戏剧形式。这种表演形式早在古代就已出现，经过数千年的传承与发展，形成了各具特色的地方流派。在木偶戏中，演员需要掌握精细的操纵技巧，使木偶在舞台上呈现出生动自然的动作和表情。同时，木偶的制作也要求精湛的工艺，无论是木材的选择、雕刻的技巧还是服装的搭配，都需要经过严格的设计和制作。

皮影戏，则是用灯光照射兽皮或纸板做成的人物剪影来表演故事的戏剧。这种表演形式起源于西汉，兴于唐朝，盛于清代，至今已有两千多年的历史。在皮影戏中，演员通过操纵影人来表演各种动作和情节，同时配以音乐和唱腔，使观众在光影交错中感受到故事的魅力。皮影的制作同样需要高超的技艺，从选材、雕刻到上色、组装，每一个环节都需要精心制作。

(2)特点

在制作工艺方面：木偶戏和皮影戏在制作工艺上都具有独特之处。木偶戏的木偶制作要求精细入微，不仅要考虑木偶的形象设计，还要考虑其结构、重量和平衡性。同时，木偶的服装和道具也需要与角色形象相协调，以增强表演的艺术效果。皮影戏则注重影人的制作，影人的材料多为兽皮或纸板，经过雕刻、上色等工艺处理后，形成具有鲜明特色的形象。影人的制作同样需要精细的技艺和丰富的想象力。

在表演技巧方面：木偶戏和皮影戏在表演技巧上各有千秋。木偶戏的表演需要演员掌握精细的操纵技巧，通过操纵木偶的关节和绳索，使木偶在舞台上呈现出各种生动的动作和表情。同时，演员还需要根据剧情需要，运用不同的唱腔和表演风格来塑造角色形象。皮影戏则注重光影的运用和影人的操纵技巧。演员通过操纵影人进行表演，同时配以音乐和唱腔，使观众在光影交错中感受到故事的魅力。在皮影戏中，光影的运用和影人的操纵技巧同样需要高超的技艺和丰富的想象力。

在文化内涵方面：木偶戏和皮影戏都蕴含着深厚的文化内涵。这两种戏剧形式不仅体现了中国传统的制作工艺和表演技巧，更承载了丰富的历史信息和文化记忆。在木偶戏和皮影戏中，我们可以看到古代社会的风俗习惯、审美情趣等方面的体现。同时，这两种戏剧形式也反映了中国人民对美好生活的追求和向往。

在乡土气息与地方特色方面：木偶戏和皮影戏都具有浓厚的乡土气息和地方特色。这两种戏剧形式在不同的地区形成了各具特色的流派和风格，反映了不同地区的历史文化和风土人情。例如，在福建泉州地区的提线木偶戏，以其精美的制作和生动的表演赢得了观众的喜爱；而陕西的华县皮影戏则以其独特的唱腔和表演风格吸引了众多观众。这些具有地方特色的戏剧形式不仅丰富了中国的戏剧文化，也增强了人们对自己家乡文化的认同感和自豪感。

7.1.1.3 杂技表演

杂技，作为中国传统文化的瑰宝，是中国古老的艺术形式之一。它集合了众多体能和技巧的表演，通过演员们的精湛技艺和辛勤付出，呈现出一种既惊险刺激又优美动人的艺术形态。杂技表演不仅在中国有着悠久的历史和深厚的文化底蕴，而且在全球范围内也备受瞩目，成为中外文化交流的重要载体。

(1)定义

杂技，顾名思义，是“杂”与“技”的结合。这里的“杂”指的是表演形式的多样性，包括平衡、翻腾、柔术、抛接、高空走钢丝、蹬技、手技、顶技、车技、马戏等多种技能。而“技”则是指这些表演所需的高超技巧和精湛技艺。杂技演员通过长期的专业训练和不懈的努力，掌握了一系列高难度的动作和技巧，将体能和艺术完美地融合在一起，为观众带来了一场场视觉盛宴。

(2)特点

第一，惊险刺激。杂技表演以其惊险刺激的特点吸引了众多观众的目光。在表演中，演员们需要完成一系列高难度的动作和技巧，如高空走钢丝、翻腾跳跃、抛接等。这些动作不仅需要演员们具备出色的身体素质和技巧水平，还需要他们具备极高的心理素质和应变能力。因此，每一次的表演都是对演员们技艺和胆量的考验，也让观众在欣赏的过程中感受到了强烈的视觉冲击和心灵震撼。

第二，高超技巧。杂技表演的另一大特点就是技巧的高超性。演员们通过长期的专业训练和不懈的努力，掌握了一系列高难度的动作和技巧。这些技巧不仅要求演员们具备出色的身体素质和柔韧性，还需要他们具备极高的平衡能力和协调能力。在表演中，演员们需要将这些技巧完美地融合在一起，呈现出一种既优美又惊险的艺术形态。这些高超的技巧不仅让观众们叹为观止，也让他们对杂技艺术产生了更深的敬意和喜爱。

第三，优美的艺术形态。杂技表演不仅注重技巧和难度，还注重艺术形态的表现。在表演中，演员们通过精心的编排和精湛的技艺，将各种动作和技巧巧妙地融合在一起，形成了一种独特的艺术风格。这种艺术风格既具有中国传统文化的韵味，又融入了现代艺术的元素，呈现出一种既古典又时尚的美感。同时，杂技表演还注重与音乐、舞蹈等其他艺术形式的结合，使表演更加丰富多彩、生动有趣。

第四，深厚的文化内涵。杂技表演作为中国传统文化的瑰宝，蕴含着深厚的文化内涵。它不仅展示了中国人民高超的技艺和坚韧不拔的精神风貌，还体现了中国人民对美好生活的追求和向往。同时，杂技表演也反映了中国人民的智慧和创造力，展示了中华民族独特的文化魅力和艺术风采。因此，杂技表演不仅是艺术的展现，更是文化的传承和弘扬。

第五，中外文化交流的重要载体。杂技表演作为中国传统文化的重要组成部分，也是中外文化交流的重要载体。通过杂技表演这一独特的艺术形式，我们可以将中国的传统文化和艺术魅力展示给世界各地的观众,增进不同文化之间的了解和友谊。同时,我们也可以从其他国家的杂技表演中学习和借鉴先进的经验和技术,从而推动中国杂技艺术的不断发展和创新。

7.1.1.4 曲艺艺术

曲艺,作为中华民族传统艺术宝库中一颗璀璨的明珠,是中华民族各种说唱艺术的统称。曲艺艺术以其独特的魅力和深厚的文化底蕴,在中国乃至世界范围内都享有极高的声誉。

(1)定义

曲艺,顾名思义,是“曲”与“艺”的结合体。“曲”指曲调、音乐,“艺”则指技艺、表演。曲艺艺术通过演员的说唱表演,将故事情节、人物形象以及作者的思想感情以音乐、节奏、韵律的形式展现出来,形成一种独特的艺术形式。曲艺艺术在中国有着悠久的历史和广泛的群众基础,是中国传统文化的重要组成部分。

(2)特点

第一,语言生动活泼,洗练精美。曲艺艺术的语言是其灵魂所在。曲艺艺术的语言具有高度的概括性和表现力,能够准确地表达作者的意图和情感。同时,曲艺艺术的语言还具有强烈的音乐性和节奏感,使观众在欣赏的过程中感受到音乐的韵律美。

第二,形式多样,丰富多彩。曲艺艺术的形式多种多样,包括相声、评书、大鼓书、琴书、快板等。每种形式都有其独特的表演风格和特点,能够满足不同观众的审美需求。相声以其幽默诙谐、机智风趣的表演风格深受观众喜爱;评书则以其情节曲折、人物生动、语言精练的特点吸引着大量听众;大鼓书以其激昂慷慨、气势磅礴的表演风格感染着观众;琴书则以其优雅动听、情感真挚的琴声打动着人们的心灵;快板则以其节奏明快、朗朗上口的表演形式赢得了观众的喜爱。

第三,表演技艺精湛,独具匠心。曲艺艺术的表演技艺是其重要特点之一。演员需要具备高超的演唱技巧和表演能力,才能将故事情节、人物形象以及作者的思想感情完美地呈现出来。在曲艺艺术的表演中,演员需要掌握各种说唱技巧、节奏把握、情感表达等方面的技能,同时还要具备丰富的舞台经验和应变能力。演员的表演技艺不仅体现了自身的艺术修养和才华,也展示了曲艺艺术的独特魅力和文化内涵。

第四，传承发展，不断创新。曲艺艺术作为中华民族传统文化的重要组成部分，需要不断地传承和发展。在传承的过程中，我们需要保持曲艺艺术的原汁原味和独特魅力，同时也要不断地吸收新的元素和创意，推动曲艺艺术的创新和发展。在创新的过程中，我们需要注重保护曲艺艺术的传统精髓和文化内涵，同时也要注重满足现代观众的审美需求和文化需求。只有这样，才能让曲艺艺术在传承中焕发出新的生机和活力。

7.1.2 民间表演艺术的特点

民间表演艺术，作为中国传统文化的重要组成部分，具有其独特而鲜明的特点。这些特点不仅体现在其形式和内容上，更体现在其深厚的文化内涵和广泛的社会影响上。

7.1.2.1 形式通俗，易于接受

民间表演艺术的最大特点之一就是其形式通俗，易于被大众接受和喜爱。这种通俗性不仅体现在表演艺术的语言和动作上，更体现在其主题的选择和表达方式上。民间表演艺术通常采用人民群众所熟悉的语言和动作，以直观、生动的形式展现生活中的各种场景和情感。这种贴近生活的表演方式，使得观众能够迅速理解并产生共鸣，从而增强了表演艺术的感染力和传播力。

民间表演艺术还善于运用各种象征和隐喻手法，将复杂的思想和情感以简单易懂的方式表达出来。这种表达方式不仅丰富了表演艺术的表现手法，也使得观众在欣赏表演的同时，能够深刻领会其中的文化内涵和哲理。

7.1.2.2 群众的广泛参与性

民间表演艺术的另一个显著特点是其群众的广泛参与性。这种参与性不仅体现在表演艺术的创作过程中，更体现在其传播和欣赏过程中。在创作过程中，民间表演艺术的创造主体多为广大人民群众，许多艺术形式都是人民群众在长期的生产生活中自发创造出来的。这些艺术形式往往源于生活、高于生活，既反映了人民群众的生活状态和情感需求，又展现了他们的智慧和创造力。

在传播和欣赏的过程中，民间表演艺术也具有广泛的群众基础。无

论是城市的街头巷尾还是乡村的田间地头,都可以看到各种形式的民间表演艺术。这些表演艺术不仅丰富了人民群众的精神文化生活,也促进了不同地区和民族之间的文化交流与融合。

7.1.2.3 与日常生活紧密相关

民间表演艺术的本质是对生活的感悟和美的创造活动,因此它与人民群众的日常生活密切相关。许多民间表演艺术都是根据人民群众的日常生活经验和情感需求而创作出来的,它们反映了人民群众的喜怒哀乐、悲欢离合等情感状态。同时,这些表演艺术也通过生动的形象和情节,向观众传递了积极向上的价值观和人生哲理。

民间表演艺术还与人民群众的各种习俗和节庆活动密切相关。在春节期间,舞龙舞狮、划旱船等民间表演艺术成了庆祝节日的重要方式;在婚礼、葬礼等人生重要时刻,也会有各种相应的表演艺术来表达人们的情感和祝福。这些表演艺术不仅丰富了人们的节日生活,也增强了人们之间的情感联系和认同感。

7.1.2.4 地域性和民族性

由于中国地域辽阔、民族众多,民间表演艺术具有鲜明的地域性和民族性。不同地区和民族的表演艺术在形式、内容、风格等方面都各具特色,体现了各自独特的文化内涵和审美追求。例如,东北的二人转以其幽默诙谐、贴近生活而广受欢迎,安徽的黄梅戏则以其清新脱俗、婉约柔美而著称,而西藏的藏戏则以其独特的唱腔和表演风格吸引了众多观众。

这种地域性和民族性不仅使得民间表演艺术更加丰富多彩,也促进了不同地区和民族之间的文化交流与融合。通过欣赏不同地区的民间表演艺术,人们可以更加深入地了解不同地区的文化特色和民族风情,从而增进相互之间的了解和尊重。

7.2 民俗舞蹈与音乐表演

民俗舞蹈与音乐表演作为两种重要的艺术形式，各自具有独特的艺术特点和表演形式。它们在艺术表现上相互依存、相互促进，共同传承和弘扬了人类的文化遗产。

7.2.1 定义与起源

民俗舞蹈和音乐表演都起源于古代社会并经过长期的发展形成了各自独特的艺术风格和表现力。它们不仅丰富了人们的文化生活，也传承了人类的文化遗产。在今天这个多元化的时代，我们更应该珍视和传承这些宝贵的艺术形式，让它们继续发扬光大。

7.2.1.1 民俗舞蹈的定义与起源

(1)定义

民俗舞蹈，作为一种独特的舞蹈艺术形式，其根源深植于民间生活之中。它不仅仅是一种身体语言的表达，更是民间习俗、信仰、文化和历史传承的载体。民俗舞蹈的动作、节奏、服装和道具都蕴含着丰富的文化内涵，通过舞者的身体运动和舞台呈现，传递出深厚的地域特色和民族情感。具体而言，民俗舞蹈涵盖了多种舞蹈形式，如汉族的龙舞、狮舞，藏族的锅庄舞，维吾尔族的赛乃姆，蒙古族的安代舞等。每一种舞蹈都承载着不同的文化背景和地域特色，形成了多姿多彩的民俗舞蹈景观。

(2)起源

民俗舞蹈的起源可以追溯到古代社会。在漫长的历史长河中，人们为了庆祝丰收、祈求平安、祭祀祖先或表达爱情等，创造了各种舞蹈形式。这些舞蹈最初可能是简单的肢体动作，随着社会的发展和文化的繁荣，逐渐演变成了具有复杂结构和丰富内涵的舞蹈艺术。

在起源的过程中，民俗舞蹈受到了多种因素的影响。首先，地理环境对民俗舞蹈的形成具有重要影响。不同的地域环境孕育了不同的文化和习俗，也形成了各具特色的舞蹈形式。其次，民族历史和文化传统也是民俗舞蹈形成的重要因素。每个民族都有其独特的历史记忆和文化传承，这些记忆和传承通过舞蹈这一艺术形式得以保存和传承。最后,社会生活和信仰也对民俗舞蹈的形成产生了深远影响。人们在日常生活中形成的各种习俗和信仰,都通过舞蹈这一形式得以展现和传承。

7.2.1.2 音乐表演的定义与起源

(1)定义

音乐表演,作为一种将音乐作品呈现给听众的艺术形式,其本质在于通过演唱、演奏等方式,将作曲家的创作意图和情感传递给听众。音乐表演不仅仅是音乐的再现,更是一种艺术的创造。在表演过程中,演奏者或演唱者需要根据自己的理解和感受,对音乐作品进行诠释和演绎,使音乐作品焕发出新的生命力和感染力。

音乐表演的形式多种多样,包括交响乐、室内乐、声乐、器乐等。每一种形式都有其独特的艺术魅力和表现力,能够带给听众不同的审美体验。同时,音乐表演也与其他艺术形式相结合,形成了如歌剧、音乐剧、舞剧等综合性艺术形式,进一步丰富了音乐表演的艺术内涵。

(2)起源

音乐表演的起源同样可以追溯到古代社会。在人类文明的早期阶段,人们就开始通过歌唱和舞蹈来表达情感和交流思想。这些原始的歌唱和舞蹈形式逐渐发展成了具有丰富内涵和表现力的音乐艺术。

在起源的过程中,音乐表演受到了多种因素的影响。首先,人类的声音和节奏感是音乐表演产生的基础。人们通过模仿自然声音和创造节奏来表达自己的情感和意愿,形成了最初的音乐表演形式。其次,社会文化环境对音乐表演的发展产生了重要影响。不同的社会文化背景孕育了不同的音乐风格和流派,也形成了各具特色的音乐表演形式。最后,科技进步也为音乐表演的发展提供了有力支持。从古代的乐器制作到现代的音乐技术和设备的应用,都极大地丰富了音乐表演的表现力和感染力。

7.2.2 艺术特点

7.2.2.1 民俗舞蹈的艺术特点

民俗舞蹈,作为一种源自民间、扎根于传统文化的艺术形式,承载着丰富的地域特色、民族风情和生活气息。在民俗舞蹈中,地域性、民族性、

生活性和集体性这四个特性相互交织，共同构成了其独特的艺术魅力。

(1)地域性：多彩多姿的舞蹈景观

民俗舞蹈的地域性是其最显著的特征之一。由于中国地域辽阔，各地自然环境、气候条件、历史文化背景等差异巨大，这也使得各地的民俗舞蹈在动作、节奏、服饰等方面呈现出丰富多彩的面貌。例如，在江南水乡，舞蹈动作多以柔美、细腻为主，节奏轻快活泼，服饰也多以淡雅、清新为主色调，展现出江南水乡的温婉与灵动。而在黄土高原，舞蹈则更显得粗犷、豪放，动作幅度大、节奏强烈，服饰也多以鲜艳、浓烈的色彩为主，体现了黄土高原人民的豪放与坚韧。

此外，各地的民俗舞蹈还常常与当地的自然景观、历史文化紧密相连。例如，云南的傣族孔雀舞就是以孔雀为原型创作的舞蹈，通过模仿孔雀的优雅姿态，展现了傣族人民对自然美的追求与崇尚；而东北的秧歌则常常以喜庆、热烈的场面出现，反映了东北人民对生活的热爱与乐观态度。

(2)民族性：历史与传统的积淀

民俗舞蹈是民族文化的重要组成部分，它承载着民族的历史、信仰、习俗等方面的信息。在民俗舞蹈中，我们可以看到各民族独特的文化符号和审美追求。例如，藏族的锅庄舞就是一种具有浓郁藏族特色的舞蹈形式。它起源于古代藏族人民的祭祀活动，经过长期的发展演变，逐渐形成了具有独特风格的舞蹈艺术。在锅庄舞中，舞者们身着藏族传统服饰，手持道具，伴随着节奏鲜明的音乐进行表演，展现了藏族人民的豪放与热情。同时，锅庄舞也融入了藏族文化的精髓，如生活习俗等，使得这一舞蹈形式更具民族特色和文化内涵。

同样地，其他民族的民俗舞蹈也都各具特色。如蒙古族的安代舞、维吾尔族的赛乃姆、壮族的铜鼓舞等，都体现了各民族独特的文化特色和审美追求。这些舞蹈不仅是各民族文化的瑰宝，也是中华民族多元文化的重要组成部分。

(3)生活性：源于民间、回归生活

民俗舞蹈源于民间生活，与人们的日常生活密切相关。它不仅是人们表达情感、交流思想的方式之一，也是人们庆祝丰收、祈求平安、祭祀祖先等活动的重要组成部分。

在民间生活中，各种节日庆典、婚丧嫁娶、农事活动等场合都少不了民俗舞蹈的身影。这些舞蹈往往以欢快的节奏、优美的舞姿和丰富的内涵吸引着人们的目光。通过参与民俗舞蹈的表演和观赏,人们可以感受到生活的美好和幸福,也可以加深对传统文化的理解和认同。

同时,民俗舞蹈也是人们传承和弘扬传统文化的重要途径之一。通过学习和传承民俗舞蹈,人们可以了解到更多的历史知识和文化信息,也可以将这些传统文化元素融入自己的生活中去,让传统文化得到更好的传承和发展。

(4)集体性:团结协作的精神象征

民俗舞蹈通常是由多人集体表演的艺术形式,它注重群体之间的协调与配合。在民俗舞蹈的表演中,舞者们需要相互协作、默契配合,才能呈现出完美的舞蹈效果。

这种集体性的表演方式不仅要求舞者们具备高超的舞蹈技巧和良好的身体素质,更需要他们具备团结协作的精神和意识。在排练和表演过程中,舞者们需要相互学习、相互帮助、相互支持,才能共同克服困难、完成任务。这种团结协作的精神不仅体现在舞蹈表演中,也体现在人们的日常生活中。通过参与民俗舞蹈的表演和观赏,人们可以更加深刻地认识到团结协作的重要性,也可以将这种精神融入自己的工作和生活中去。

7.2.2.2 音乐表演的艺术特点

音乐表演,作为一种独特的艺术形式,不仅承载着作曲家的创作意图,更通过演唱、演奏等方式,将音乐作品呈现给听众,传递出丰富的情感、展现高超的技巧、体现独特的创造性,并与听众形成深度的互动。

(1)情感性

音乐表演具有强烈的情感表达功能,能够传达出作品的喜怒哀乐等情感。音乐本身就是一种情感的载体,而音乐表演则是这种情感的传递者。通过演唱、演奏等表演形式,表演者能够深入挖掘音乐作品的情感内涵,将其中的情感元素准确地传递给听众。

在音乐表演中,情感表达的方式多种多样。表演者可以通过声音的强弱、快慢、高低等变化,来表现不同的情感状态。例如,在演唱悲伤的歌曲时,表演者可能会使用低沉、缓慢的声音,营造出一种悲伤的氛围;而在演唱欢快的歌曲时,则可能会使用明亮、快速的声音,传递出欢快的情感。此外,表演者的面部表情、肢体语言等也能够为情感表达增添更多的层次和深度。

情感性是音乐表演的核心要素之一。它不仅能够让听众感受到音乐

作品的情感内涵,更能够引发听众的共鸣,使听众与音乐作品之间建立起深厚的情感联系。因此,在表演过程中,表演者需要深入挖掘音乐作品的情感内涵,并运用各种表演技巧来准确地传达出这些情感。

(2)技巧性

音乐表演需要表演者具备高超的演唱、演奏技巧,以准确地诠释作品。技巧性是音乐表演的基础,也是表演者展示自己艺术才华的重要途径。

在音乐表演中,技巧性的体现是全方位的。首先,表演者需要掌握正确的发声方法和呼吸技巧,以确保声音的准确性和稳定性。其次,表演者需要熟悉各种乐器的演奏技巧,能够准确地演奏出音乐作品中的每一个音符和节奏。此外,表演者还需要具备良好的音乐感知能力和音乐表现力,能够准确地把握音乐作品的风格和情感内涵,并将其通过表演形式准确地呈现出来。

技巧性的提高需要表演者不断地学习和实践。通过不断地练习和积累,表演者可以逐渐提高自己的演唱、演奏技巧,并在表演中更加自如地运用这些技巧来诠释音乐作品。同时,表演者还需要不断地学习和借鉴其他优秀表演者的经验和技巧,以不断提升自己的艺术水平。

(3)创造性

音乐表演具有一定的创造性,表演者可以根据自己的理解和风格对作品进行二次创作。创造性是音乐表演的魅力所在,也是表演者展示自己独特艺术风格的重要途径。

在音乐表演中,创造性体现在多个方面。首先,表演者可以根据自己的理解和感受,对音乐作品进行个性化的诠释和演绎。这种个性化的诠释和演绎不仅可以使音乐作品焕发出新的生命力和感染力,更能够展现出表演者的独特艺术风格和个性魅力。其次,表演者还可以根据需要对音乐作品进行改编或重新编排,以适应不同的表演场合和听众需求。这种改编或重新编排不仅可以使音乐作品更加符合表演者的艺术风格和表演需求,更能够展现出表演者的创造力和艺术才华。

创造性的发挥需要表演者具备丰富的艺术素养和创造力。通过不断地学习和实践,表演者可以逐渐提高自己的艺术素养和创造力,并在表演中更加自如地发挥自己的创造性。同时,表演者还需要保持对艺术的热爱和追求,不断地探索和尝试新的艺术形式和表现手段,以不断推动音乐表演艺术的发展和创新。

(4)互动性

音乐表演往往需要与听众进行互动,以产生良好的艺术效果。互动性是音乐表演的重要特征之一,也是表演者与听众之间建立联系和沟通的重要途径。

在音乐表演中,互动性体现在多个方面。首先,表演者可以通过与听众的眼神交流、语言互动等方式,建立起与听众之间的情感联系和沟通。这种情感联系和沟通不仅可以使表演更加生动和感人,更能够加深听众对音乐作品的理解和感受。其次,表演者还可以通过引导听众参与表演、与听众共同创作等方式,增强表演的互动性和参与性。这种互动性和参与性不仅可以使表演更加生动和有趣,更能够激发听众的创造力和想象力。

互动性的实现需要表演者具备良好的沟通能力和组织能力。在表演过程中,表演者需要密切关注听众的反应和需求,并根据需要调整自己的表演方式和内容。同时,表演者还需要积极引导听众参与表演、与听众建立良好的互动关系,以共同创造出更加生动和感人的艺术效果。

7.2.3 表演形式

7.2.3.1 民俗舞蹈

民俗舞蹈,作为人类非物质文化遗产的重要组成部分,不仅展现了各地独特的文化风情,更是民族历史、信仰和审美观念的集中体现。在丰富多样的舞蹈形式中,独舞、双人舞、群舞以及道具舞各具特色,共同构成了民俗舞蹈的绚丽画卷。

(1)独舞:情感的独白与技巧的绽放

独舞,是民俗舞蹈中最为纯粹和直接的表现形式。这种由一人表演的舞蹈形式,无须借助他人的配合,完全依赖于舞者个人的技艺和情感表达。在独舞中,舞者通过精湛的技巧和丰富的肢体语言,将内心的情感世界淋漓尽致地展现出来。无论是欢快的跳跃,还是忧伤的踱步,都凝聚着舞者深深的情感投入。

独舞的魅力在于其独特的个性化和情感化。每一位舞者都有自己的舞蹈语言和情感表达方式,这使得每一场独舞都充满了独特的艺术魅力。同时,独舞也要求舞者具备高超的舞蹈技巧,以支撑其情感的表达和传递。因此,独舞往往是舞蹈艺术中技巧与情感完美结合的典范。

(2)双人舞:默契的交织与情感的共鸣

双人舞是民俗舞蹈中另一种重要的表现形式。这种由两人表演的舞蹈形式,注重舞者之间的默契与配合。在双人舞中,两位舞者通过身体的接触和动作的呼应,共同编织出一幅幅动人的画面。他们的每一个动作、每一个眼神都充满了对彼此的信任和依赖,这种默契和配合使得双人舞成了一种独特而美妙的艺术形式。

双人舞的魅力在于其独特的互动性和情感性。在双人舞中,两位舞者通过身体的接触和眼神的交流,传递着彼此之间的情感和信息。这种互动和共鸣使得双人舞具有一种独特的魅力和感染力,让观众在欣赏舞蹈的同时,也能感受到舞者之间深厚的情感纽带。

(3)群舞:集体的力量与和谐的追求

群舞是民俗舞蹈中最为壮观和震撼的表现形式。这种由多人集体表演的舞蹈形式,注重群体之间的协调与统一。在群舞中,每一位舞者都是整个舞蹈团队的一员,他们通过共同的节奏和动作,展现出一种集体的力量和美感。这种协调与统一不仅体现在动作的整齐划一上,更体现在情感的共鸣和心灵的交流上。

群舞的魅力在于其独特的集体性与和谐性。在群舞中,每一位舞者都是团队的一分子,他们通过努力和付出,共同创造出一个个美丽而震撼的舞蹈作品。这种集体性与和谐性不仅增强了舞蹈的观赏性和感染力,更体现了人类对于团结、协作和共同追求的向往和追求。

(4)道具舞:创意的融入与文化的传承

道具舞是民俗舞蹈中一种富有创意和特色的表演形式。这种利用道具进行表演的舞蹈形式,不仅丰富了舞蹈的表现手法和视觉效果,更深刻地体现了各地独特的文化内涵和审美观念。例如扇子舞、绸带舞等道具舞形式,通过舞者手持的道具进行表演,使得舞蹈更加生动有趣,同时也传递了特定的文化信息和价值观。

道具舞的魅力在于其独特的创意性和文化性。这种创意和文化的融入使得道具舞成了一种独特而富有魅力的艺术形式,同时也为民俗舞蹈的传承和发展注入了新的活力和动力。

7.2.3.2 音乐表演

音乐表演,作为一种独特的艺术形式,承载着人类情感、文化和历史的深刻内涵。从独唱到合唱,从独奏到协奏,不同的表演形式展现了音乐表演的多样性和丰富性。

(1)独唱的艺术魅力

独唱,作为音乐表演中最直接、最个性化的形式,由一位歌者独自演唱。这种表演形式要求歌者具备极高的音色美感、音准掌控力和情感表达能力。音色美感是独唱艺术的基础,它要求歌者拥有清澈、悦耳、富有感染力的嗓音,能够准确传达出歌曲的意境和情感。音准掌控力则是歌者演唱技巧的核心,它要求歌者具备准确的音高感和稳定的发声技巧,确保演唱的准确性和流畅性。情感表达则是独唱艺术的灵魂,它要求歌者深入理解歌曲的内涵,通过音色、音量、节奏等音乐元素的运用,将歌曲中的情感准确、生动地传达给听众。

在独唱表演中,歌者往往需要通过自身的艺术修养和表演技巧,将歌曲中的情感、意境和风格完美地呈现出来。这种表演形式要求歌者具备极高的艺术素养和表现力,能够在舞台上展现出独特的艺术魅力。

(2)合唱的和谐之美

与独唱相比,合唱则是一种集体性的表演形式。它由多个声部组成,每个声部都由若干名歌者共同演唱。合唱表演注重声部之间的和谐与统一,要求歌者们具备高度的默契和协作精神。在合唱表演中,每个声部都扮演着不同的角色,共同构成了一个完整的音乐形象。

合唱表演的艺术魅力在于其和谐之美。通过不同声部的交织和融合,合唱能够营造出一种宏大、庄严、崇高的音乐氛围。这种氛围能够激发听众的情感共鸣,引发听众对于音乐美的深刻体验。同时,合唱表演还能够培养歌者们的集体意识和团队精神,提升他们的协作能力和艺术修养。

(3)独奏的技艺展现

独奏是音乐表演中另一种重要的形式。它由一位演奏者独自演奏乐器,通过乐器演奏技巧和艺术表现力的展现,将音乐作品中的情感、意境和风格传达给听众。独奏表演要求演奏者具备精湛的技艺和深厚的艺术修养,能够准确、生动地演绎出音乐作品的内涵和风格。

在独奏表演中,演奏者需要运用各种演奏技巧,如音准、节奏、音色、力度等,将音乐作品中的情感、意境和风格准确地呈现出来。同时,演奏者还需要具备丰富的艺术表现力和感染力,能够将自己的情感融入演奏中,与听众产生情感共鸣。

独奏表演的艺术魅力在于其技艺展现和个性表达。通过精湛的技艺和深厚的艺术修养,演奏者能够将音乐作品中的情感、意境和风格完美地呈现出来,展现出独特的艺术魅力和个性风采。

(4)协奏的协同合作

协奏是一种由多人共同演奏乐器的表演形式。在协奏表演中,每个演奏者都扮演着不同的角色,共同演奏出一首完整的音乐作品。协奏表演注重乐器之间的配合与协调,要求演奏者们具备高度的默契和协作精神。

在协奏表演中,每个演奏者都需要深入理解音乐作品的内涵和风格,通过自己的演奏技巧和表现力,将音乐作品中的情感、意境和风格准确地呈现出来。同时,演奏者们还需要密切关注彼此之间的演奏状态,确保整个协奏表演的和谐与统一。

协奏表演的艺术魅力在于其协同合作和整体呈现。通过演奏者们之间的默契配合和协作精神,协奏能够呈现出一种宏大、庄严、崇高的音乐氛围,将音乐作品中的情感、意境和风格完美地呈现出来。

7.2.4 相互关系

在民俗舞蹈与音乐表演的艺术表现中,两者相互依存、相互促进,形成了一种无法分割的紧密联系。舞蹈是通过舞者身体的动作和姿态来诠释情感、讲述故事,而音乐则以其独特的节奏和旋律为舞蹈提供坚实的节奏基础和丰富的情感支撑。舞蹈需要音乐的引导和陪伴,以便在音乐的节奏中流畅地展现动作和情感;而音乐则通过舞蹈的动感和情感表达,更加生动、具体地呈现其内在的艺术魅力和感染力。因此,在民俗舞蹈和音乐表演中,舞蹈与音乐的完美结合不仅增强了艺术表演的层次感和深度,也极大地提升了观众的观赏体验和情感共鸣。

7.2.5 社会功能

在社会文化领域,民俗舞蹈和音乐表演不仅是艺术形式的展现,更是承载和传承民族文化、弘扬民族精神的重要载体。它们通过独特的艺术形式和表现手法,不仅丰富了人们的精神生活,还在无形中起到了教育、交流和凝聚人心的作用。

7.2.5.1 民俗舞蹈的社会功能

第一,传承民族文化。民俗舞蹈是民族文化的重要组成部分,它蕴含着丰富的历史信息和民族特色。通过舞蹈表演,人们可以直观地感受到不同民族的风情和习俗,更加深入地了解和认识自己的民族文化。这种传承方式不仅具有历史价值,还能够激发人们对传统文化的热爱和尊重。

第二,弘扬民族精神。民俗舞蹈中往往蕴含着民族精神的核心要素,如团结、勇敢、坚韧等。通过舞蹈表演,这些精神得以具象化地展现,激发人们的共鸣和认同。这种共鸣和认同能够增强民族凝聚力和向心力,使人们在面对困难和挑战时更加团结一致、勇往直前。

第三,促进社会和谐。民俗舞蹈的表演往往需要多人协作完成,这种协作过程能够促进人与人之间的交流和沟通。在舞蹈表演中,人们可以共同分享快乐、分担压力,增进彼此之间的了解和信任。这种交流和沟通有助于缓解社会矛盾、促进社会和谐稳定。

7.2.5.2 音乐表演的社会功能

第一,传承文化。音乐表演同样具有传承文化的功能。通过音乐表演,人们可以感受到不同地域、不同民族的音乐风格和特色,了解不同文化的历史渊源和发展脉络。这种传承方式有助于拓宽人们的文化视野,增进对多元文化的理解和尊重。

第二,弘扬精神。音乐表演中蕴含着丰富的情感和精神内涵。通过音乐的旋律和节奏,人们可以感受到不同情感和情绪的表达和传递。这种情感的共鸣和传递能够激发人们的共鸣和认同,弘扬积极向上的精神风貌和价值观念。同时,音乐表演还可以传递正能量和积极信息,帮助人们树立正确的世界观、人生观和价值观。

第三,促进社会和谐。音乐表演具有独特的艺术魅力和感染力,能够跨越语言和文化的障碍,促进人与人之间的交流和沟通。在音乐表演中,人们可以共同感受音乐的魅力和力量,增进彼此之间的了解和信任。这种交流和沟通有助于化解矛盾和分歧,促进社会和谐稳定。此外,音乐表演还能够营造一种积极向上的氛围和文化环境,提高人们的文化素养和审美水平。

 7.3 戏曲艺术的赏析与讲解

戏曲艺术是中国传统文化的重要组成部分，它融合了文学、音乐、舞蹈、表演、美术等多种艺术元素。

7.3.1 戏曲艺术概述

戏曲艺术，又称戏剧，是一种通过演员的表演来呈现故事情节、塑造人物形象、传达思想情感的艺术形式。它历史悠久，源远流长，具有鲜明的民族特色和地域特色。戏曲艺术通常包括剧本、表演、音乐、唱腔、化妆、服饰、道具等多个方面。

7.3.2 剧本赏析

在深入赏析一部剧本时，我们不仅要关注其故事情节的展开，还需细致观察角色塑造的生动性和深度，以及品味剧本中的语言艺术。

7.3.2.1 故事情节

一个优秀的剧本，其故事情节必定是紧凑而引人入胜的。它像一幅精美的画卷，逐步展开，带领观众走进一个充满张力和冲突的世界。在分析故事情节时，我们需要关注其是否具有清晰的线索和逻辑，以及是否能够在高潮部分给予观众强烈的情感冲击。

首先，紧凑的情节是推动故事发展的关键。一个优秀的剧本会在有限的篇幅内，通过巧妙的情节设置和推进，将故事推向高潮。这样的情节设计不仅能够吸引观众的注意力，还能够让他们在紧张刺激的情节中感受到故事的魅力。

其次，引人入胜的情节需要具有深刻的主题思想和社会意义。一个好的剧本不仅仅是讲述一个简单的故事，更是通过故事来探讨人性、社会现象等深层次问题。这样的剧本能够引发观众的共鸣和思考，让他们在欣赏故事的同时，也能够收获一些人生的启示和感悟。

7.3.2.2 角色塑造

角色是剧本的灵魂,他们的形象塑造直接关系到剧本的成败。在分析剧本时,我们需要关注人物形象的生动性和鲜明性,以及他们是否具有独特的性格特点和情感深度。

首先,生动鲜明的人物形象能够让观众产生强烈的代入感。一个好的剧本会通过细腻的描写和生动的刻画,将人物的性格特点、行为习惯等展现得淋漓尽致。这样的角色不仅能够让观众在故事中看到自己的影子,还能够引发他们的共鸣和情感投入。

其次,独特的性格特点和情感深度是塑造人物形象的关键。一个优秀的剧本会赋予每个角色独特的性格特点和情感深度,让他们在故事中展现出不同的面貌和层次。这样的角色不仅具有鲜明的个性,还能够让观众在欣赏故事的同时,感受到人性的复杂和多样性。

最后,角色之间的关系和互动也是塑造人物形象的重要因素。一个好的剧本会通过角色之间的冲突、合作等互动形式,展现出他们之间的情感纠葛和心路历程。这样的情节设计不仅能够增强故事的紧张感和吸引力,还能够让观众更加深入地了解每个角色的内心世界。

7.3.2.3 语言艺术

语言是剧本的载体,它的艺术表现力直接影响到剧本的感染力。在分析剧本时,我们需要品味其中的语言艺术,如对话、独白、旁白等。

对话是剧本中最重要的语言形式之一。一个好的剧本会通过生动有趣的对话来展现人物的性格特点和情感状态。这样的对话不仅具有韵律美,还能够让观众在欣赏过程中感受到语言的魅力和力量。

独白和旁白也是剧本中常见的语言形式。它们通过人物内心的独白或旁白的解说,来揭示故事的背景、情感等深层次信息。这样的语言形式不仅具有意境美,还能够让观众更加深入地了解故事的内涵和意义。

7.3.3 表演艺术赏析

剧本作为文学的一种特殊形式,其独特的魅力在于通过文字构建出一个完整的虚拟世界,将读者或观众代入其中,感受情节的起伏跌宕,品

味人物的喜怒哀乐。

7.3.3.1 故事情节赏析

(1)紧凑性与引人入胜

剧本的故事情节应紧凑而引人入胜,通过巧妙的情节设置和紧张的剧情推进,使读者或观众始终保持着高度的关注度和兴趣。故事情节中的每一个转折点都需恰到好处,既符合逻辑又充满惊喜,让人不禁为之动容。

(2)主题思想与社会意义

剧本不仅具有引人入胜的故事情节,更蕴含着深刻的主题思想和社会意义。通过对人物命运的描绘和故事情节的展开,剧本深刻揭示了人性的复杂性和社会的矛盾性。它让人们思考人生、命运、爱情、友情等永恒的主题,同时也反映了当代社会的种种问题和挑战。这种主题思想和社会意义的呈现,使得剧本不仅具有娱乐性,更具有一定的思考价值和教育意义。

7.3.3.2 角色塑造赏析

(1)生动性与鲜明性

剧本中的人物形象塑造生动而鲜明,每一个角色都具有独特的性格特点和情感深度。剧本创作者通过细腻的笔触和丰富的想象力,将角色的内心世界和情感变化展现得淋漓尽致。读者或观众可以清晰地感受到角色的喜怒哀乐、爱恨情仇,仿佛置身于一个真实而生动的世界中。

(2)性格特点与情感深度

剧本中的角色性格各异,有的坚强勇敢、有的温柔善良、有的狡猾奸诈、有的忠诚正直。这些性格特点的塑造不仅使角色更加鲜明突出,也使得故事情节更加丰富多彩。同时,剧本还深入挖掘了角色的情感世界,让他们的情感变化更加真实自然、感人至深。这种情感深度的挖掘不仅增强了角色的魅力,也使得读者或观众更加容易产生情感共鸣。

7.3.3.3 语言艺术赏析

(1)韵律美

剧本的语言艺术具有独特的韵律美。剧本创作者运用丰富的修辞手法和优美的词句,使得剧本中的对话、独白、旁白等都具有强烈的乐感和节奏感。这种韵律美的呈现不仅增强了剧本的艺术感染力,也使得读者或观众在阅读或观看时更加愉悦和享受。

(2)意境美

除了韵律美之外,剧本还具有意境美。剧本创作者通过精细的描写和生动的比喻,将读者或观众带入一个充满诗意和美感的世界中。在这个世界中,读者或观众可以感受到自然的美景、城市的繁华、人间的温情和冷酷等多种意境。这种意境美的呈现不仅增强了剧本的艺术表现力,也使得读者或观众在感受故事情节和人物形象的同时,更加深刻地感受到生活的美好和复杂。

(3)情感美

剧本中的语言艺术还具有情感美。剧本创作者通过细腻的情感描写和真挚的情感表达,将读者或观众带入一个充满情感和温度的世界中。在这个世界中,读者或观众可以感受到角色之间的爱恨情仇、亲情友情等多种情感纠葛。这种情感美的呈现不仅增强了剧本的感染力,也使得读者或观众更加容易产生情感共鸣和心灵震撼。

7.3.4 音乐与唱腔赏析

在中国传统戏曲艺术中,音乐与唱腔占据着举足轻重的地位。它们不仅是戏曲表演的重要组成部分,更是塑造角色形象、表达人物情感、渲染气氛的重要工具。

7.3.4.1 伴奏乐器

在戏曲音乐中,伴奏乐器种类繁多,各具特色。这些乐器通过不同的音色和演奏技巧,为戏曲表演提供了丰富的音乐背景。

(1)伴奏乐器的种类

常见的戏曲伴奏乐器包括弦乐器(如二胡、琵琶、月琴等)、管乐器(如笛子、唢呐、笙等)、打击乐器(如鼓、板、铙钹等)等。这些乐器在戏曲中各有其独特的地位和作用,共同构成了戏曲音乐的独特魅力。

(2)伴奏乐器的音色

不同的乐器具有不同的音色特点,如二胡的悠扬、琵琶的清脆、笛子的悠扬等。这些音色在戏曲表演中起到了至关重要的作用,它们能够营造出不同的氛围和情感,使观众更加深入地感受到戏曲的魅力。

(3)伴奏乐器的演奏技巧

演奏技巧是乐器表现力的关键,也是戏曲音乐魅力的重要来源。演奏者通过不同的演奏技巧,如滑音、颤音、吐音等,将乐器的音色发挥到极致,为戏曲表演增添了更加丰富的音乐色彩。

在戏曲表演中,伴奏乐器的作用不可忽视。它们不仅能够为表演提供节奏和旋律的支撑,还能够通过音色和演奏技巧的变化,营造出不同的氛围和情感,使观众更加深入地感受到戏曲的魅力。

7.3.4.2 唱腔特点

唱腔是戏曲表演中的核心元素之一,不同剧种的唱腔具有各自独特的特点和风格。

(1)京剧的唱腔特点

京剧的唱腔主要包括“西皮”和“二黄”两种。其中,“西皮”唱腔高亢激昂,多用于表现英雄豪杰的豪情壮志;而“二黄”唱腔则委婉细腻,多用于表现女性的柔情和哀怨。这两种唱腔在表达人物情感和渲染气氛方面都具有独特的作用。

(2)昆曲的唱腔特点

昆曲的唱腔以“水磨调”为主,其特点在于旋律优美、节奏舒缓、字正腔圆。这种唱腔能够充分展现昆曲的艺术魅力,使观众陶醉其中。同时,“水磨调”在表达人物情感和渲染气氛方面也具有独特的作用,能够引导观众深入理解角色的内心世界。

除了京剧和昆曲外,中国还有许多其他剧种,如豫剧、越剧、黄梅戏等。这些剧种的唱腔也各具特色,具有独特的表现力和艺术魅力。

在戏曲表演中,唱腔是塑造角色形象、表达人物情感的重要手段。通过不同的唱腔特点和风格,演员能够生动地展现角色的内心世界和情感变化,使观众更加深入地理解和感受戏曲的魅力。

7.3.4.3 音乐与表演的结合

在戏曲表演中,音乐与表演之间的紧密结合是不可或缺的。音乐为表演提供了节奏、情感和氛围的支撑,使表演更加生动、感人。

首先,音乐为表演提供了节奏支撑。在戏曲表演中,演员的表演动作和唱腔都需要与音乐的节奏相协调。这种协调不仅使表演更加流畅自然,还能够增强表演的节奏感和韵律感。

其次,音乐为表演提供了情感支撑。在戏曲表演中,演员需要通过唱腔和表演动作来表达角色的情感和内心世界。而音乐则能够通过旋律和节奏的变化来强化这种情感表达,使观众更加深刻地感受到角色的情感变化。

最后,音乐为表演提供了氛围支撑。在戏曲表演中,音乐能够营造出不同的氛围和情感环境,使观众更加深入地感受到戏曲的艺术魅力。这种氛围的营造不仅能够增强观众的观赏体验,还能够使表演更加生动、感人。

7.3.5 服饰与化妆赏析

在戏曲艺术中,服饰与化妆不仅是塑造人物形象的重要元素,更是展现戏曲独特魅力的关键所在。它们通过样式、材质、颜色等特点,以及独特的化妆技巧和风格,将人物身份、性格和时代背景展现得淋漓尽致。

7.3.5.1 服饰特点

(1)样式特点

戏曲服饰的样式丰富多彩,具有极高的艺术价值。不同行当的服饰样式各异,如生、旦、净、末、丑等行当,均有其独特的服饰特点。例如,生角通常穿着长衫、马褂等服饰,展现出儒雅、端庄的气质;旦角则穿着色彩鲜艳的对襟长袍、凤冠霞帔等服饰,展现出婀娜多姿、温婉可人的女性形象。这些服饰样式不仅与人物身份相符,还能够凸显出戏曲角色的个性特征。

(2)材质特点

戏曲服饰的材质选择也极为讲究。常见的戏曲服饰材质包括丝绸、棉麻、锦缎等,这些材质不仅具有良好的质感和光泽度,还能够满足戏曲表演中各种动作的需求。例如,丝绸材质柔软光滑,适合表现女性角色的婀娜多姿;棉麻材质则更适合表现男性角色的刚健有力。同时,不同材质的服饰在灯光照射下呈现出不同的光泽效果,为观众带来了视觉上的享受。

(3)颜色特点

戏曲服饰的颜色运用也极具特色。不同的颜色代表着不同的情感和

寓意,如红色代表喜庆、热情,绿色代表生机、希望,黑色则代表庄重、威严等。在戏曲服饰中,颜色的运用往往与人物身份、性格和时代背景紧密相关。例如,皇帝、官员等尊贵人物通常穿着色彩鲜艳的服饰,以彰显其身份地位;而贫苦百姓则穿着色彩暗淡的服饰,以体现其生活艰辛。此外,颜色在戏曲服饰中还具有象征和隐喻的作用,如红色服饰常用于喜庆场合,而白色服饰则常用于悲伤场合。

(4)服饰与人物身份、性格和时代背景的关联

戏曲服饰不仅具有独特的样式、材质和颜色特点,还能够通过服饰的细节设计来反映人物身份、性格和时代背景。例如,通过服饰的图案、纹样、配饰等元素,可以展现出人物的身份地位和性格特点;通过服饰的款式和色彩搭配,可以反映出时代背景和社会风貌。这种关联使得戏曲服饰成为塑造人物形象的重要手段之一。

7.3.5.2 化妆技巧

(1)脸谱绘制

戏曲化妆中最为独特的就是脸谱的绘制。脸谱是戏曲中用来表现人物性格和身份的重要手段之一。通过不同的色彩、图案和线条组合,可以展现出不同的性格特征和身份地位。例如,红色脸谱代表忠诚、勇敢;黑色脸谱代表威严、刚烈;白色脸谱则代表阴险、狡诈等。脸谱的绘制需要化妆师具备高超的技艺和丰富的经验,以确保绘制出的脸谱既符合人物性格特征又具有艺术美感。

(2)头饰佩戴

头饰在戏曲化妆中同样占有重要地位。不同的头饰可以表现出不同的人物身份和性格特点。例如,凤冠、霞帔等头饰常用于女性角色中,以展现出女性的高贵和优雅;而帽翅、翎子等头饰则常用于男性角色中,以彰显其威严和英气。头饰的佩戴需要与服饰相协调,以突出人物的整体形象。

(3)化妆与人物性格和表演效果的关联

戏曲化妆通过独特的技巧和风格,能够突出人物性格和增强表演效果。通过脸谱的绘制和头饰的佩戴等化妆手段,可以使人物形象更加鲜明生动、性格特征更加突出;同时,化妆还能够增强表演的感染力和吸引力,使观众更加深入地理解和感受戏曲艺术的魅力。

7.3.6 戏曲艺术的文化内涵

戏曲艺术,作为中国传统文化的重要组成部分,承载着丰富的历史、文化和艺术价值。它不仅是一种独特的表演艺术形式,更是一种深入人心的文化传承。

7.3.6.1 历史传承

戏曲艺术的历史传承源远流长,可以追溯到古代的巫觋歌舞和优伶表演。在历史的长河中,戏曲艺术不断发展演变,形成了各具特色的剧种和流派。从宋元时期的杂剧、南戏,到明清时期的传奇剧、地方戏,再到现代京剧、昆曲等,戏曲艺术在不断地吸收、融合和创新中,逐渐形成了独特的艺术风格和表演体系。

在不同历史时期,戏曲艺术都扮演着重要的角色。它既是社会生活的反映,也是文化交流的桥梁。在封建社会中,戏曲艺术通过生动的表演和富有哲理的唱词,向观众传递着忠孝节义、善恶报应等道德观念,对维护社会秩序和道德风尚起到了积极作用。同时,戏曲艺术也促进了不同地域、不同民族之间的文化交流,推动了中华文化的繁荣和发展。

7.3.6.2 地域特色

戏曲艺术的地域特色是其重要的文化内涵之一。中国地域辽阔,各地文化、风俗、语言等差异较大,这也使得戏曲艺术在发展过程中形成了各具特色的剧种和流派。如京剧的庄重典雅、昆曲的细腻婉约、豫剧的豪放粗犷、越剧的清新柔美等,都体现了不同地域的文化传统和审美趣味。

地域特色不仅体现在戏曲艺术的表演风格上,还体现在其音乐、唱腔、表演程式等方面。如京剧的“四功五法”(唱、念、做、打、手、眼、身、法、步),昆曲的“水磨调”等,都是各地戏曲艺术在长期发展过程中形成的独特艺术特色。这些地域特色不仅丰富了戏曲艺术的表现力,也增强了其文化认同感和归属感。

7.3.6.3 艺术价值

戏曲艺术的艺术价值和社会意义不可忽视。

首先,戏曲艺术是中国传统文化的重要载体,它通过生动的表演和富

有哲理的唱词，传承了中华民族优秀的道德观念、历史传统和审美趣味。这种传承不仅有助于弘扬民族精神，也有助于增强民族凝聚力和文化自信心。

其次，戏曲艺术具有独特的艺术魅力和表现力。它通过唱、念、做、打等多种表演手段，将人物形象、故事情节和道德观念等要素融合在一起，形成了独特的艺术风格。这种艺术风格不仅具有高度的观赏性和娱乐性，也具有深刻的思想性和教育性。

最后，戏曲艺术还具有重要的文化交流作用。在全球化的背景下，不同文化之间的交流和融合越来越频繁。戏曲艺术作为中国文化的重要代表之一，在国际文化交流中发挥着重要作用。通过戏曲艺术的表演和交流，可以让外国观众更好地了解中国文化、历史和传统，促进不同文化之间的相互理解和尊重。

7.4 民俗节庆活动中的表演艺术

民俗节庆活动中的表演艺术是民族文化的重要组成部分,具有独特的艺术魅力和社会价值。其在传承与弘扬民族文化、增进民族认同感和凝聚力、娱乐与休闲以及促进文化交流与融合等方面发挥着重要作用。同时,随着时代的发展和社会的进步,民俗节庆表演艺术也需要不断创新和发展以适应时代的需求和观众的口味。

7.4.1 表演艺术的定义与特点

7.4.1.1 定义

民俗节庆活动中的表演艺术,是指在丰富多彩的民俗节庆场合中,以身体动作、音乐、舞蹈、戏剧等多种艺术形式为载体,通过精湛的表演技巧,展现特定地域、民族或社群的文化传统、历史记忆和审美趣味的一种综合性艺术表现。这种艺术表演不仅具有观赏性和娱乐性,更承载着深厚的文化内涵和社会意义,是传承和弘扬民俗文化的重要途径。

7.4.1.2 特点

民俗节庆表演艺术作为人类文化遗产的重要组成部分,不仅展现了各地的风土人情,还承载着丰富的历史信息和文化内涵。这些表演艺术在形式、内容、表现方式等方面都呈现出独特的特点。

(1)地域性:深厚的文化根基与鲜明的地方特色

民俗节庆表演艺术的首要特点就是其地域性。由于地理环境、气候条件、历史发展等因素的差异,不同地区形成了各自独特的民俗文化和传统。这种地域性在民俗节庆表演艺术中得到了充分的体现,无论是表演的内容、形式还是风格,都带有强烈的地方色彩。例如,在江南水乡,人们常常通过舞龙、舞狮等表演形式来庆祝节日,这些表演不仅具有娱乐性,还寄托了人们对美好生活的向往和追求。而在西北地区,人们则更喜欢通过扭秧歌、打腰鼓等表演形式来表达对生活的热爱和豪情。

(2)民俗性:民间习俗与传统的直接体现

民俗节庆表演艺术是民间习俗和传统的直接体现,它们承载着丰富的民俗文化内涵。这些表演艺术往往与当地的民间信仰、生活习惯、价值观念等紧密相连,通过表演的形式将这些文化元素传递给观众。在民俗节庆表演中,人们可以看到各种与日常生活息息相关的场景和元素,如农耕、渔猎、婚嫁、祭祀等。这些表演不仅让观众感受到浓郁的乡土气息,还加深了人们对传统文化的认识和理解。

(3)集体性:群体协作与配合的艺术展现

民俗节庆表演艺术通常是由多人共同完成的,这体现了其集体性的特点。在表演过程中,每个人都需要发挥自己的特长和优势,与其他人紧密配合,共同完成表演任务。这种集体性不仅要求每个参与者都具备较高的表演技巧和水平,还需要他们具备良好的团队合作精神和沟通能力。在民俗节庆表演中,观众可以感受到来自整个团队的热情和力量,这种凝聚力和向心力正是民俗节庆表演艺术所独有的魅力所在。

(4)象征性:文化符号与价值观的传递

民俗节庆表演艺术中的动作、服饰、道具等往往具有象征意义,这些象征意义代表着特定的文化符号和价值观。通过表演的形式,这些文化符号和价值观得以传递和传承。例如,在舞龙表演中,龙的形象象征着吉祥、权力和尊贵;在舞狮表演中,狮子则代表着勇猛、威武和力量。这些象征意义不仅丰富了表演的内涵,还让观众在欣赏表演的同时,深入了解当地的文化传统和价值观念。

(5)多样性:形式与内容的丰富性

民俗节庆表演艺术在形式和内容上都具有多样性。由于地域和文化的差异,各地的民俗节庆表演艺术在形式和内容上都有所不同。这种多样性不仅体现在表演的种类和风格上,还体现在表演的主题和题材上。在民俗节庆表演中,观众可以看到各种不同类型的表演形式,如舞蹈、戏曲、曲艺等;同时也可以欣赏到各种以民间故事、历史人物、神话故事等为题材的表演作品。这种多样性不仅丰富了观众的视听体验,还展示了中华民族文化的博大精深。

(6)传承性:历史与现代的融合

民俗节庆表演艺术作为传统文化的重要组成部分,具有很强的传承性。这些表演艺术经过一代又一代人的传承和发展,形成了独特的风格和特色。在现代社会中,随着科技的发展和文化的交流融合,民俗节庆表演艺术也在不断地创新和发展。许多艺术家和民间艺人通过吸收现代元素和表现手法,将传统民俗节庆表演艺术与现代审美观念相结合,创作出了许多具有时代特色的优秀作品。这种传承与创新相结合的方式不仅让民俗节庆表演艺术焕发出新的活力,也为传统文化的传承和发展注入了新的动力。

7.4.2 表演艺术的种类与形式

表演艺术作为人类文化的重要组成部分,其种类与形式丰富多样,每一种都有其独特的艺术魅力和表现力。在民俗节庆活动中,表演艺术更是占据了举足轻重的地位,通过不同的形式传达出节日的喜庆、欢乐和文化内涵。

7.4.2.1 舞蹈表演

舞蹈是民俗节庆活动中最为常见和受欢迎的表演形式之一,它通过身体动作来展现民族文化的韵律和节奏。舞蹈表演可以细分为多种形式,有独舞、双人舞、群舞三种形式,每种形式都有其独特的艺术魅力和表现力。

在民俗节庆活动中,舞蹈表演通常与当地的民俗文化和传统相结合,通过独特的舞蹈语汇和表演形式,展示出各民族文化的独特魅力和深厚底蕴。

7.4.2.2 音乐表演

音乐是民俗节庆活动中不可或缺的一部分,它通过演唱、演奏等方式传达节日的喜庆和欢乐。音乐表演可以细分为多种形式,有独奏、合奏、合唱三种形式,每种形式都有其独特的艺术魅力和表现力。

在民俗节庆活动中,音乐表演通常与当地的民间音乐和歌曲相结合,通过独特的音乐语汇和表演形式,传达出节日的喜庆和欢乐氛围。

7.4.2.3 戏剧表演

戏剧表演在一些大型民俗节庆活动中也是不可或缺的一部分。它通过角色扮演和情节演绎的方式生动地展示了民族历史、传说和故事。戏剧表演可以细分为多种形式,如话剧、戏曲等。

话剧:话剧是以对话和动作为主要表现手段的戏剧形式,通过演员的表演和对话来展现故事情节和人物性格。话剧作品通常具有较强的现实性和时代感,能够引发观众对现实问题的思考和关注。

戏曲:戏曲是中国特有的戏剧形式之一,它融合了唱、念、做、打等多种表演元素,通过演员的表演和唱腔来展现故事情节和人物性格。戏曲作品通常具有较强的艺术性和文化内涵,能够让观众在欣赏艺术的同时了解民族文化。

在民俗节庆活动中,戏剧表演通常选取与节日主题相关的剧目进行演出,通过生动的表演和情节演绎来展示民族文化和历史传统。

7.4.2.4 杂技表演

杂技表演以其惊险、刺激的特点吸引了众多观众。在民俗节庆活动中,杂技表演常常作为压轴节目出现,为节日增添更多欢乐和喜庆。杂技表演可以细分为多种类型,如柔术、平衡木、空竹等。

在杂技表演中,演员们通过高超的技巧和惊险的动作展示出自己的才华和勇气。他们通过身体的柔韧性和平衡能力来完成各种高难度的动作和表演,让观众在惊叹和掌声中感受到艺术的魅力和力量。

在民俗节庆活动中,杂技表演通常与当地的民俗文化和传统相结合,通过独特的表演形式和技巧展示出各民族文化的独特魅力和深厚底蕴。

7.4.3 表演艺术的功能与价值

表演艺术作为人类文化的重要组成部分,具有独特的功能和价值。特别是在民俗节庆表演艺术中,其不仅展现了丰富的民族文化内涵,还在多个层面发挥着重要的作用。

7.4.3.1 传承与弘扬民族文化

民俗节庆表演艺术是民族文化的重要载体,它通过独特的表演形式和内容,将民族文化的精髓传承下来,并展示给世人。这些表演艺术涵盖了音乐、舞蹈、戏剧、曲艺等多种艺术形式,它们以生动直观的方式传递了民族的历史、信仰、习俗等文化元素。在传承的过程中,表演艺术不断吸收新的元素和表现方式,使民族文化得以不断发展和创新。

通过民俗节庆表演艺术的传承,人们可以更加深入地了解和认识自己的民族文化,增强对民族文化的认同感和自豪感。同时,这些表演艺术也为世界文化的多样性做出了贡献,让更多的人了解和欣赏到不同民族的文化魅力。

7.4.3.2 增进民族认同感和凝聚力

民俗节庆表演艺术作为民族文化的重要组成部分,具有强烈的民族特色和文化认同感。这些表演艺术通常与当地的历史、传统、习俗等紧密相连,通过表演的形式将这些文化元素传递给观众。在观赏表演的过程中,人们会不自觉地沉浸在本民族文化的氛围中,感受到自己的根和魂。这种对民族文化的认同感和自豪感会进一步增强人们的民族凝聚力和向心力,使民族更加团结和强大。

同时,民俗节庆表演艺术还能够唤起人们对家乡的思念和眷恋之情。在异地他乡的人们通过观赏家乡的表演艺术,能够感受到家乡的温暖和亲切感,从而增强对家乡的归属感和认同感。这种情感上的联系和纽带对于促进民族团结和社会稳定具有重要意义。

7.4.3.3 娱乐与休闲

民俗节庆表演艺术为观众提供了丰富的娱乐和休闲方式。在忙碌的生活中,人们需要找到一种方式来放松身心、缓解压力。民俗节庆表演艺术以其独特的魅力和吸引力,成为人们休闲娱乐的重要选择之一。这些表演艺术通常具有生动有趣的情节、丰富多彩的表演形式和精彩绝伦的演出效果,能够吸引观众的眼球和注意力,让他们在欣赏表演的过程中感受到快乐和愉悦。

此外,民俗节庆表演艺术还能够满足人们的精神需求。在现代社会中,随着物质生活水平的提高,人们的精神需求也越来越丰富和多样化。民俗节庆表演艺术以其深厚的文化内涵和独特的艺术魅力,能够满足人们对美的追求和向往,让他们在欣赏表演的过程中得到精神上的满足和享受。

7.4.3.4 促进文化交流与融合

民俗节庆表演艺术作为不同民族文化的代表,具有独特的魅力和吸引力。通过民俗节庆表演艺术的展示和交流,不同民族之间的文化得以相互了解和融合,促进了文化的多样性和包容性。在交流的过程中,不同民族的文化元素相互碰撞、交融,产生了新的文化火花和创意灵感,推动了文化的创新和发展。

同时,民俗节庆表演艺术的交流也有助于增进不同民族之间的友谊和了解。通过观赏不同民族的表演艺术,人们可以更加深入地了解其他民族的文化传统和风俗习惯,增进彼此之间的了解和尊重。这种文化上的交流和融合有助于消除民族隔阂和偏见,促进民族团结和社会和谐。

7.4.4 表演艺术的创新与发展

表演艺术作为人类文化的重要表现形式,始终在不断地创新与发展中前行。尤其在民俗节庆表演艺术领域,如何在保持传统特色的基础上,融入现代元素,拓展表演空间,加强国际交流与合作,成了当前亟待解决的问题。

7.4.4.1 融合现代元素,创新表演形式和内容

(1)传承与创新相结合

民俗节庆表演艺术作为传统文化的重要组成部分,其传承与发展必须紧密结合。在保持传统特色的基础上,我们需要融入现代元素,创新表演形式和内容,以满足现代观众的审美需求。例如,在舞蹈表演中,可以融入现代舞蹈元素和编排手法,使传统舞蹈焕发新的活力;在戏曲表演中,可以运用现代舞台技术和音响设备,提升观众的观演体验。

(2)吸引年轻观众

年轻观众是表演艺术发展的重要动力。为了吸引更多年轻观众的关注和喜爱,我们需要关注年轻人的审美趋势和兴趣爱好,为他们量身定制适合的表演内容和形式。例如,在民俗节庆表演中,可以引入流行音乐、街舞等现代元素,让年轻人更容易接受和喜爱这些传统艺术。

(3)跨界合作与融合

跨界合作与融合是表演艺术创新的重要途径。通过与不同领域的艺术家和机构合作,可以打破传统界限,创造出全新的表演形式和内容。例如,与流行音乐歌手合作,将传统音乐与现代音乐相结合;与电影制作团队合作,将传统戏曲故事改编为电影或音乐剧等。这种跨界合作与融合

不仅可以丰富表演艺术的表现手法和风格,还可以拓宽其受众群体和影响力。

7.4.4.2 拓展表演空间,利用现代技术手段

(1)虚拟表演与互动体验

随着科技的不断发展,虚拟表演和互动体验成了表演艺术的新趋势。通过利用虚拟现实(VR)、增强现实(AR)等现代技术手段,我们可以创造出更加逼真、沉浸式的表演空间,让观众在虚拟世界中感受到传统艺术的魅力。同时,互动体验也可以让观众更加深入地参与到表演中来,增强他们的参与感和体验感。

(2)网络直播与线上展示

网络直播和线上展示为表演艺术的传播提供了新的途径。通过网络平台进行直播和展示,可以让更多观众随时随地欣赏到精彩的表演节目。同时,线上展示还可以打破地域限制,让全球观众都能感受到不同民族和地区的优秀文化成果。这种线上传播方式不仅可以扩大表演艺术的受众群体和影响力,还可以为其商业化运作提供更多可能性。

(3)拓展表演场地与空间

除了传统的剧院、广场等表演场地外,我们还可以探索更多新的表演场地和空间。例如,在城市公共空间、商业综合体、景区等地设置临时舞台或表演区域,让表演艺术更加贴近人们的生活和工作环境;在乡村地区开展"送戏下乡"等活动,让传统艺术走进基层、服务群众。这种拓展表演场地和空间的方式不仅可以丰富人们的文化生活,还可以促进城乡文化的交流和融合。

7.4.4.3 加强国际交流与合作,推动国际化发展

(1)积极参与国际交流活动

通过积极参与国际交流活动,我们可以将中国的优秀表演艺术推向世界舞台。例如,参加国际艺术节、文化博览会等活动,与其他国家和地区的艺术家进行交流和展示;邀请国外艺术家来华演出和交流,增进中外文化的相互了解和尊重。这种国际交流活动不仅可以提升中国表演艺术的国际地位和影响力,还可以为艺术家提供更多的学习和发展机会。

(2)推广优秀文化成果

在国际交流中,我们需要积极推广中国的优秀文化成果。通过展示中国传统戏曲、舞蹈、杂技等表演艺术,让国外观众了解中国文化的独特魅力和价值。同时,我们还可以借鉴国外先进的表演艺术理念和技术手段,为中国表演艺术的创新与发展提供更多启示和借鉴。

(3)增进国际文化理解与尊重

在国际交流与合作中,我们需要增进国际文化理解与尊重。尊重不同民族和地区的文化传统和表演艺术特色,避免文化冲突和误解;加强文化交流和对话,增进不同文化之间的理解和认同。这种国际文化理解与尊重不仅可以为表演艺术的创新与发展提供更加广阔的视野和空间,还可以促进人类文化的多样性和共同发展。

7.5 表演艺术与民俗文化展示的结合方式

表演艺术与民俗文化展示的结合方式多种多样,需要从内容、形式、传承、发展、教育、娱乐、现实、虚拟以及国际与国内等多个方面进行综合考量和实践。通过这种结合方式,可以更好地传承和弘扬民俗文化,促进文化多样性和人类文明的发展。

7.5.1 内容与形式的结合

7.5.1.1 内容融合

表演艺术在内容上的创新和发展是其持续吸引观众的重要因素之一。在内容融合方面,深入挖掘民俗文化的精髓,并通过多种艺术形式展现其独特魅力和深层内涵,能够有效地增强表演的感染力和文化价值。

(1)民俗文化的精髓挖掘

民俗文化是一个民族在长期历史发展过程中形成的独特文化现象,包含丰富的精神和物质财富。表演艺术在内容创作时,应该充分挖掘和利用这些文化资源。例如:

在舞蹈方面:可以从各民族的传统舞蹈中汲取灵感,如藏族的"锅庄舞"、蒙古族的"马头琴舞"等。这些舞蹈不仅有独特的动作和节奏,还蕴含着丰富的文化寓意和生活智慧。

在戏剧方面:戏剧创作可以借鉴民间故事、传说和历史事件,如京剧中的"白蛇传"、川剧中的"变脸"等。这些作品通过戏剧形式再现了民族文化的精华,具有极高的艺术和文化价值。

在曲艺方面:曲艺表演可以结合各地的民间音乐和曲艺形式,如相声、评书、快板等。这些表演形式不仅能展现民间语言的魅力,还能通过幽默和诙谐的手法传递深刻的社会和文化信息。

(2)中秋节舞狮表演

中秋节舞狮表演是中国传统节日中重要的民俗活动之一。它不仅展示了高超的舞狮技艺,还融入了祈求丰收、驱邪和迎接吉祥的民俗寓意。

在舞狮表演中,内容的融合主要体现在以下几个方面:

在传统技艺方面:舞狮表演通过一系列高难度的动作和技巧,展现了舞狮的传统技艺,如腾空跳跃、翻滚、顶球等。这些技艺需要舞狮者具备极高的身体素质和协调能力,是传统文化的重要体现。

在民俗寓意方面:表演过程中,舞狮动作常常象征着祈求丰收、驱邪避灾、迎接吉祥等民俗寓意。例如,舞狮跳跃象征着丰收的喜悦,狮头向前进则寓意着驱赶邪恶势力,舞狮最终的稳稳落地则象征着吉祥如意。

7.5.1.2 形式创新

在保持民俗文化原汁原味的基础上,表演艺术也需要不断创新其表现形式,使其更加符合现代审美和观众需求。形式创新不仅能增强表演的观赏性和艺术性,还能使传统文化在现代社会中焕发新的生命力。

(1)现代审美与传统形式的结合

形式创新的核心是将传统文化元素与现代艺术手法有机结合,通过多样化的表现手法和技术手段提升表演的吸引力和感染力。例如:

在舞蹈创新方面:在传统舞狮表演中,可以加入现代舞蹈元素,如街舞、芭蕾等,通过混合编排使舞蹈更加富有动感和节奏感。同时,可以利用灯光、音响等现代技术手段,营造出更为震撼的视觉和听觉效果。

在戏剧创新方面:戏剧表演可以通过现代导演手法和舞台设计,将传统故事进行重新演绎。例如,在京剧表演中加入多媒体技术,通过投影、特效等方式增强剧情表现力,使观众能够更直观地感受到故事的情感和氛围。

在曲艺创新方面:曲艺表演可以结合现代音乐和表演艺术形式,如在相声表演中加入摇滚乐元素,或在评书表演中加入话剧元素,使传统曲艺焕发新的活力和魅力。

(2)现代舞狮表演

现代舞狮表演在传统基础上进行了多方面的创新,使表演更加符合现代观众的审美需求。具体表现:

一是舞蹈元素:现代舞狮表演加入了许多现代舞蹈的动作和编排,如街舞的节奏感、现代舞的优美姿态等,使表演更加富有观赏性和艺术性。

二是技术手段:利用现代舞台技术,如灯光、音响、特效等,营造出更为震撼的视觉和听觉效果。例如,通过灯光的变化营造不同的氛围,通过音效的配合增强动作的表现力。

三是服装设计:在保留传统舞狮服装元素的基础上,进行现代化的设计改良,使服装更加符合现代审美,同时不失传统特色。例如,加入更多的颜色和图案,使舞狮服装更加绚丽多彩。

7.5.2 传承与发展的结合

7.5.2.1 传统传承

表演艺术作为民俗文化的重要载体,肩负着传承民俗文化的重要使命。传统传承的方式主要通过师徒相传和口口相传,这种方式能够确保民俗文化的纯正性和连续性。

一是师徒相传:师徒相传是表演艺术传承的重要方式之一。在这种传承方式中,师傅通过言传身教将技艺传授给徒弟。师徒之间不仅传授技艺,更传递了文化精神和价值观念。通过这种方式,徒弟能够深入理解表演艺术的精髓,并将其内化为自己的表演风格。

二是口口相传:口口相传是民俗文化传承的重要手段之一。在没有文字记录的情况下,民俗文化通过口述的形式代代相传。口口相传不仅是技艺的传承,更是文化内涵和历史记忆的传递。通过口述,表演艺术的历史背景、文化意义以及故事情节得以保存和传承。

三是实地考察与演出:通过实地考察和演出活动,表演艺术得以在实际环境中得到传承和发展。演出不仅是展示技艺的机会,更是文化交流的平台。通过在不同地方的演出,表演艺术得以与当地的文化进行碰撞和融合,进一步丰富其内涵。

7.5.2.2 创新发展

在传承的基础上,表演艺术需要不断创新和发展,以适应时代的变化和观众的需求。创新发展不仅是表演艺术自身发展的需要,更是民俗文化传承的需要。通过引入现代科技和跨界合作,表演艺术可以为民俗文化的传承注入新的活力和元素。

(1)引入现代科技

现代科技为表演艺术的创新发展提供了丰富的手段。通过利用现代

科技，表演艺术能够在形式、内容和传播方式上进行创新。

一是多媒体技术：通过引入多媒体技术，表演艺术可以在舞台效果上进行创新。多媒体技术能够增强表演的视觉效果，使观众更好地沉浸在表演中。

二是虚拟现实（VR）技术：VR 技术能够为观众提供沉浸式的观看体验，使观众仿佛置身于表演现场。这不仅能够提升观众的观看体验，更能够吸引更多年轻观众对传统表演艺术的兴趣。

三是网络传播：通过互联网平台，表演艺术能够突破时间和空间的限制，向更广泛的观众进行传播。这不仅有助于扩大表演艺术的影响力，更有助于民俗文化的传播和推广。

（2）跨界合作

跨界合作是表演艺术创新发展的重要途径。通过与其他艺术形式的合作，表演艺术能够在内容和形式上进行创新。

在音乐合作方面：通过与现代音乐的合作，表演艺术可以在音乐形式上进行创新。例如，传统戏曲可以引入现代音乐元素，吸引更多年轻观众。

在舞蹈合作方面：通过与现代舞蹈的合作，表演艺术可以在舞蹈形式上进行创新。例如，传统舞蹈可以与现代舞蹈相结合，形成新的舞蹈形式。

在影视合作方面：通过与影视的合作，表演艺术可以在传播方式上进行创新。例如，传统戏曲可以通过影视剧的形式进行传播，使更多观众了解和喜爱传统戏曲。

（3）内容创新

内容创新是表演艺术创新发展的核心。在保持传统精髓的基础上，表演艺术可以在内容上进行创新，以适应时代的变化和观众的需求。

在题材创新方面：通过引入现代题材，使表演艺术在内容上进行创新。例如，传统戏曲可以通过现代题材的故事情节，吸引更多年轻观众。

在形式创新方面：通过引入现代艺术形式，使表演艺术在表现形式上进行创新。例如，传统戏曲可以通过现代舞台设计、灯光效果等方式，增强表演的观赏性。

在语言创新方面：通过引入现代语言，使表演艺术在语言上进行创新。例如，传统戏曲可以通过现代语言的对白，拉近与观众的距离。

7.5.2.3 传承与发展的结合

传承与发展是表演艺术的重要课题。只有在传承的基础上不断创新,表演艺术才能保持旺盛的生命力和影响力。传承与发展并不是对立的,而是相辅相成的。通过将传统与现代相结合,表演艺术能够在保持传统精髓的同时,不断适应时代的变化和观众的需求。

第一,保持传统精髓。在创新发展的过程中,表演艺术应始终保持传统精髓。传统精髓是表演艺术的根本,是表演艺术得以传承和发展的基础。通过保持传统精髓,表演艺术能够在不断变化的时代中保持自己的独特性和魅力。

第二,适应时代变化。在保持传统精髓的基础上,表演艺术应不断适应时代的变化。时代的变化不仅带来了观众需求的变化,更带来了表演艺术发展的机遇。通过适应时代的变化,表演艺术能够在新的环境中不断发展壮大。

第三,满足观众需求。观众是表演艺术存在的基础。通过不断创新和发展,表演艺术应不断满足观众的需求。观众的需求不仅是表演艺术发展的动力,更是表演艺术创新的源泉。通过满足观众的需求,表演艺术能够在传承中不断发展,在发展中不断传承。

7.5.3 教育与娱乐的结合

表演艺术,作为一种古老而又充满活力的艺术形式,不仅以其独特的魅力吸引着人们的目光,更在无声中承载着教育与娱乐的双重功能。这种结合并非简单的叠加,而是相辅相成、相互促进的,共同构成了表演艺术丰富多彩的内涵。

7.5.3.1 教育功能的深度挖掘

表演艺术的教育功能不容忽视。它不仅是传递知识和技能的媒介,更是培育人们情感、道德和审美的重要工具。首先,表演艺术通过生动的表演形式,将民俗文化、历史故事、社会现实等内容生动地展现出来,使观众在欣赏艺术的同时,能够深入了解自己的民族文化,增强民族自豪感和凝聚力。例如,传统戏曲中的经典剧目,往往蕴含着丰富的历史文化和道德观念，通过演员的精湛表演，这些文化精髓得以传承和弘扬。其次，表演艺术还注重培养观众的审美能力和创造力。在艺术欣赏的过程中，观众不仅能够感受到美的熏陶，更能够在潜移默化中提升自己的审美水平。同时，表演艺术中的创作过程也激发了人们的想象力和创造力，为培养创新型人才提供了有力的支持。

7.5.3.2 娱乐效果的巧妙营造

表演艺术的娱乐功能同样重要。它以其独特的艺术魅力，为观众带来了无尽的欢乐和愉悦。首先，表演艺术通过精彩的表演、动感的音乐和舞蹈，营造了一种轻松愉快的氛围，使观众在紧张忙碌的生活中找到片刻的宁静和放松。这种娱乐效果不仅有助于缓解观众的精神压力，更能够激发他们对生活的热爱和向往。其次，表演艺术还通过幽默诙谐的表演形式和夸张生动的表演风格，为观众带来了欢笑和欢乐。这种娱乐效果不仅能够让人们忘却烦恼和忧愁，更能够拉近人与人之间的距离，增强社会的凝聚力和向心力。

7.5.3.3 教育与娱乐的有机结合

表演艺术中的教育与娱乐并非孤立存在的，而是相互依存、相互促进的。一方面，教育功能为表演艺术提供了深厚的文化底蕴和丰富的内涵，使其成为一种娱乐形式，更成为一种具有深刻意义的艺术形式。通过表演艺术的教育功能，观众能够深入了解自己的民族文化和社会现实，增强自己的文化素养和社会责任感。另一方面，娱乐效果也为表演艺术的教育功能提供了有力的支持。通过营造轻松愉快的氛围和带来欢笑和欢乐的表演形式，表演艺术能够吸引更多观众的关注和喜爱。这种广泛的群众基础不仅为表演艺术的传承和发展提供了有力的保障，更为其教育功能的发挥提供了广阔的空间。

7.5.4 现实与虚拟的结合

随着科技的飞速发展，现实与虚拟的界限日益模糊，为传统表演艺术和民俗文化的展示提供了新的可能。传统的表演艺术通常以现场表演为主，观众能够亲身感受艺术的魅力和氛围，而虚拟展示则通过虚拟现实、增强现实等技术手段，为观众带来全新的视觉和听觉体验。当这两者相结合时，不仅丰富了表演艺术的表现形式，也深化了民俗文化的传播与理解。

7.5.4.1 现场表演：传统与真实的魅力

传统的表演艺术是民俗文化的瑰宝，它们以生动的形式和独特的风格，展现了各个民族、地区的历史、文化和生活。现场表演作为传统表演艺术的主要形式，具有直观、真实、感染力强的特点。观众可以在现场感受到演员的情感投入、技艺精湛，以及舞台布景、音乐、灯光等元素的和谐统一，从而更加深入地理解表演艺术的内涵和魅力。

在民俗文化展示中，现场表演更是不可或缺的一环。通过舞蹈、戏剧、曲艺等表演形式，民俗文化得以生动地呈现在观众面前。观众可以亲身感受到民俗文化的真实面貌和独特魅力，加深对民俗文化的理解和尊重。

7.5.4.2 虚拟展示：科技与艺术的融合

随着科技的发展，虚拟展示逐渐成为表演艺术与民俗文化结合的新方式。虚拟现实技术可以模拟出逼真的三维环境，使观众仿佛置身于表演现场；增强现实技术则可以在现实世界中叠加虚拟元素，为观众带来更加丰富的视觉体验。这些技术手段不仅为表演艺术提供了新的表现形式，也为民俗文化的传播提供了新的途径。

虚拟展示具有许多优点。首先，它打破了地域限制，使得观众无须亲临现场就能欣赏到精彩的表演和民俗文化。其次，虚拟展示可以更加生动地呈现民俗文化中的细节和特色，使观众更加深入地了解民俗文化的内涵和魅力。此外，虚拟展示还可以实现互动和个性化定制，满足观众的不同需求和兴趣。

7.5.4.3 现实与虚拟的结合：传统与创新的交融

现实与虚拟的结合为传统表演艺术和民俗文化的展示带来了无限可能。通过虚拟现实、增强现实等技术手段，可以将传统表演艺术以更加生动、形象的方式呈现给观众，使观众在欣赏表演的同时，也能感受到科技的魅力和力量。同时，这种结合还可以促进传统表演艺术的创新和发展，推动民俗文化的传承和弘扬。

在具体实践中，现实与虚拟的结合可以表现为多种形式。例如，在民

俗文化节或旅游景点中设置虚拟现实体验区,让观众通过虚拟现实技术亲身体验民俗文化的魅力;在舞台表演中运用增强现实技术,将虚拟元素与现实场景相结合,打造出更加丰富多彩的舞台效果;通过网络直播等方式将现场表演实时传输到全球各地,让更多人了解和欣赏到传统表演艺术和民俗文化的魅力。

7.5.5 国际与国内的结合

表演艺术与民俗文化,作为人类文化遗产的瑰宝,承载着深厚的历史底蕴和民族精神。在全球化的今天,如何将这两者有机结合,既在国内传承发扬,又在国际舞台上展现其独特魅力,成了一个值得深入探讨的话题。

7.5.5.1 国内推广:表演艺术与民俗文化的深度融合

在国内,表演艺术与民俗文化的结合,不仅丰富了人民群众的精神文化生活,也为传统文化的传承与创新提供了广阔的舞台。通过各类文化活动和节日庆典,我们可以将民俗文化元素融入表演艺术之中,使其更加生动、直观地展现给广大观众。

(1)节日庆典中的民俗文化表演

节日庆典是民俗文化展示的重要平台。在春节、元宵节、清明节、端午节、中秋节等传统节日中,我们可以组织舞狮、舞龙、踩高跷、划龙舟等民俗文化活动,并融入现代表演艺术元素,如灯光秀、音效设计等,使传统民俗文化焕发新的活力。这些活动不仅能吸引观众的眼球,还能让他们在参与和体验中感受到传统文化的魅力。

(2)民俗文化节与主题展览

举办民俗文化节和主题展览,是展示和推广民俗文化的重要途径。通过组织各类民俗文化表演、手工艺展示、民俗摄影展等活动,让观众在欣赏表演艺术的同时,也能深入了解民俗文化的内涵和价值。此外,还可以邀请专家学者举办讲座和研讨会,深入探讨民俗文化的传承与发展问题。

(3)教育领域的民俗文化教育

在学校教育中融入民俗文化教育,是培养学生民族自豪感和文化自信的重要途径。可以通过开设民俗文化课程、举办民俗文化讲座、组织民俗文化实践活动等方式,让学生在学习和体验中深入了解民俗文化,增强对传统文化的认同感和归属感。

7.5.5.2 国际交流:表演艺术与民俗文化的国际传播

在国际舞台上,表演艺术与民俗文化的结合,不仅可以展现中国的传统文化和民族精神,还可以促进不同文化之间的交流与互鉴。

(1)国际文化交流节与艺术节

通过参加国际文化交流节和艺术节等活动,将中国的民俗文化表演艺术带到国际舞台上,让外国观众了解和认识中国的传统文化。在这些活动中,可以组织各类民俗文化表演、手工艺展示、民俗摄影展等活动,向外国观众展示中国民俗文化的独特魅力。

(2)文化交流与合作项目

加强与其他国家和地区的文化交流与合作项目,是推广中国民俗文化表演艺术的有效途径。可以通过组织文化交流团、举办联合演出、开展文化合作项目等方式,与其他国家和地区的艺术家和观众进行深入的交流与合作,共同推动文化的繁荣发展。

(3)海外演出与展览

在海外举办民俗文化表演艺术的演出和展览活动,是向外国观众展示中国民俗文化的重要途径。可以通过邀请外国观众观看演出、参观展览等方式,让他们亲身感受中国民俗文化的独特魅力。同时,还可以借助媒体和网络等渠道,将演出和展览活动的盛况传播到世界各地,让更多的外国观众了解和认识中国的传统文化。

第 8 章

景点讲解实务与案例分析

本章通过对实际案例的深入剖析，可以学习到有效的讲解技巧、策略和方法，帮助讲解员提升专业素养和服务质量，为游客提供更加丰富、有趣和深入的旅游体验。

8.1 景点讲解的基本技巧与流程

景点讲解是旅游服务中至关重要的一环，它要求讲解员应具备丰富的知识、良好的沟通能力和独特的讲解技巧。

8.1.1 前期准备

在进行任何形式的讲解或导游服务之前，充分的前期准备是至关重要的。这不仅关系到讲解员的专业性和权威性，也直接影响着游客的参观体验和对景点的整体印象。因此，前期的知识储备、资料整理以及场地熟悉等工作，都需要严谨、细致和科学的态度来完成。

8.1.1.1 知识储备

讲解员作为景区或景点的传播者，首先必须具备深厚的知识储备。这不仅包括对景点本身的了解，还要延伸到与之相关的历史背景、文化内涵、建筑风格以及地理特点等方面。

第一，深入研读历史背景。景点的历史背景是其存在和发展的基础。讲解员需要了解该景点的起源、发展历程、重要事件以及与历史人物的关联等。这些信息可以通过查阅历史文献、书籍、网络资料等途径获得。

第二，探究文化内涵。每个景点都有其独特的文化内涵，这是景点的灵魂所在。讲解员需要深入挖掘景点的文化内涵，包括其所代表的价值观、信仰、习俗等。这有助于游客更好地理解景点的意义和价值。

第三，分析建筑风格。对于建筑类景点，讲解员需要了解该建筑的设计理念、结构特点、装饰风格等。同时，还需要掌握该建筑风格在历史上的地位和影响。

第四，研究地理特点。对于自然景观类景点，讲解员需要了解该地区的地理位置、气候条件、地质结构等。这些信息有助于游客更好地理解景点的自然形成过程和特点。

第五，了解与景点相关的民俗、传说和趣闻。这些有趣的内容不仅可以增加讲解的趣味性和吸引力，还可以让游客在轻松愉快的氛围中了解景点的历史和文化。

8.1.1.2 资料整理

在收集到足够的信息后，讲解员需要将这些信息进行整理和归纳，形成一份清晰、有条理的讲解稿。这份讲解稿应该包括景点的历史背景、文化内涵、建筑风格、地理特点等方面的内容，并适当穿插一些民俗、传说和趣闻。同时，为了更直观地展示景点的特点，讲解员还可以准备一些相关的图片、视频或实物。这些辅助材料可以帮助游客更好地理解讲解内容，并增加讲解的生动性和趣味性。

8.1.1.3 场地熟悉

在讲解过程中，讲解员需要引导游客参观并解答游客的问题。因此，提前熟悉场地是非常必要的。

一是了解游客行走路线：讲解员需要了解游客的行走路线和停留点，以便在讲解过程中能够引导游客按照正确的路线参观。同时，还需要注意游客的安全问题，避免发生意外事件。

二是实地勘察场地：在讲解前，讲解员需要亲自到场地进行勘察，了解场地的实际情况。这包括景点的布局、设施设备的状况、安全隐患等方面。通过实地勘察，讲解员可以更好地掌握场地情况，为讲解做好充分的准备。

三是应对突发情况：在熟悉场地的过程中，讲解员还需要考虑可能出现的突发情况，如天气变化、设备故障等。针对这些情况，讲解员需要制定相应的应对措施，确保在讲解过程中能够应对自如。

通过以上三个方面的前期准备工作，讲解员可以确保在讲解过程中具备充分的专业知识和良好的组织能力，为游客提供一次愉快而充实的参观体验。

8.1.2 讲解技巧

在讲解的过程中，无论是导游还是专业的讲解员，都需要掌握一定的技巧，以确保信息的准确传递、游客的深入理解以及参观体验的提升。

一是语言清晰：语言清晰是讲解的首要技巧。使用通俗易懂、生动有趣的语言，可以有效避免游客因听不懂或理解困难而对讲解内容产生疏离感。在词汇选择上，应尽量避免使用过于专业或复杂的术语，而采用更为日常化和大众化的表达方式。同时，语速的掌握也是关键。过快的语速容易让游客感到紧张和疲惫，而过慢的语速则可能让游客感到无聊和厌烦。因此，讲解员需要根据游客的反应和反馈，适时调整语速，确保游客能够轻松愉快地接受讲解内容。

二是逻辑严密：逻辑严密是讲解的核心技巧。在讲解过程中，讲解员应首先为游客呈现景点的整体概况，包括历史背景、地理位置、主要功能等。接着，逐步深入景点的细节描述，如建筑风格、文化内涵、特色景观等。这种层层递进、逐步深入的讲解方式，有助于游客对景点形成一个全面而系统的认识。同时，讲解员还需要注意各个部分之间的衔接和过渡，使讲解内容在逻辑上紧密相连、浑然一体。

三是情感投入：情感投入是讲解的魅力所在。在讲解过程中，讲解员应投入适当的情感，通过生动的描述和适当的肢体语言，将景点的魅力传递给游客。例如，在描述一幅古代壁画时，讲解员可以运用丰富的想象力和生动的语言，将壁画中的故事和场景生动地再现给游客；在介绍一座历史建筑时，讲解员可以融入自己的情感体验和历史感悟，让游客在聆听中感受到历史的厚重和文化的底蕴。这种情感投入不仅可以增强讲解的感染力，还可以加深游客对景点的印象和记忆。

四是互动引导：互动引导是讲解的活力源泉。在讲解过程中，讲解员应鼓励游客提问、发表意见和分享感受，与游客进行积极的互动和交流。这种互动不仅可以增强游客的参与感和体验感，还可以让讲解员更好地了解游客的需求和反馈，从而及时调整讲解内容和方式。同时，讲解员还可以通过设置问题、引导讨论等方式，激发游客的思考和兴趣，让他们在参与中更深入地了解和体验景点的文化内涵和历史背景。

8.1.3 讲解流程

在景点的导览过程中，一个清晰、有条理且富有吸引力的讲解流程对于游客的参观体验至关重要。

8.1.3.1 开场介绍

当游客到达景点时，讲解员的首要任务是进行一场简短的开场介绍。

开场介绍的内容应包含以下几点：

一是景点名称与位置：首先要清晰地告诉游客他们现在所在的景点名称以及它在地图上的位置，帮助游客建立空间感。

二是历史背景：简要介绍景点的历史背景，包括它的建立时间、历史沿革以及它在当地或全国的重要地位。这有助于激发游客对景点的兴趣和好奇心。

三是欢迎词：从热情洋溢的欢迎词开始，让游客感受到讲解员的友好和专业，为接下来的导览营造一个良好的氛围。

8.1.3.2 整体概述

在开场介绍之后，讲解员应对景点进行整体概述。这一环节旨在让游客对景点有一个大致的了解，包括：

在景点规模方面：介绍景点的总面积、主要建筑或景观的数量等，让游客对景点的规模有一个初步的认识。

在特点与亮点方面：突出介绍景点的独特之处和亮点，如建筑风格、自然景观、历史价值等，让游客对景点产生浓厚的兴趣。

在主要景点方面：简要介绍景点内的主要景点或区域，为接下来的分段讲解做好铺垫。

8.1.3.3 分段讲解

根据游客的行走路线和停留点，讲解员应进行分段讲解。在每个分段中，详细介绍该区域的特色、历史背景、文化内涵等，引导游客深入了解景点。分段讲解的内容应包含以下几点：

第一，区域特色。介绍该区域的独特之处，如建筑风格、自然景观、文化特色等，让游客对该区域有一个深刻的印象。

第二，历史背景。详细讲述该区域的历史沿革、重要事件以及与之相关的人物和故事，让游客在了解历史的同时感受到文化的厚重。

第三，文化内涵。解读该区域的文化内涵，包括当地的风俗习惯、艺术特色等，让游客在欣赏美景的同时领略到文化的魅力。

第四，互动环节。在分段讲解中穿插互动环节，如提问、讨论、小游戏等，增加游客的参与感和体验感。

8.1.3.4 结尾总结

在游客即将离开景点时，讲解员应进行简短的结尾总结。这一环节旨在回顾讲解内容，强调景点的特点和价值，同时感谢游客的聆听和参与。结尾总结的内容应包含以下几点：

一是回顾讲解内容：简要回顾整个讲解过程中的主要内容和亮点，让游客对景点的整体情况有一个清晰的认识。

二是强调景点价值：再次强调景点的历史价值、文化价值以及它在当地或全国的重要地位，让游客对景点产生深刻的印象。

三是感谢游客：以诚挚的感谢词结束讲解，感谢游客的聆听和参与，并希望他们在未来的日子里继续关注和支持景点的发展。

通过以上四个环节的讲解流程，讲解员可以全面、深入、生动地介绍景点的情况，为游客提供一次难忘的参观体验。

8.1.4 注意事项

在旅游行业中，作为讲解员，承载着传递历史文化、科学知识的重要职责，同时也承担着保障游客安全、维护景区环境的责任。

8.1.4.1 尊重游客

在讲解过程中，尊重游客的意愿和兴趣是首要的注意事项。每位游客的兴趣点、知识背景、参观目的都不尽相同，讲解员应尽可能地满足不同游客的需求。这要求讲解员在讲解前做好充分的准备工作，了解景点的历史文化背景、科学原理等相关知识，并能够根据游客的反应灵活调整讲解内容和方式。同时，讲解员应避免强制游客参观或听讲解。当游客对某个景点或话题不感兴趣时，讲解员应尊重游客的选择，给予他们自由参观的时间和空间。此外，在讲解过程中，讲解员还应注重与游客的互动，鼓励游客提问、分享观点，营造轻松愉快的参观氛围。

8.1.4.2 注意安全

安全是旅游过程中不可忽视的重要因素。作为讲解员，在引导游客参观时，必须时刻关注游客的安全。首先，讲解员应对景区内的安全隐患有充分的了解，并在讲解过程中及时提醒游客注意。例如，在陡峭的山路、湿滑的台阶等危险区域，讲解员应提醒游客小心行走，避免发生意外。此外，讲解员还应关注游客的身体状况，特别是对于老年游客、儿童、残障人士等特殊群体，更应给予特别的关照。在必要时，讲解员可以协助他们完成参观活动，确保他们的安全。

8.1.4.3 保护环境

保护环境是每位游客和讲解员都应承担的责任。作为讲解员，在讲解过程中应积极宣传环保理念，提醒游客不乱扔垃圾、不破坏景点设施。在讲解过程中，讲解员可以通过生动的案例、形象的比喻等方式，让游客深刻认识到保护环境的重要性。同时，讲解员还应以身作则，树立良好的环保榜样。在带领游客参观时，讲解员应主动捡拾垃圾、保护文物古迹等，以实际行动感染和影响游客。

8.1.4.4 持续学习

作为讲解员，持续学习是提高专业素养和讲解水平的关键。随着社会的不断发展和科技的不断进步，新的知识点、新的文化现象层出不穷。讲解员应紧跟时代步伐，不断学习和更新知识，以确保在讲解过程中能够准确、生动地传达信息给游客。此外，讲解员还应注重提高自己的语言表达能力、沟通能力、组织协调能力等多方面的素质。这些素质的提升不仅有助于讲解员更好地完成讲解任务，还能提高游客的满意度和信任度。

8.2 各类景点的讲解要点与策略

8.2.1 景点类型分类

我们首先需要明确景点的类型，这是制定针对性讲解策略的关键步骤。不同类型的景点具有不同的特点和吸引力，因此，只有准确识别景点的类型，我们才能根据其独特性和游客的需求，设计出恰当的讲解内容和方式。常见的景点类型包括富含深厚文化底蕴的历史文化类，展现大自然鬼斧神工的自然景观类，体现人类智慧与创造力的人文景观类，展现现代科技与建筑艺术魅力的现代建筑类，以及提供娱乐、休闲和互动体验的主题公园类等。明确这些类型，将有助于我们更好地把握景点的核心价值和游客的兴趣点，从而制定出更加精准有效的讲解策略。

8.2.2 历史文化类景点讲解要点与策略

8.2.2.1 讲解要点

(1)历史背景

每个历史景点都是一部厚重的历史长卷，记录着过往的辉煌与沧桑。在介绍一个历史景点时，首先要从它的历史沿革讲起。这包括景点的起源、建设、变迁和保存现状等多个方面。例如，某个古城的城墙可能始于秦汉时期，随着历史的发展，它经历了战火的洗礼、王朝的兴衰以及后世的修复与保护。

重要历史事件是历史背景中不可或缺的一部分。这些事件不仅塑造了景点的形态，更深刻地影响了其文化内涵和历史地位。例如，某个古战场可能是历史上一次著名战役的发生地，这场战役不仅改变了历史的走向，更在民间留下了深刻的记忆，使这个古战场成了后人缅怀和追忆的对象。

历史事件的影响是深远的。它们不仅影响了景点的历史进程，更在无形中塑造了当地的文化传统和民族精神。因此，在介绍历史背景时，要

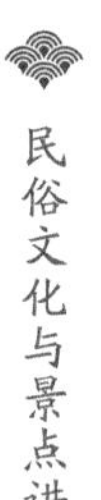

深入挖掘历史事件背后的文化内涵，让观众更加深入地理解景点的历史价值。

(2)文化内涵

历史景点所承载的文化元素是其魅力所在。这些文化元素包括建筑风格、雕刻艺术、壁画艺术、文字记载等。例如，一个古代宫殿的建筑风格可能体现了当时社会的审美观念和权力结构，而宫殿内的雕刻和壁画则反映了当时社会的文化传统和民俗风情。

景点的象征意义是文化内涵的重要组成部分。它往往与当地的历史、文化和民族精神紧密相连。例如，一个古塔可能象征着当地人民的智慧和坚韧精神，一座纪念碑则可能象征着对某位伟大人物的敬仰和怀念。这些象征意义不仅让景点更加具有文化价值，也让观众在游览过程中能够感受到更加深刻的情感共鸣。

文化价值是历史景点的核心所在。它体现在景点所承载的历史信息、文化元素和象征意义等多个方面。通过对这些方面的深入挖掘和解析，我们可以更好地理解历史景点的文化价值，并在传承和弘扬中华优秀传统文化中发挥更加积极的作用。

(3)文物展示

文物是历史景点的重要组成部分，它们直观地反映了历史的痕迹和文化的积淀。在介绍文物时，首先，明确其名称和年代。这有助于观众了解文物的历史背景和时代特征。例如，一个唐代瓷器的名称和年代就能让观众对其有一个初步的认识。其次，介绍文物的特征。这包括文物的形状、材质、装饰等方面。通过对这些特征的描述，观众可以更加直观地感受到文物的艺术魅力和历史价值。例如，一个汉代玉器的细腻纹理和精湛工艺就能让观众对其赞叹不已。再次，介绍文物的制作工艺。制作工艺是文物展示中的重要内容。它反映了当时社会的科技水平和工艺水平。通过对制作工艺的介绍，观众可以更加深入地了解文物的历史背景和制作过程。例如，一个宋代瓷器的制作工艺就能让观众感受到当时社会对瓷器的重视和追求。最后，分析文物的历史地位。这包括文物在历史上的重要性、独特性以及对后世的影响等方面。通过对历史地位的分析，观众可以更加准确地理解文物在历史和文化中的地位和价值。例如，一个明代青花瓷器的历史地位就能让观众更加深入地了解其在中国瓷器史上的重要地位和贡献。

8.2.2.2 讲解策略

在介绍和讲解历史景点时,为了提升游客的参与度和对历史文化的理解,我们需要采取一系列科学而富有逻辑性的策略。

(1)故事化叙述

故事化叙述是一种将历史事件和人物故事融入讲解中的方法,旨在通过生动有趣的叙述方式,增强游客的聆听兴趣和记忆深度。在运用故事化叙述策略时,我们需要注意以下几点:

一是精选故事素材:选择与景点紧密相关、具有代表性和影响力的历史事件和人物故事作为讲解素材。这些故事应该能够反映出景点的历史变迁和文化内涵,同时具有一定的趣味性和吸引力。

二是构建故事框架:在讲述故事时,要注意构建清晰的故事框架,包括时间、地点、人物、事件等要素。通过合理的叙事结构,引导游客逐步深入了解景点的历史和文化背景。

三是运用生动的语言:在讲述故事时,要运用生动、形象的语言,通过描绘场景、刻画人物等方式,让游客仿佛置身于历史现场,感受历史的魅力。

(2)互动体验

互动体验是一种让游客亲自参与、感受历史氛围的讲解策略。通过设计互动环节,可以激发游客的参与热情,增强其对历史文化的认知和理解。在运用互动体验策略时,我们可以考虑以下几个方面:

第一,设计互动游戏:根据景点的历史和文化特色,设计有趣的互动游戏,如角色扮演、寻宝游戏等。让游客在游戏中体验历史,感受文化的魅力。

第二,设置互动展示:利用现代科技手段,如触摸屏、虚拟现实等,设置互动展示环节。游客可以通过操作触摸屏或佩戴虚拟现实设备,更直观地了解景点的历史和文化信息。

第三,鼓励游客提问:在讲解过程中,鼓励游客提问,及时解答他们的疑惑。这不仅可以增强游客的参与感,还可以帮助游客更深入地了解景点的历史和文化背景。

(3)图文并茂

图文并茂是一种结合图片、图表、模型等辅助材料,增强游客对历史文化的直观理解的讲解策略。通过展示直观、生动的图片和模型,可以让游客更直观地了解历史文化的内涵和特色。在运用图文并茂策略时,我们需要注意以下几点:

在精选图片和模型方面:选择与景点紧密相关、具有代表性和历史价值的图片和模型进行展示。这些图片和模型应该能够反映出景点的历史变迁和文化特色,同时具有一定的观赏性和艺术性。

在合理布局展示方面:在展示图片和模型时,要注意合理布局和摆放。通过有序的排列和组合,让游客能够更清晰地了解图片和模型所表达的历史文化信息。

在结合讲解进行说明方面:在展示图片和模型时,要结合讲解进行说明。通过讲解员的详细解说,让游客更深入地了解图片和模型所承载的历史文化内涵和价值。

8.2.3 自然景观类景点讲解要点与策略

8.2.3.1 讲解要点

(1)地理位置

该景点位于中国[具体省份或地区],坐落于[具体山脉、河流或地理标识]之间,具有得天独厚的地理优势。其地形地貌复杂多样,涵盖了山地、丘陵、平原等多种地形,为游客提供了丰富的视觉体验。该景点的气候特点独特,属于[气候类型],四季分明,气温适中,降水充沛,为各种生物提供了良好的生存条件。在地理位置上,该景点不仅是中国[具体省份或地区]的重要地标,也是连接周边地区的重要枢纽。其独特的地理位置使得该景点在交通、旅游、经济等多个领域都发挥着重要作用。

(2)自然景观

该景点的自然风光极为秀美,被誉为"大自然的杰作"。景区内植被覆盖丰富,森林茂密,树木葱茏,种类繁多。在这里,游客可以欣赏到四季不同的植被景观,如春天的繁花似锦、夏天的郁郁葱葱、秋天的层林尽染、冬天的银装素裹。除了丰富的植被,该景点还是众多野生动物的家园。游客在游览过程中,可能会遇到各种珍稀动物,如[列举几种具有代表性的动物],它们在这片土地上自由生活,为景区增添了生机与活力。此外,该景点的自然景观还包括壮丽的山脉、清澈的河流、奇特的岩石等。这些自然景观相互交织,构成了一幅幅美丽的画卷,让人流连忘返。

(3)生态保护

该景点作为一处重要的自然生态保护区,其生态保护意义不言而喻。景区管理部门一直致力于生态环境的保护和恢复工作,采取了一系列有效的环保措施。

首先,景区严格限制游客数量,避免过度开发对生态环境造成破坏。同时,景区还设立了专门的环保巡查队伍,对游客进行环保宣传和教育,引导游客文明游览,保护生态环境。其次,景区加强了对野生动物的保护工作。通过建立自然保护区、设立野生动物救助站等措施,为野生动物提供了良好的生存环境和救助保障。同时,景区还积极开展野生动物保护宣传活动,提高公众对野生动物保护的意识。最后,景区还注重植被的恢复和保护。通过植树造林、封山育林等措施,增加了森林覆盖面积,提高了植被覆盖率。同时,景区还加强了对森林病虫害的防治工作,确保植被健康生长。

在环保规定方面,景区制定了一系列严格的规定和制度。游客在游览过程中必须遵守这些规定和制度,如不得随意丢弃垃圾、不得破坏植被和野生动物等。景区管理部门将对这些违规行为进行严肃处理,以维护生态环境的良好状态。

8.2.3.2 讲解策略

在讲解自然景观时,采用一套科学且逻辑严密的策略是至关重要的。这不仅能帮助游客更好地理解和欣赏大自然的魅力,还能促进生态保护意识的提升。

(1)实地观察策略

一是预先引导:在讲解开始前,向游客简要介绍即将参观的自然景观,包括其历史背景、地理位置以及主要的生态特点。这有助于游客在实地观察时能够有所准备,更好地融入环境。

二是观察重点:根据景观的特点,确定几个关键的观察点,如独特的动植物种群、地形地貌等。在实地观察时,引导游客关注这些重点,帮助他们捕捉景观的精髓。

三是感官体验:鼓励游客运用视觉、听觉、嗅觉等多种感官来体验自然景观。例如,让游客闭眼聆听鸟鸣、风声,感受大自然的宁静与和谐。

四是互动交流:在观察过程中,设置一些互动环节,如提问、讨论等,激发游客的思考和兴趣,增强他们的参与感。

(2)生态保护教育策略

第一,知识普及。在讲解过程中,穿插介绍相关的生态保护知识,如生物多样性、生态平衡等。这些知识有助于游客理解生态保护的重要性,并激发他们的保护意识。

第二,案例分析。通过具体案例,如某一物种的濒危状况、某地的生态破坏事件等,向游客展示生态保护的紧迫性和必要性。这些案例往往具有更强的说服力,能够引起游客的共鸣。

第三,行为规范。向游客强调在景区内的行为规范,如不乱扔垃圾、不随意破坏植被等。同时,告知游客如何以环保的方式游览景区,如使用环保袋、减少一次性用品的使用等。

第四,互动参与。组织一些生态保护主题的互动活动,如清理垃圾、种植树木等。这些活动不仅能让游客亲身参与生态保护,还能增强他们的责任感和使命感。

(3)季节特色介绍策略

在季节特点概述方面:根据季节变化,向游客介绍当前季节下的自然景观特点。例如,春季的繁花似锦、夏季的绿意盎然、秋季的五彩斑斓以及冬季的银装素裹等。

在特色动植物介绍方面:每个季节都有其独特的动植物种群。在讲解时,可以详细介绍这些动植物的特点和习性,让游客更加了解它们与季节变化的关系。

在活动推荐方面:根据季节特点,推荐一些适合当前季节的户外活动,如赏花、观鸟、徒步等。这些活动不仅能让游客充分体验季节特色,还能增强他们的身体素质和环保意识。

在对比分析方面:通过对不同季节下自然景观的对比分析,让游客了解季节变化对自然环境的影响。这有助于他们更加深入地理解自然规律和生态平衡的重要性。

8.2.4 人文景观类景点讲解要点与策略

8.2.4.1 讲解要点

(1)人文历史

人文历史是人文景观类景点的核心,它承载着丰富的历史信息和文化价值。在讲解时,需要系统而深入地介绍景点的人文历史背景、建筑风格以及艺术特色,确保游客能够全面理解景点的文化内涵。

第一,人文历史背景。首先要详细阐述景点所处的历史时代、地理位置及其在政治、经济、文化等方面的地位。通过梳理景点的历史脉络,让游客对景点的起源和发展有一个清晰的认识。同时,可以结合当时的社会背景,解释景点为何会在此地建立,以及它对于当时社会的重要性。

第二,建筑风格。景点的建筑风格是其历史文化的直观体现。在介绍时,要详细说明景点的建筑布局、结构特点、材料使用等方面。可以结合景点的历史背景,解释这种建筑风格是如何形成的,以及它反映了当时社会的哪些价值观念。此外,还可以从建筑细节入手,如雕刻、装饰等,展示其精湛的工艺水平和独特的艺术魅力。

第三,艺术特色。除了建筑风格外,景点的艺术特色也是其人文历史的重要组成部分。这些艺术特色可能体现在景点的装饰艺术、壁画、雕塑等方面。在介绍时,要详细描述这些艺术元素的内容、形式和风格,并解释它们的文化内涵和艺术价值。同时,可以结合景点的历史背景,分析这些艺术元素是如何与当时的社会文化相互影响、相互融合的。

(2)民俗风情

民俗风情是人文景观类景点的重要组成部分,它展示了当地人民的生活方式和文化传统。在讲解时,需要生动形象地展示当地的民俗风情、传统习俗及民间艺术,让游客能够深入体验当地的文化氛围。

在民俗风情方面:民俗风情是当地人民在长期生活中形成的独特文化现象。在介绍时,可以结合当地的历史、地理、气候等因素,解释这些民俗风情是如何形成的,以及它们在当地人民生活中的地位和作用。同时,可以通过生动的例子和故事,让游客更加直观地了解当地的民俗风情。

在传统习俗方面:传统习俗是当地人民在长期生活中形成的独特文

化习惯。在介绍时,要详细阐述这些传统习俗的内容、形式和意义,并解释它们与当地的历史文化背景之间的联系。同时,可以邀请游客参与一些传统习俗活动,如婚礼、葬礼、节庆等,让游客更加深入地体验当地的文化氛围。

在民间艺术方面:民间艺术是当地人民在长期生活中创造的艺术形式,如音乐、舞蹈、戏剧、手工艺等。在介绍时,要详细描述这些艺术的内容、形式和风格,并解释它们的文化内涵和艺术价值。同时,可以邀请当地的艺术家进行现场表演或展示,让游客更加直观地感受这些民间艺术的魅力。

(3)经济、文化、社会影响

人文景观类景点不仅对当地的文化传承具有重要意义,还对当地的经济、社会等方面产生深远的影响。在讲解时,需要客观分析景点对当地经济、文化、社会等方面的影响,让游客更加全面地了解景点的价值。

一是经济影响:人文景观类景点通常能够吸引大量游客前来参观,从而带动当地的旅游业发展。在介绍时,要详细阐述景点对当地经济的贡献,如提高就业率、增加税收等。同时,可以分析景点对当地其他产业的带动作用,如餐饮、住宿、交通等。

二是文化影响:人文景观类景点是当地文化的重要载体,它对于传承和弘扬当地文化具有重要意义。在介绍时,要强调景点在文化传承方面的作用,如保存历史文化遗产、展示当地文化特色等。同时,可以分析景点对当地人民的文化认同感和自豪感的影响。

三是社会影响:人文景观类景点还能够对当地社会产生积极的影响。例如,它可以增进当地人民之间的团结和凝聚力,促进社区和谐发展;它还可以吸引外来游客前来参观和交流,促进当地文化的对外传播和交流。在介绍时,要全面分析景点对当地社会的影响,并强调其积极作用。

8.2.4.2 讲解策略

人文景观类景点,作为历史、文化与艺术的集中体现,不仅吸引着众多游客的目光,更承载着传承与发扬的重要使命。在对其进行讲解时,采用合适的策略能够极大地提升游客的参观体验,使其更加深入地理解和感受景点的独特魅力。

(1)体验式讲解策略

体验式讲解是一种让游客亲身参与、直观感受的讲解方式。在人文景观类景点中,可以通过组织游客参与民俗活动、体验传统手工艺等方式,使其更加深入地了解当地的文化传统。

一是民俗活动体验:景点可以定期举办具有地方特色的民俗活动,如传统舞蹈表演、民间游戏等,让游客参与其中,亲身感受民俗文化的魅力。通过这种方式,游客不仅能够观看到精彩的表演,还能够亲身体验到传统文化的独特韵味。

二是传统手工艺体验:景点可以设立手工艺体验区,邀请当地手工艺人现场展示并教授传统手工艺的制作方法。游客可以在手工艺人的指导下,亲手制作一件具有当地特色的手工艺品,从而更加深入地了解传统手工艺的魅力。

体验式讲解策略能够极大地增强游客的参与感和体验感,使其更加深入地了解和感受人文景观类景点的文化内涵。

(2)情感共鸣策略

情感共鸣策略是通过讲述感人故事、描绘美丽画面等方式,激发游客的情感共鸣,使其更加深刻地理解和感受景点的文化内涵。

一是感人故事讲述:在景点讲解过程中,可以穿插讲述一些与景点相关的感人故事。这些故事可以是关于历史人物、民间传说等,通过讲述这些故事,可以引发游客的共鸣,使其更加深入地了解景点的历史背景和文化内涵。

二是美丽画面描绘:在介绍景点时,可以利用生动的语言和形象的描绘,将景点的美丽画面呈现给游客。通过对景点美景的细致描绘,可以引发游客的联想和想象,使其仿佛置身于景点之中,从而更加深刻地感受到景点的魅力。

情感共鸣策略能够激发游客的情感共鸣,使其更加深入地理解和感受人文景观类景点的文化内涵。

(3)互动交流策略

互动交流策略是鼓励游客提问、分享感受,增进游客与讲解员之间的互动。

一是鼓励提问:在讲解过程中,讲解员应当鼓励游客提问。通过回答游客的问题,可以进一步加深游客对景点的了解,同时也能够提高讲解的

针对性和实效性。

二是分享感受：在参观结束后，可以邀请游客分享自己的参观感受。这不仅可以增进游客之间的互动交流，还能够为景点提供宝贵的反馈意见，有助于提升景点的服务质量和文化内涵。

互动交流策略能够增强游客的参与感和归属感，使其更加深入地了解和感受人文景观类景点的魅力。同时，也能够为景点提供宝贵的反馈意见，促进其不断改进和发展。

8.2.5 现代建筑类景点讲解要点与策略

8.2.5.1 讲解要点

现代建筑类景点，作为当代科技与艺术的结晶，不仅以其独特的外观和创新的设计理念吸引着游客的目光，更以其卓越的建筑技术和深远的社会功能价值，成为城市文化和科技发展的重要标志。

(1)设计理念

现代建筑的设计理念是其灵魂所在，它反映了建筑师对于空间、形式、功能和环境的独特理解和创新思考。在讲解时，应着重介绍以下几点：

一是风格特点：每个现代建筑都有其独特的风格特点，这些特点往往与建筑师的个人风格、时代背景和地域文化密切相关。讲解时应清晰描述这些特点，并解释它们如何与周围环境相协调，并形成独特的城市景观。

二是创新之处：现代建筑在设计上往往追求创新和突破，以打破传统建筑的束缚，满足现代社会的需求。讲解时应突出这些创新之处，如新的空间布局、独特的结构形式、环保的设计理念等，并解释它们对于建筑本身和城市发展的影响。

(2)建筑技术

现代建筑的技术含量极高，它采用了一系列新技术、新材料和新工艺，使得建筑在结构、功能和美观性上都有了极大的提升。在讲解时，应重点介绍以下几点：

在新技术的应用方面:现代建筑采用了许多先进的技术手段,如计算机辅助设计、预制装配式建筑技术、智能化控制系统等。这些技术的应用不仅提高了建筑的设计效率和质量,还使得建筑的功能更加完善、性能更加优越。

在新材料的使用方面:现代建筑广泛采用了新型材料,如高性能混凝土、轻质合金、智能玻璃等。这些材料具有轻质、高强、环保等优点,能够满足现代建筑对于结构、功能和美观性的要求。同时,它们的使用也推动了材料科学的进步和建筑技术的发展。

在建筑领域的创新方面:现代建筑在建筑领域也进行了许多创新实践,如绿色建筑、生态建筑、智能建筑等。这些创新实践不仅提高了建筑的能效和环保性能,还改善了人们的生活质量和工作效率。讲解时应结合具体案例,详细介绍这些创新实践的具体内容、应用效果和未来发展前景。

(3)社会、经济、文化方面的功能和价值

现代建筑不仅是技术和艺术的结合体,更是社会、经济和文化发展的重要载体。在讲解时,应阐述其在社会、经济和文化等方面的功能和价值:

一是社会功能:现代建筑承担着多种社会功能,如商业、办公、居住、文化等。这些功能的实现不仅满足了人们的日常生活需求,也促进了城市的繁荣和发展。讲解时应结合具体建筑的功能特点,介绍其在城市中的重要作用和地位。

二是经济价值:现代建筑作为城市的重要资产,具有极高的经济价值。其建设和运营能够带动相关产业的发展,创造就业机会,增加税收收入。同时,现代建筑也是城市形象的重要展示窗口,能够吸引投资和旅游,推动城市经济的发展。

三是文化价值:现代建筑作为当代文化和艺术的代表,具有重要的文化价值。其设计理念和建筑风格反映了当代社会的审美观念和文化追求。同时,现代建筑也是城市文化的重要组成部分,能够丰富城市的文化内涵和提升城市的文化品质。

8.2.5.2 讲解策略

现代建筑类景点以其独特的造型、先进的技术和前瞻的设计理念吸引着众多游客的目光。在讲解这类景点时,需要采用一系列科学、系统的策略,以确保游客能够全面、深入地了解其特点和价值。

(1)直观展示策略

直观展示是现代建筑类景点讲解的基础。通过利用图片、视频等多媒体手段,可以将建筑的外观和内部结构清晰地展示给游客,使其能够直观地感受到建筑的魅力和特点。

一是高清图片展示:通过高清的图片,展示建筑的外观、细部构造和内部空间布局。这些图片可以经过精心挑选和编辑,以突出建筑的独特之处和美感。同时,可以利用图片对比,展示建筑在不同角度、不同光线下的效果,让游客更加全面地了解建筑的全貌。

二是视频短片介绍:制作短视频,展示建筑的建造过程、设计理念和技术特点。视频包括建筑的航拍镜头、内部空间展示、技术细节解析等内容,让游客在短时间内快速了解建筑的基本信息。同时,视频可以加入解说词和背景音乐,提升游客的观看体验。

三是虚拟现实体验:利用虚拟现实技术,为游客提供身临其境的参观体验。游客可以佩戴 VR 设备,进入虚拟的建筑内部空间,自由探索建筑的每一个角落。这种体验方式可以让游客更加直观地感受到建筑的空间感和设计感,提升游客的参观兴趣。

(2)技术解析策略

现代建筑类景点往往采用了先进的技术和材料,因此在讲解过程中需要对其关键技术进行解析,让游客了解建筑技术的奥秘。

在建筑技术介绍方面:对建筑的关键技术进行详细介绍,包括结构体系、材料选择、施工工艺等方面。可以通过图表、模型等辅助工具,让游客更加直观地了解建筑技术的特点和优势。

在绿色节能技术解析方面:现代建筑普遍注重绿色节能设计,因此在讲解过程中可以重点介绍建筑的绿色节能技术。例如,可以介绍建筑的节能材料、节能设备、节能措施等,让游客了解这些技术如何降低建筑的能耗和碳排放。

在智能化技术应用方面:许多现代建筑都采用了智能化技术,如智能照明、智能安防、智能环境控制等。在讲解过程中可以介绍这些技术的原理和应用,让游客了解智能化技术如何提升建筑的舒适性和安全性。

(3)互动体验策略

互动体验是现代建筑类景点讲解的重要一环。通过设计互动环节,可以让游客亲身体验建筑的功能和特色,增强游客的参与感和体验感。

一是导览系统互动:利用电子导览系统,为游客提供个性化的参观路线和解说服务。游客可以通过触摸屏或手机 App 等方式,自主选择感兴趣的参观内容和解说语言。同时,导览系统可以提供实时导览和位置定位功能,让游客更加便捷地参观景点。

二是互动体验区设置:在景点内设置互动体验区,让游客可以亲身体验建筑的功能和特色。例如,可以设置模拟驾驶室、VR 体验区等,让游客体验建筑的智能化系统和空间设计。同时,可以设置互动问答环节,让游客通过回答问题了解建筑的相关知识。

三是游客参与活动:组织游客参与活动,如建筑摄影比赛、建筑设计比赛等。这些活动可以激发游客的创造力和想象力,同时让他们更加深入地了解建筑的特点和价值。通过参与活动,游客可以更加积极地参与到景点的讲解和体验中来。

8.2.6 主题公园类景点讲解要点与策略

8.2.6.1 讲解要点

主题公园作为一种集文化、娱乐、科技于一体的现代旅游胜地,不仅为人们提供了休闲娱乐的好去处,更在无形中传播了文化、增进了亲子关系。

(1)主题特色的讲解

第一,主题的独特性与文化内涵。主题公园的魅力首先体现在其独特的主题上。每个主题公园都有一个或多个鲜明的主题,这些主题可能源于某种文化、历史、传说或科幻故事。讲解时,要突出主题的独特性和其背后的文化内涵,让游客能够深入理解主题公园的精髓。

第二,设计理念的阐述。主题公园的设计理念是其主题特色的重要体现。设计师们通常会将主题与景观设计、建筑设计、园艺艺术等相结合,营造出一种独特的氛围。讲解时,可以介绍主题公园的设计理念,让游客感受到设计师们的匠心独运和主题公园的独特魅力。

第三,文化背景的解析。主题公园的主题往往与其文化背景密切相关。讲解时,可以适当介绍与主题相关的文化背景,如历史背景、文化特色、民间传说等,让游客在游玩的同时,也能增长知识、拓宽视野。

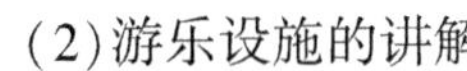

(2)游乐设施的讲解

一是游乐设施的种类与特点：主题公园内的游乐设施种类繁多，包括过山车、旋转木马、水上乐园、虚拟现实体验等。讲解时，要详细介绍各类游乐设施的名称、特点以及玩法，让游客对它们有充分的了解。

二是游乐设施的安全性与维护：安全是游乐设施的生命线。讲解时，要强调游乐设施的安全性，介绍其安全设施、紧急救援措施等。同时，还要说明游乐设施的维护情况，让游客放心游玩。

三是游乐设施的体验感受：游乐设施的体验感受是游客最为关心的。讲解时，可以分享一些游客的真实体验感受，或者提供一些游玩技巧和建议，让游客能够更好地享受游玩的乐趣。

(3)互动体验的讲解

一是互动体验项目的介绍：主题公园内的互动体验项目是其吸引游客的重要因素之一。这些项目通常包括角色扮演、互动游戏、亲子活动等。讲解时，要详细介绍这些项目的名称、玩法以及参与方式，让游客能够充分参与其中。

二是互动体验的乐趣与价值：互动体验项目不仅为游客带来了乐趣，更在无形中增进了亲子关系、促进了人际交往。讲解时，要强调这些项目的乐趣和价值，让游客更加珍惜与家人、朋友共度的美好时光。

三是互动体验的创新与发展：随着科技的进步和人们需求的不断变化，互动体验项目也在不断创新和发展。讲解时，可以介绍一些最新的互动体验项目和技术应用，让游客感受到主题公园与时俱进、不断创新的精神风貌。

总之，通过以上三个方面的讲解，相信游客对主题公园的魅力有了更加深入的了解。主题公园作为一种独特的旅游形式，不仅为人们提供了休闲娱乐的好去处，更在无形中传播了文化、增进了亲子关系。

8.2.6.2 讲解策略

主题公园作为现代旅游业的重要组成部分，以其独特的主题氛围、丰富的娱乐项目和互动性强的体验，吸引了众多游客前来参观游玩。为了确保游客在主题公园中获得最佳的游玩体验，制定一套科学、系统的讲解策略显得尤为重要。

第一，热情引导。热情引导是主题公园讲解策略的首要环节。作为讲解员或导游，应以热情洋溢的态度迎接每一位游客，向他们传递出对主题公园的热情和喜爱。通过积极的语言、亲切的微笑和专业的讲解，引导游客深入了解主题公园的主题文化、历史背景和项目特色，激发他们的游玩兴趣。在引导过程中，讲解员应善于运用生动的语言和形象的比喻，将抽象的主题概念具象化，使游客能够更直观地感受到主题公园的魅力。同时，讲解员还应根据游客的兴趣爱好和游玩需求，提供个性化的引导服务，确保游客在主题公园中能够找到自己喜欢的项目和活动。

第二，互动体验。互动体验是主题公园讲解策略的核心环节。主题公园以其丰富的娱乐项目和互动性强的体验，为游客提供了丰富多彩的游玩选择。在讲解过程中，讲解员应鼓励游客积极参与互动游戏、表演等活动，增强游客的参与感和体验感。为了实现这一目标，讲解员可以引导游客参与各种互动游戏和表演，如角色扮演、互动问答、现场互动等。通过这些活动，游客不仅可以更深入地了解主题公园的主题文化，还可以在互动中感受到乐趣和刺激。同时，讲解员还可以根据游客的反馈和需求，及时调整互动内容和形式，确保游客在互动体验中获得最佳的游玩效果。

第三，安全教育。安全教育是主题公园讲解策略的重要环节。主题公园中的游乐设施众多，游客在游玩过程中需要遵守一定的安全规定和注意事项。为了确保游客的游玩安全，讲解员应在讲解过程中重点强调游乐设施的安全使用方法和注意事项。

首先，讲解员应在游客进入主题公园前，向他们介绍主题公园的安全规定和注意事项，并提醒游客遵守相关规定。其次，在讲解过程中，讲解员应针对不同的游乐设施，向游客详细介绍其安全使用方法和注意事项，确保游客在游玩过程中能够正确使用游乐设施并避免发生安全事故。最后，讲解员还应密切关注游客的游玩情况，发现游客存在安全隐患时及时提醒并纠正。在游客遇到紧急情况时，讲解员应迅速采取措施进行救援，确保游客的安全。

8.3 景点讲解中的文化传承与传播

在景点讲解中,文化传承与传播扮演着至关重要的角色。这不仅是对历史、文化和传统的尊重,也能让游客更好地了解当地文化,增进对文化的尊重和热爱之情,同时也为文化的传承与发展注入新的活力。

8.3.1 历史文化的深度挖掘

在文化传承的广阔领域中,深入挖掘景点的历史文化内涵是一项至关重要的任务。这不仅有助于游客全面、深入地了解景点的历史背景,更能增强游客的文化体验和认同感。

为了实现对历史文化的深度挖掘,首先,讲解员要具备丰富的历史知识。这些知识不仅涵盖景点的历史沿革、发展脉络,还应涉及与景点相关的历史事件、历史人物以及传说故事。通过系统学习和积累,讲解员应能够准确、生动地讲述这些故事,将游客带入一个真实而富有魅力的历史世界。

其次,在讲解过程中,讲解员应注重历史文化的生动性和情感性。通过讲述历史事件和人物的故事,让游客感受到历史的厚重感和文化的魅力。同时,讲解员还应善于运用生动的语言和形象的描述,使游客能够更直观地理解历史文化的内涵和价值。

再次,讲解员还应关注历史文化的现代意义。通过对比古今、联系现实,让游客认识到历史文化对于现代社会的影响和启示。这样不仅可以增强游客对景点的认同感和归属感,还能激发游客对文化传承的责任感和使命感。

最后,为了实现对历史文化的深度挖掘,景点管理部门还应加强历史文化的保护和传承工作。通过修复和保护历史遗迹、整理和挖掘历史资料、开展历史文化研究和教育等方式,让历史文化得到更好的传承和发展。同时,景点还应加强与当地社区和学校的合作,共同推动历史文化的传承和发展。

8.3.2 民俗文化的生动展示

民俗文化,作为地方文化的璀璨瑰宝,不仅是地区历史与传统的生动写照,更是吸引游客驻足的重要因素。在景点的讲解中,如何生动展示这些独特的民俗文化,成了提升游客体验、传播地方文化的重要课题。

第一,介绍当地的传统习俗是展示民俗文化的基础。这些习俗往往蕴含着深厚的文化内涵和历史背景,通过详细的讲解,游客可以了解到当地人民的生活方式、价值观念和审美情趣。例如,在介绍节日习俗时,可以详细阐述节日的起源、发展以及庆祝方式,让游客在了解习俗的同时,也能感受到节日氛围的浓厚。

第二,民间艺术是民俗文化的重要载体。这些艺术形式丰富多彩,包括歌舞、戏曲、曲艺等,它们以独特的方式展现了当地人民的艺术才华和审美情趣。在景点讲解中,可以安排民间艺术表演,让游客在欣赏表演的同时,感受到民俗文化的独特魅力。

第三,手工艺品也是民俗文化的重要表现形式。这些手工艺品往往蕴含着当地人民的智慧和匠心,通过展示这些手工艺品,可以让游客更直观地感受到民俗文化的独特韵味。在景点中设立手工艺品展示区,展示当地的手工艺品,并邀请手工艺人现场制作,让游客在欣赏手工艺品的同时,也能了解到其制作过程和背后的文化内涵。

第四,互动体验是增强游客对民俗文化了解和兴趣的重要手段。通过设计一系列与民俗文化相关的互动活动,如民俗游戏、民俗体验等,让游客亲身参与其中,感受民俗文化的魅力。这种互动体验的方式,不仅能让游客更深入地了解民俗文化,还能增强游客对当地文化的兴趣和认同感。

8.3.3 文化价值的传播与弘扬

景点讲解不仅是向游客介绍自然风光和人文景观的过程,更是一次深入的文化交流与价值传递的旅程。在这一过程中,景点所承载的文化价值被充分挖掘和展示,对于当地乃至整个国家文化的传承与发展具有深远影响。

在讲解中,应突出景点的文化价值,这包括其历史背景、文化内涵和

艺术特色等方面。通过对这些方面的深入剖析，游客能够更全面地了解景点的文化价值，从而增强对文化的认识和尊重。例如，在讲述古建筑时，可以介绍其建筑风格、历史沿革以及所蕴含的文化内涵，让游客在欣赏美景的同时，也能感受到历史的厚重和文化的魅力。

景点讲解还应强调文化对于当地乃至整个国家文化的重要影响。文化是一个国家和民族的灵魂，它影响着人们的思维方式、行为规范和价值观念。通过讲解景点背后的文化故事，游客能够更深入地了解当地的文化传统和特色，进而增进对当地文化的认同感和归属感。

景点讲解还可以引导游客思考文化与现代社会的联系。随着社会的快速发展，传统文化与现代文化之间的碰撞和融合日益明显。通过讲解，游客可以了解到文化如何在现代社会中传承和发展，以及文化对于现代社会的影响和作用。这有助于促进文化与现代社会的融合与发展，推动文化的创新和进步。

8.3.4 跨文化交流的桥梁作用

在全球化的时代背景下，跨文化交流已成为推动社会进步和发展的重要力量。景点讲解作为旅游业的重要组成部分，同样扮演着跨文化交流的重要桥梁角色。通过景点讲解，不同文化背景的游客能够更深入地了解当地的历史、文化和价值观，从而增进文化之间的理解与交流，促进文化多样性的发展。

景点讲解为游客提供了一个直观的文化体验平台。通过专业的讲解员引导，游客可以深入了解景点的历史背景、文化内涵和特色，感受不同文化之间的差异与魅力。这种直观的文化体验有助于打破文化隔阂，促进不同文化之间的交融与碰撞。

景点讲解强调尊重游客的文化背景。在讲解过程中，讲解员应充分考虑到游客的文化差异和背景，避免使用可能引起误解或冲突的言辞和表述方式。同时，讲解员应尊重游客的信仰、习俗和价值观，为游客提供一个友好、包容的文化交流环境。

景点讲解通过对比不同文化之间的异同点，引导游客进行深入的文化思考。在讲解过程中，讲解员可以对比不同文化之间的相似性和差异性，让游客在欣赏景点的同时，思考文化之间的差异与融合。这种文化思考有助于游客更深入地了解不同文化之间的内在联系,促进跨文化交流的发展。

8.3.5 创新传播方式的探索

在全球化背景下,文化传承与传播面临着前所未有的挑战与机遇。随着科技的飞速发展和媒体形态的多元化,人们获取信息的途径和方式正经历着深刻变革。在这样的时代背景下,如何创新传播方式,以更有效、更吸引人的形式传承和传播文化,成了一个值得深入探索的课题。

新媒体的崛起为文化传播提供了广阔的舞台。社交媒体、短视频平台、在线直播等新媒体形式,以其独特的互动性和即时性,吸引了大量用户的关注和参与。景点讲解可以充分利用这些新媒体平台,发布与景点文化相关的内容,通过图文、视频等多种形式展示景点的历史、文化和特色,吸引更多潜在游客的关注和兴趣。

虚拟现实(VR)技术的成熟和应用,为文化传播带来了全新的可能性。通过 VR 技术,游客可以身临其境地感受景点的历史文化和自然景观,获得更加真实、生动的体验。景点可以开发 VR 导览系统,让游客在游览前就能通过 VR 技术预览景点,了解景点的布局和特色,提高游客的游览体验。

增强现实(AR)技术也为文化传播提供了新的思路。通过 AR 技术,游客可以在游览过程中看到景点的虚拟叠加信息,如历史事件的模拟、文化背景的解读等,增强游客对景点的认知和理解。

此外,互动体验式的文化传播方式也越来越受到游客的欢迎。景点可以设计各种互动游戏、表演等活动,让游客在参与中深入了解景点的历史文化,提高游客的参与感和体验感。

8.4 景点讲解举例

8.4.1 历史文化类景点讲解举例

案例一：西安城墙·碑林历史文化景区

各位朋友大家好！欢迎大家来到西安城墙·碑林历史文化景区参观游览。我是大家的导游员小华，很荣幸陪同大家一起参观游览，下面将由我来为大家讲解西安城墙·碑林历史文化景区。

城墙篇

在西安这片古老神奇的沃土之上，毅然耸立着距今1400多年历史的西安古城墙。它是目前世界上保存规模最大、最完整的古代军事城堡设施。西安城墙是第一批全国重点文物保护单位，2018年，西安市城墙·碑林历史文化景区被评为国家5A级旅游景区。西安城墙是明朝以唐代皇城城垣为基础修建而成。如今的西安城墙经过历代多次修复至今保存完好。西安城墙是用黄土分层夯打版筑而成，黄土首先要经过精细的筛选，然后加入少量的石灰、细砂和麦草秸秆，拌匀之后进行夯打。西安城墙最大的特点就是厚度比高度还要大，因此异常坚固雄伟，可以说是固若金汤。

西安古城墙包括护城河、吊桥、闸楼、箭楼、正楼、角楼、敌楼、女儿墙、垛口等一系列军事设施，构成了科学、严密、完整的军事防御体系。游览中处处可见古代人民筑城智慧的结晶和国防技术的严谨与科学。环绕城墙一周的这一湾碧水，便是著名的护城河，宽45米，深10米，周长14.6千米。一方面，它可以起到抵御敌军入侵；另一方面，它可以起到城市泄洪排水，增加空气湿润度，美化古城的作用。西安城墙主城门有四座：安远门（北门），永宁门（南门），长乐门（东门），安定门（西门），取长安永宁之意。从民国开始为了进出古城交通方便，先后新开辟了多座城门，至今西安城墙已有城门18座。

在古代，进入古城的唯一通道就是吊桥了，您可以看到南门有吊桥一座，由闸楼管理升降。这座吊桥是1989年在原址上复原修建的西安城墙上的唯一一座吊桥。城墙为夯土所筑,层层夯打十分坚硬,最终以青砖漫铺,轮廓呈封闭的长方形,周长 13.74 千米。登上西安城墙,又是另一番景致,古代的城门为了提高防御保险系数,一般由闸楼、箭楼、正楼组成。这座高大巍峨的正楼是古代的防御体系的主体建筑,是守城指挥官的指挥中心。

与正楼遥遥相望的,便是箭楼了,顾名思义,瞭望、射箭的防御楼宇。城墙上每隔 120 米有一个突出于城墙主体之外,宽 20 米、长 12 米的敌台,俗称"马面"。城墙上共有敌台 98 座,敌台上面的建筑叫敌楼。两个敌台之间相距 120 米。古代"一箭之遥"为 60 米,这样的布局有利于从侧面射杀攻城的敌人。城墙四角还有角楼四座,起到了辅助作战、瞭望保卫四方安全的作用。每年的城墙国际马拉松赛、元宵灯会等众多活动让城墙古为今用,依旧散发着古老醇厚的独特韵味。中外国家领导人及各界政要、名人都登临城墙,领略帝都风采。西安城墙也是国内外游客最喜欢游览的景区之一,并多次作为陕西文化旅游名片,为古今中外文化交流搭建互信桥梁。

西安碑林篇

西安碑林博物馆始建于 1087 年的北宋时期,碑林是中国现存最早的博物馆,距今已有 900 多年的历史,收藏碑石 4000 多方。被誉为书法艺术宝库,历史文化殿堂,也有"石质书库"和"书法的故乡"的美称。西安碑林博物馆主要由孔庙、碑林、佛教石刻艺术馆、陵墓石刻艺术室四部分组成。

首先大家看到的是明朝建筑"太和元气坊",我们面前是一个半圆形的水池,它叫"泮池"。走过泮桥所看到的这个门叫棂星门,进了棂星门有四根高大的八棱形石柱,称为"华表",戟门也叫作小殿,它主要的功能是供主祭人员整理衣冠,熟悉仪规,做好祭祀大典的准备。令人遗憾的是,孔庙中最雄伟、最重要的大成殿于 1959 年毁于雷火。这座唐代的景云钟,距今已有 1300 年的历史了。钟身的铭文是唐睿宗所书,内容描述了道教的神秘玄妙和对钟声的赞誉。在 1964 年的日本铜钟大赛中被列为世界名钟,也是碑林博物馆中的国宝级文物。

位于中轴线正中的碑亭,是进入碑林的标志,碑亭上方的"碑林"二字,相传出自清代著名爱国将领林则徐之手,碑亭下的石台孝经,被誉为"迎客第一碑"。《孝经》是孔子的学生曾参编撰,主要论述孝道。唐玄宗

李隆基亲自书写、注释并作序,目的就是想以孝治理天下。此碑由 35 块巨石组成,石台孝经是碑林中最大、最华丽、形制最独特的一块名碑。

下面请随我进入第一陈列室参观。这里陈列的是开成石经,由 114 块碑石组成,双面刻字,共有 65 万多个字。这些经典都是古代文人科举考试的必读之书。因为古代的印刷术不是很发达,传抄中会出现很多的错误,所以将它们刻于碑石之上供人们参考、校对。它被誉为"世界上最厚重的书籍"。

第二陈列室主要陈列的是唐代著名书法家的碑石,历来都是人们学习书法的范本。这通《多宝塔感应碑》是颜真卿在 44 岁的时候所著作的,他的书法笔力遒劲,开阔雄浑,世称"颜体"。《颜氏家庙碑》记载了颜氏家族的丰功伟绩,这块碑石是为纪念他的父亲颜惟贞所立的,此碑是他书法艺术的巅峰之作。

第三陈列室主要陈列的是包括篆、隶、楷、行、草五种书体的历代著名碑石。汉隶中的精品代表碑石《汉曹全碑》,最能体现隶书"蚕头燕尾"的秀丽风格。第四至七陈列室主要展出宋元至明清时期的一些著名书法家的诗文书迹、史料名碑、绘图碑刻和淳化阁帖。石刻艺术室始建于 1963 年,匾额上有"西安石刻艺术室"七个金色大字,是当时任国务院副总理陈毅元帅题写的。展室展出的隋李小孩石棺、李寿石椁、李寿墓志、献陵石犀、老君像等都是石刻艺术史上罕见的佳作。尤其是昭陵六骏在我国的艺术史上更是巅峰之作。

各位朋友,我的讲解到此结束,感谢大家的聆听!

案例二:洛阳龙门石窟景区

各位游客朋友,大家好!欢迎大家来到洛阳龙门石窟景区参观游览。

我是大家的导游员小华，很荣幸陪同大家一起参观游览，下面将由我来为大家讲解洛阳龙门石窟。

龙门石窟是我国三大佛教石窟艺术宝库之一，位于洛阳市南13千米的伊河两岸。这里两山对峙，伊水中流，形若门阙，故称“伊阙”，隋朝始称龙门。龙门石窟自北魏孝文帝迁都洛阳开始营造，历经400余年的雕刻，其中大规模、有效率的营建约计150年，分别出现在北魏（占40余年）和隋唐（约占110年）时期。据1962年龙门文物保管所统计，两山现存窟龛2300多个，大小造像10万余尊，佛塔40余座，造像题记碑文2870多块。造像以北魏（东魏、北齐）、唐代为主。北魏造像约占龙门石窟总造像的30%，唐代造像约占龙门石窟总造像的60%。因龙门东山的岩层比西山的薄，不便雕凿大型造像，所以龙门石窟群，大部分集中在伊水西岸的崖壁上。

龙门石窟造像，既是历代劳动人民和艺术家无穷智慧和血汗的结晶，又是外来文化和我国文化结合而成的一朵奇葩。这些雕刻匠师，承担着为神佛和帝王造像的使命，在雕刻过程中融进了大量的现实生活，栩栩如生地表现了各种人物造像的动人情景。如喜悦、慈祥、威严、矜持、苦痛，以至作为至高无量主宰的佛之庄严肃穆、胁侍人和供养人的虔诚宁静，无一不是艺术家们对现实的“人”的深刻观察的结果。富有才华的古代工匠和雕刻设计艺术家，面对光秃秃的悬崖峭壁，运用着简单的锤凿，雕出如此巍峨壮观又精工细致的群体佛像，这在当时生产力和生产工具十分落后的条件下，确实令人叹为观止。

游客朋友们，现在我们已经来到了龙门石窟西山北端第一个洞窟——潜溪寺。潜溪寺开凿于唐高宗初年，洞内造像为一佛、二弟子、二菩萨、二天王。主像阿弥陀佛居中而坐，身体各部比例匀称、面容丰满、胸部隆起、表情静穆、慈祥。与两侧的观世音、大势至菩萨合称为“西方三圣”，是佛教净土宗的供奉。此洞无论是从其规模，还是从备像艺术、雕刻技法来看，都颇似皇家风范，是龙门初唐时期雕刻艺术的典型代表，已经揭开了盛唐那种丰腴典雅的造像风格的序曲。

参观完潜溪寺，欣赏过宋代隐士陈抟写的“开张天岸马，奇逸人中龙”草书石匾，现在我们面前这3座并排坐西向东的石窟，就是著名的宾阳三洞了，宾阳三洞以中间的这座宾阳中洞最为豪华。宾阳中洞是北魏宣武帝为其父母孝文帝及文昭皇太后祈福做功德而开凿。洞中三壁造三

世像，从南向北依次为过去世佛燃灯佛、现在世佛释迦牟尼和未来世佛弥勒佛。主佛释迦牟尼，造像手法已和北魏鲜卑族拓跋部固有的粗犷敦厚之风不同，而是吸收了中原地区汉民族文化的成分和当时南朝所流行的“清瘦俊逸”的风尚，形成了迁都洛阳后佛教造像“秀骨清像”的艺术形式。主佛体态修长，面容清瘦，眉目疏朗，嘴角上翘，表情温和，神采飘逸。服饰已脱去了云冈石窟中双领下垂式袈裟和偏袒右肩式袈裟，改为中原地区褒衣博带的形式，衣裙下部雕作羊肠纹拖在基座前部，一层一层折叠着。这种雕造风格迅速在全国流行开来，成为北魏时期佛教艺术中国化、民族化的造像特色。这种造像手法与现实生活中的人物形象接近了许多，正是孝文帝改制在龙门石窟造像上的反映。

离开宾阳三洞拾级而上，就到了万佛洞。万佛洞顾名思义，因在洞内窟壁上雕刻有 15000 尊 4 厘米的小佛像而得名。大家抬头看，顶上雕一莲花藻井，莲花藻井周围刊刻楷书大字：“大唐永隆元年(680 年)十一月三十日成，大监姚神表，内道场云禅师，一万五千尊佛龛。”洞口过道北侧上有“沙门智运，奉天皇太后太子诸王敬造一万五千尊像龛”的题记。两个题记互为补充，说明发愿造像的原因。

好了，游客朋友们，参观完万佛洞、莲花洞后，拾阶而上，我们现在来到了龙门石窟规模最大的洞窟——奉先寺。我们面前的这尊大佛就是卢舍那大佛。卢舍那为梵文音译，意为“光明普照”。按佛教说法，佛有三身：法身是佛的本来之身，报身即佛经过长期修行而获得的“佛果”之身，应身即佛为“超度众生”而显现之身。卢舍那即报身佛。我们面前的这尊卢舍那佛通高 17.14 米，头高 4 米，耳长 1.9 米。大家请看，她嘴角微微上翘，目光下垂，略作俯视态。无论您从哪个角度看，她的目光都会和您有所交流，像智者的询问、长者的关切、母亲的慈爱，这种由天上到人间、由出世到入世、从虚幻到现实的转变不正是中国儒家思想在佛教艺术上的折射吗？这是艺术的觉醒、人性的觉醒。中国佛教艺术经历了漫长的岁月，在唐代终于完成了汉化的过程，因此中国的佛教艺术在洛阳的龙门石窟也达到了一个光辉的顶点，所以著名美学家李泽厚先生才会说：“卢舍那大佛是中国佛教艺术的最高典范。”

我们再看佛的两侧，阿难文静温顺而又朴实的形象，菩萨端庄华丽而又矜持的表情，天王严肃威武而又壮硕有力的神情，力士坚毅雄强而又暴躁的性格,无一不生动感人、各具情态,达到了形神兼备的艺术效果。奉先寺这种唐代皇家石窟的恢宏气派,正体现了大唐帝国强大的物质力量和精神力量,显示了唐代雕塑艺术的最高成就,是唐朝这一伟大时代的象征,是东方佛教艺术的典范。

另外大家请看整个奉先寺的造像布局,卢舍那大佛两侧是其二弟子,左为迦叶,饱经风霜、庄重严谨;右为阿难,聪敏温顺、擅长记忆。弟子两侧站的是菩萨、天王、力士及供养人共11尊佛像。

我们继续向前参观,现在我们来到的是龙门石窟开凿最早的一个洞窟——古阳洞。此洞是北魏皇室贵族发愿造像最集中的一窟,由此也可看出北魏皇室崇佛的气氛。在古阳洞最值得一提的是,在金石碑刻艺术中负有盛名的《龙门二十品》,有十九品在古阳洞内。《龙门二十品》代表了魏碑体,字形端正大方,气势刚健有力,结体用笔在隶、楷之间,是隶书向楷书过渡中的一种比较成熟的独特字体。

关于洛阳龙门石窟的介绍就为大家讲到这里,接下来大家可以自由参观,按照计划的时间回到这里,祝大家玩得愉快。

8.4.2 自然景观类景点讲解举例

案例一:河南济源王屋山

各位游客朋友,大家好! 欢迎大家来到济源王屋山景区参观游览。我是此次济源王屋山景区的导游员小华,很荣幸陪同大家一起参观游览,下面将由我来为大家讲解济源王屋山景区。

中华文明源远流长,道教文化在中华民族的漫漫历史长河中根深蒂固,自唐代开始已经形成了各路神仙修行居住的洞天福地,计有"十大洞

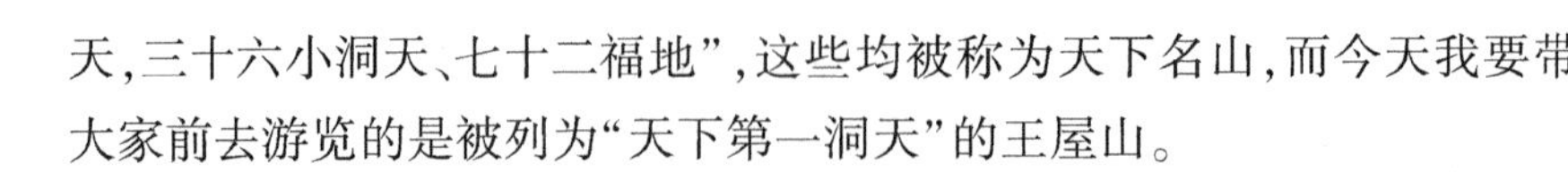

天，三十六小洞天、七十二福地”，这些均被称为天下名山，而今天我要带大家前去游览的是被列为“天下第一洞天”的王屋山。

王屋山风景名胜区，是国家级重点风景名胜区，总面积 265 平方千米。王屋山以主峰天坛为中心，这里一山突起、群峰环绕的拔地通天之势，独具王者风范，大有众诸侯仰面朝天之意境，据中国最早的地理志《禹贡》记载“以其山形若王者之屋”，故称王屋也。主峰天坛山，相传是中华民族的始祖轩辕黄帝祭天之所，千百年来，一直被视为华夏炎黄子孙大统天下的圣地。誉满中外的寓言故事“愚公移山”就发生在这里，老愚公挖山不止的雕像已经成为我们济源市的市标，也是激励济源人民改天换地，建设美好家园的精神动力。

王屋山是一座以道教文化为特色的道教圣地。道教是中国土生土长的宗教，它是以黄帝、老子学派思想为基础的“黄老道”发展而来，带有浓厚的汉民族思想和信仰特色。仙境，就是神仙居住的地方。美丽的王屋山，自然成了道家人物采药炼丹、修身养性以求得成仙的理想场所，也是历代道家人物的主要活动场地之一。

唐著名高道司马承祯在其所著的《上清天宫地府经》中，把天下名山分为“十大洞天、三十六小洞天、七十二福地”，其中王屋山被列为天下“第一洞天”，号“小有清虚之天”，奠定了王屋山洞天福地的地位。

今日的王屋山风景名胜区，除完好地保留了数不尽的奇山秀水、名树古木之外，新修了一条长 1500 米的索道，新建了一批宾馆、饭店等服务设施，更给古老的王屋山增添了现代化的气息，也使我们的游览比起古人来显得更加方便、悠闲、富有诗意。

前面我们看到的第一座奇峰是玉阳山，东西两峰之间为尚书谷。尚书谷中有灵都观，系唐玄宗为其胞妹玉真公主赐建，并为玉真公主栖身修道之所亲笔御书“平阳洞府”，现存有玉真公主墓。相传唐末著名诗人李商隐曾先后两次入玉阳山隐居学道，并与宫女宋华阳发生过一段浪漫的爱情故事。东玉阳山中有麻姑庙、麻姑泉、麻姑河，至今还流传着麻姑侯真定在此拜师修道的故事。

我们路过的这座山庄叫李八庄，相传药王孙思邈晚年入王屋山采药，至此曾向打铁后生李老八问路，李老八身有残疾，但人诚心善，殷勤指点，并告诫山中有虎，劝其谨慎而行，孙思邈十分感动，医治好了他的病，其后李老八娶妻生子，形成村落叫李八庄。

前面我们的车子要翻过的这道山岭被称为虎岭，是进入王屋山的第一道天然门户。相传孙思邈进山采药行医途经此地，遇一斑斓大虎横卧林中，气息奄奄。孙思邈上前查看，原来是虎口被一块骨刺卡住，吐不出也咽不下，十分难受，孙思邈便小心为虎疗伤，老虎感恩戴德，后成为孙的坐骑，驮着孙思邈遍游王屋山。从此，这里便称"虎岭"。

好了，王屋山风景区到了。我们首先参观阳台宫。阳台宫为王屋山著名的"三宫"之一，是唐朝著名道士司马承祯奉钦命所修建的。司马承祯，号白云道士，河内温县人，为唐代道教上清派茅山宗第四代宗师。阳台宫坐落在华盖峰南麓的台地之上，背依天坛山，高高矗立，如同凤首，面对开阔的九芝岭，犹如凤尾，阳台宫正好处于凤背之上，被称为"丹凤朝阳"的风水宝地。阳台宫落成后，唐玄宗御笔亲题匾额"寥阳殿"，五代后晋时期，大部分殿宇毁于战火，唯大罗三境殿幸免，仍保留唐代原貌，后经历代修葺，现遗存下来的多为明清时期建筑。

我们看这棵菩提树，菩提树学名七叶树，春华秋实，花为白塔状，果实成熟后可结串起来做念珠使用。菩提树被称为佛树，是佛教的象征。那么为什么象征佛教的树却栽在道教宫观里呢？这里面还有一段关于佛道之争的故事。东汉初年，佛教自印度传入我国，在洛阳修建了我国佛教祖庭白马寺。其后，佛教便迅速发展起来，至唐时，许多道教宫观甚至被佛寺所侵并，作为道教圣地的王屋山，自然不会容忍佛教的染指。相传这棵菩提树是司马承祯和玉真公主亲手所植，但如果我们仔细观察一下，就会发现这棵菩提树并不在中心线上，而是在中间偏东的位置，意为道教宽宏大量，容留佛教一席之地。这也许就是中西文化交融的一个例证。在大殿前月台上，这里有一口八板大铁锅，外径 1.70 米，深 0.84 米，相传"一人得道，鸡犬升天"的典故就出自这里。

三清大殿为河南省现存最大的明代单檐歇山式木构建筑，面广五间，进深四间，整个大殿外雄内秀，殿内有 30 根方形石柱，通身浮雕云龙、丹凤、瑞禽、祥兽及神仙世俗故事，形象优美，栩栩如生。殿内天花藻井，斗拱层叠，制作精巧，皆为明代艺术珍品。殿内供奉着道家学说的三尊最高尊神。居中的就是元始天尊，三尊神像与他们手中的物什，合起来就是一个道教的宇宙图示。

玉皇阁俗称三棚阁，为明万历二十四年（1596 年）所建，面广三间（10.95 米），进深三间（7.68 米），周匝回廊，高达 21.40 米，阁体由 8 根高 11 米的通天木柱支撑，系河南省目前最高大的明代歇山式楼阁建筑。四周 20 根石柱雕刻着盘龙彩凤、花草虫鱼、道教神话故事，如田真哭树、苏武牧羊、李存孝打虎、桃源洞、狐狸和乌鸦等。雕工精湛，形象逼真，内容丰富，为明代石刻艺术精品。这里所供的是玉皇大帝，《云笺七签》中说他是元始天尊的弟子，相传为轩辕黄帝的化身。王屋山是轩辕黄帝祭天和驾迎西王母的地方，自然就成为王屋山道教的主神。玉皇阁中，金塑的玉皇大帝身着天帝法服，头戴珠皇冕，手捧玉圭，俨然天上的玉帝，显示出尊贵和气派。

愚公移山处这组"愚公移山"群雕由郑州雕塑创作室设计制作，济源市旅游局组织施工，由群雕、碑廊、洞天桥、智叟亭等组成。千百年来愚公精神就是我们中华民族艰苦奋斗、坚忍不拔的精神象征，是中华民族宝贵的精神财富。群雕形象地再现了老愚公吕三太率儿子、孙子及邻人寡妇共同挖山的场景，正面碑廊上有毛泽东、江泽民、李鹏、李先念、陈云等党和国家领导人的题词，是弘扬民族精神、进行爱国主义教育的理想场所。

关于济源王屋山景区的介绍就为大家讲到这里，接下来大家可以自由参观，按照计划的时间回到这里，祝大家玩得愉快。

案例二：陕西太白山景区

各位游客朋友，大家好！欢迎大家来到太白山景区参观游览。我是此次太白山景区的导游员小华，我很荣幸陪同大家一起参观游览，下面将由我来为大家讲解太白山景区。

太白山主体位于陕西宝鸡眉县、太白县，广义上的太白山连带西安周至县部分。它是秦岭山脉主峰，也是中国大陆青藏高原以东第一高峰。国家森林公园、国家水利风景区、已通过国家 AAAAA 级旅游景区景观质量评审。太白山是长江和黄河两大水系分水岭。具有低山、中山、高山等地貌类型，界限清楚、特点各异，特别是第四纪冰川活动所雕琢的各种地貌形态保留完整、清晰可辨。

太白山由于地质地貌、山岳冰川、源泉秀水、森林群落、天象景观、奇花异草、人文历史构成了完美的景观体系，是最佳的生态旅游景区。

先介绍一下太白山名称的来历。有两种主要说法。其一与陕西方言有关，"太白积雪六月天"是有名的关中八景之一，太白山山顶6月积雪，在6月艳阳的高照下，皑皑白雪反射阳光成缕缕银光四射，美不胜收。陕西的关中一带，用方言说很白很白，就是白得很、白得太白咧，人们长期叫起来，最后就把它叫作太白山。其二跟一个传说有关。相传关中一带在远古的时候就是一块富饶美丽的地方，土地肥沃、气候温和、雨量充足。这样好的一块地方被远方的一条恶龙看中了，恶龙想霸占，太白金星看到后，就和这条恶龙大战九天九夜，终于赶跑了恶龙，但是他还是不放心，要永远守候在这里，最后太白金星的身躯当真变化成一座巍峨的高山，直插云霄，所以这座山就被称作太白山。

提起"太白"二字，人们不免想起唐代大诗人李白——李太白，李太白的名字是否和太白山有关系不得而知。但太白山从古至今就是诗人、名僧、文豪的游览胜地，李白就有一首《登太白峰》的诗写道："西上太白峰，夕阳穷登攀……举手可近月，前行若无山……"表现了诗人对太白山的赞美和热爱。今天我们就沿着诗人的足迹前去观赏太白山。

现在简单介绍一下太白山的情况。太白山是秦岭的主峰，高3771.2米，大家可能都知道秦岭、淮河一线是中国南北的分界线，我们平常所说的南方人、北方人就是以此为界；秦岭也是中国两大水系长江水系和黄河水系的分水岭；也是中国主要稻米生产区和小麦生产区的分界线；也是面食区和米饭区的主要分界线。南方人多吃米、鱼、菜，聪明、细腻；北方人多吃面，生性耿直、为人厚道。所以我们沿途多见到的是小麦地。太白山处在我国中部，从山麓至山顶，相对高差很大，动植物都有明显的垂直分布规律，当地人生动地称之为"高二丈，不一样"。白居易有诗为："人间四月芳菲尽，山寺桃花始盛开"，从这些谚语和诗词中亦能反映出来这些特征。我们今天攀登太白山，随着我们的攀登、不断地移动，自然景观会不断地变化，最下面有侧柏林景观，到达2200米时，就是松枥林，再向上还有桦木林、冷杉林等，最后还有落叶松林和高山苔原景观带。但是最上边气候瞬息万变，忽阴、忽晴、忽雾、忽雨、忽大风、忽冰雹，变幻莫测，很是神秘，很多人迷路、遇险都在此处，但是今天大家不要怕，紧跟着我走，不要离队。

现在已经抵达太白山，大家跟随我依次攀登，沿途会有很多文化遗存，也有很多名胜奇景，我会一一讲解给大家听。前面这个池子叫三官池，池水清澈见底，是当地群众祈雨之地，非常灵验，如果你们那儿雨少受旱，也可祈点雨带回去，但是每次祈雨一定要到这里来。我们前边这座山峰名叫万勿山，群壑排列似牙勿，所以称此名，中间最高的那一处山峰挺秀峻拔、耸入云霄，故名曰独秀峰。前边儿的地方叫二仙水、望仙岭、冲天岭、分水岭、观云海等。

我先简要介绍一下太白漱泉，想必大家看过电视纪录片《太白大爷海潜水探险》吧，两位潜水勇士从结冰的湖面潜入了我国内地海拔最高的高山湖泊——三太白池(海)里，捞了一块珍贵石头，供地质研究，创造了潜水史上的一个壮举，捞出来的这块石头，更是珍贵，对太白山的形成等有很大的科研价值。其实，太白山处处都是宝，如果大家今天运气好的话，还会碰到很珍贵的东西，动物方面有大熊猫、金丝猴、扭角羚、锦鸡、太阳鸟等，碰到的话千万不要打扰它们，因为在这儿我们是客，它们才是这儿真正的主人。中草药方面有很多名贵药材，比如太白贝母、雪山一枝花、手掌参、天麻等，不过我们不认识，千万不能乱采。这里许多植物是有毒的，千万小心。如果我们团里有懂地质的人，千万不要错过机会，这里有引人入胜的第四纪末期的冰川遗迹，有冰斗、角峰、冰川湖、幽谷、羊背石等。

已经到山顶了，这个平台叫拔仙台，是第四纪冰川遗迹的一个角峰，如果天气好的话，我们可以俯瞰北边滔滔之渭水，壮观至极。我们现在看到的这个湖，就是大爷海(大太白海)，另外还有二爷海(二太白海)、三爷海(三太白海)、玉皇池、明星池等，分布如串珠，保存完整，水寒如冰，水稳如镜，清澈碧蓝，岩影波光，秀丽动人。白云蓝天映入湖面，随风变幻，景致万千，大家好好感受一下这心旷神怡的感觉吧！

大家登山的途中看到许多老太太拿着馒头、黄纸和香登山,虽然登得很吃力,但从不泄气,为什么呢? 因为当地人认为太白山是一座神山,如果身体有病想康复,想发财,想要男孩,想要夫妻和睦,都可到沿途庙宇中烧香许愿,据说非常灵验。大家如果有什么要祈求,烧香不烧香无所谓,只要心诚祈求就行,这就是平常所说的“心诚则灵”,太白山也会祝登过它的人幸福安康,永伴终生!

关于太白山景区的介绍就为大家讲到这里,接下来大家可以自由参观,按照计划的时间回到这里,祝大家玩得愉快。

案例三:巴松措旅游景区

各位游客朋友,大家好! 欢迎大家来到巴松措旅游景区参观游览。我是大家的导游员小华,很荣幸陪同大家一起参观游览,下面将由我来为大家讲解巴松措旅游景区。

巴松措景区位于西藏自治区林芝地区工布江达县境内,是林芝地区乃至西藏生态旅游资源最为丰富、最为集中的一个片区,拥有多项“国”字号荣誉,先后于 1997 年被评为国家级风景名胜区,同时被世界旅游组织列入世界旅游景区,2001 年被评为首批国家 AAAA 级景区,2002 年被授予国家森林公园称号,2017 年被批准为国家 5A 级旅游景区。

巴松措在藏语中是“三岩湖”的意思。巴松措湖面海拔 3464 米,湖呈新月形,长 15 千米,宽 3 千米,总面积 37.5 平方千米,湖水面积 26.5 平方千米。

2019 年 10 月,西藏第一艘新能源船在巴松措景区正式投入使用,在实现绿色环保的同时,也让游客有更好的观景体验。这艘新能源船长 11.5 米、宽 3.6 米,重约 5 吨,采用磷酸铁锂电池,巡航速度为每小时 10.5 千米,续航力约 5 小时。船上有客位 25 座,采用非封闭式船舱,带顶棚避雨,能满足旅客对舒适度和水上观光游览的需求。

景区有 5000 平方米的接待中心,其中当地民族特色的别墅 6 栋,山间房 2 栋,科考房 12 间,客房 32 间,床位 86 张及容纳 120 人的贡布餐厅,在临湖搭建有林卡帐篷。晚上可欣赏工布风情表演和格萨尔说唱,享受景区提供的膳食娱乐服务。湖岸建有游艇码头,游客可乘高速豪华游艇游览雪山森林环绕、西藏最美丽的巴松措湖。“千回百转始初见,疑似仙境在人间”,巴松措为高原堰塞湖,是藏传佛教中的神湖,又名错高湖,藏语意为“三岩三湖”。三岩是指湖区被三座富有宗教意味的山岩环绕着，分别是“赞给扎”文殊菩萨道场，“多吉扎”观音菩萨道场，“拉扎”金刚手道场，象征着慈悲、智慧与力量，形成了藏传佛教的隐喻体系；三湖是指深受徒步旅游者青睐的巴松措、钟措、新措。此地每年都有藏族人来此“转湖”“转山”祈福。巴松措森林覆盖率80%，古树珍稀，花草奇异，光是杜鹃的品种就有上百种，花开季节，漫山遍野的烂漫，令人心动。山上盛产虫草、贝母、三七、雪莲花、灵芝，松茸的年产量达20吨以上。冬无严寒，夏无酷暑，四季可游。丰富的氧气使巴松措成为西藏高原地区唯一一个“有高度，没反应”的生态旅游区。

巴松措在工布江达县境内，工布意为“居住深谷的人”，生活在那里的工布藏族，他们的服饰、建筑、宗教节日、生活习俗都与其他藏区不同，具有独特的原生态人文风情。漫步在结巴村、错果村、扎拉村等自然古朴的村落之中，古老的村庄和传统的生活方式蕴含着深刻的文化底蕴，热情优美的歌舞表达了他们对生活的热爱。

关于巴松措旅游景区的介绍就为大家讲到这里，接下来大家可以自由参观，按照计划的时间回到这里，祝大家玩得愉快。

案例四：雅鲁藏布大峡谷

各位游客朋友，大家好！欢迎大家来到雅鲁藏布大峡谷参观游览。我是大家的导游员小华，很荣幸陪同大家一起参观游览，下面将由我来为大家讲解雅鲁藏布大峡谷。

世界上最深最长的河流——雅鲁藏布大峡谷不仅吸引了我们中国人，也吸引了大批来中国冒险的外国朋友们。是中国人，我们有权利有义务宣传祖国的大好河山。今天，就由我来做导游，介绍人间仙境——雅鲁藏布大峡谷。朋友们,你们可知道在号称“世界屋脊”的青藏高原,有两个世界之最:一个是世界最高的山峰——珠穆朗玛峰,一个是世界最深最长的河流峡谷——雅鲁藏布大峡谷。高峰与深谷咫尺为邻,近万米的强烈地形反差,构成了堪称世界第一的壮丽景观。世界最高的河流——雅鲁藏布江拦腰切开世界上最高的山脉——喜马拉雅山脉,这是人间奇迹。

朋友们,原来雅鲁藏布江河床平均海拔在3000米以上,因此被称为“世界上最高的大河”。它的下游围绕喜马拉雅山东端的最高峰,形成一个奇特的马蹄形大拐弯,在青藏高原上切割出一条长504.6千米的巨大峡谷。峡谷平均深度2268米,相对高差达6009米,是不容置疑的世界第一大峡谷。美国的科罗拉多大峡谷和秘鲁的科尔卡大峡谷,曾被列为世界之最,但它们都不能与雅鲁藏布大峡谷一争高下。这就是大拐弯的神奇——长、深、窄。

朋友,你想见雪峰、冰川、草原、森林收于一圈的神秘地带吗?你想看涓涓细流、帘帘飞瀑、滔滔江水吗?那么,来吧,到雅鲁藏布大峡谷来吧!雅鲁藏布大峡谷,映衬着雪山冰川和郁郁苍苍的原始林海,云遮雾涌,神秘莫测。大峡谷的水,从固态的万年冰雪到沸腾的温泉,从涓涓细流、帘帘飞瀑到滔滔江水,真是千姿百态。大峡谷的山,从遍布热带雨林的山脉到直入云天的皑皑雪山,让人感觉如神来之笔。雅鲁藏布大峡谷的壮丽景色世间罕见,耳听为虚,眼见为实。见了之后,你肯定会说比想象中壮观几千倍、几万倍。所以雅鲁藏布大峡谷的发现,是20世纪人类最重要的地理事件之一。可以预料,在21世纪,雅鲁藏布大峡谷必将成为世界人民关注的一个热点。

雅鲁藏布大峡谷是世界上最大、最深的峡谷。据国家测绘局公布的数据:这个大峡谷北起米林县派镇大渡卡村(海拔3000米),经由排龙乡的雅鲁藏布江大拐弯,南到墨脱县巴昔卡村(海拔115米,在藏南地区靠近印度阿萨姆邦的地方),主体在墨脱县。从墨脱县甘登乡多卡村往上,一直到米林县派镇加拉村,是雅鲁藏布大峡谷无人区。整个峡谷地区冰川、绝壁、陡坡、泥石流和巨浪滔天的大河交错在一起,环境十分恶劣。许多地区至今仍无人涉足,堪称“地球上最后的秘境”,是地质工作少有的空白区之一。

《雅鲁藏布大峡谷国家级自然保护区总体规划》已于2000年4月通过专家评审。这标志着雅鲁藏布大峡谷即将成为国家级自然保护区。在《总体规划》中，西藏的有关专家和中国科学院的科学家们对雅鲁藏布大峡谷地带的动植物保护、地质地貌保护等都做了非常详细的规划，划分了各个保护区域和保护物种，制定了完美的保护措施，拟议中的雅鲁藏布大峡谷自然保护区，总面积9600多平方千米，人口1.49万人。雅鲁藏布大峡谷不仅以其深度、宽度名列世界峡谷之首，更以其丰富的科学内涵及宝贵资源而引起世界科学家的瞩目，世界最大降水带分布在布拉马普特拉河——雅鲁藏布江流域世界最北的热带气候带和自然带分布在雅鲁藏布大峡谷；世界上濒临绝种的古老物种生息繁衍在雅鲁藏布大峡谷；世界上最丰富的水能资源、稀有生物资源分布在雅鲁藏布大峡谷。雅鲁藏布大峡谷使全球热带气候北移了五六百千米，是世界上同纬度最大的降水区，是全球抬升最快的地区。2005年10月23日，中国最美的地方排行榜在京发布。评选出的中国最美的十大峡谷分别是雅鲁藏布大峡谷、金沙江虎跳峡、长江三峡、怒江大峡谷、澜沧江梅里大峡谷、太鲁阁大峡谷、黄河晋陕大峡谷、大渡河金口大峡谷、太行山大峡谷、天山库车大峡谷。2009年，《中国国家地理》杂志社与中国地理学会值中华人民共和国成立60周年、中国地理学会成立百年、我国近现代地理学创立和发展百周年之际，共同发起了"中国地理百年大发现"评选活动。其中就包括1994年雅鲁藏布大峡谷论证为世界第一大峡谷。

西藏雅鲁藏布江下游的雅鲁藏布大峡谷是地球上最深的峡谷。大峡谷核心无人区河段的峡谷河床上有罕见的四处大瀑布群，其中一些主体瀑布落差都在30~50米。峡谷具有从高山冰雪带到低河谷热带季雨林等9个垂直自然带，麇集了多种生物资源，包括青藏高原已知高等植物种类的2/3，已知哺乳动物的1/2，已知昆虫的4/5，以及中国已知大型真菌的3/5，堪称世界之最。雅鲁藏布江下游，江水绕行南迦巴瓦峰，峰回路转，做巨大马蹄形转弯，形成了一个巨大的峡谷。1994年，中国科学家们对大峡谷进行了科学论证，以综合的指标，确认雅鲁藏布干流上的这个大峡谷为世界第一大峡谷。曾被列为世界之最的美国科罗拉多大峡谷（深1880米，长400千米）和秘鲁的科尔卡大峡谷（深3203米）。

在这里,可以见到从寒冷的北极到炎热的赤道分布的动植物。许多珍贵的林木和花卉生长在人迹罕至的地方,各种野生动物攀援穿梭其间,真不愧“植物类型博物馆”和“动物王国”的美誉。

据科学考察得到的结论,雅鲁藏布大峡谷是喜马拉雅造山运动和江水冲刷形成的。雅鲁藏布大峡谷的神奇在于它为印度洋的水汽穿越喜马拉雅山提供了通道。大峡谷之外,荒山秃岭,雪山高原,翻过山口进入大峡谷地区,顿然是另一番景象。谷底是奇花异草、亚热带雨林,山坡上生长着温带的常绿阔叶林,峡谷的高处则生长着松柏等寒带的针叶树。大峡谷的两边可以说是垂直的自然博物馆,它为人类保留了许多珍稀的动植物。而在大峡谷的台地边,不时能见到藏族和门巴族同胞的木屋。河谷平原上,黄色的油菜花、紫白色的豌豆花,镶嵌在绿浪翻滚的青稞地里,好似一幅精美的水彩画。由于大峡谷水汽通道带来的水分和热量,造就了藏东南优美的自然环境,难怪这里被人誉为“西藏江南”。

雅鲁藏布大峡谷是地球上最后一块秘境,是世界仅存的一块处女地。它的激流至今没有一人敢于漂流,它的谷底至今没有一人能全程穿行。这里有世上最纯净的天空,最飘逸的云彩,最雄伟的雪峰,最漂亮的大拐弯,最丰富的宝库。这里的确是世界上最美丽、最令人向往的地方。我们可以自豪地说,不看看雅鲁藏布大峡谷,就不能说看过人世间最壮丽的山河!

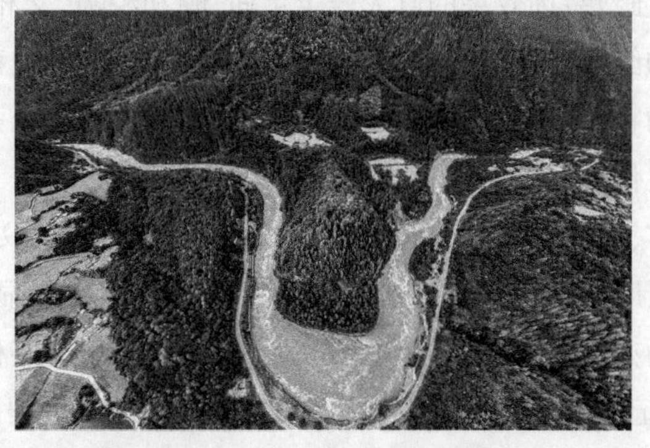

关于雅鲁藏布大峡谷的介绍就为大家讲到这里,接下来大家可以自由参观,按照计划的时间回到这里,祝大家玩得愉快。

8.4.3 人文景观类景点讲解举例

案例一:布达拉宫

各位游客朋友,大家好!欢迎大家来到布达拉宫参观游览。我是大家的导游员小华,很荣幸陪同大家一起参观游览,下面将由我来为大家讲解布达拉宫。

布达拉宫位于中国西藏自治区的首府拉萨市区西北玛布日山上,是第五套人民币 50 元纸币背面的风景图案,世界上海拔最高,集宫殿、城堡和寺院于一体的宏伟建筑,也是西藏最庞大、最完整的古代宫堡建筑群。

布达拉宫主体建筑分为白宫和红宫两部分。宫殿高 200 余米,外观 13 层,内为 9 层。白宫横贯两翼,有各种殿堂长廊,摆设精美,布置华丽,墙上绘有与佛教有关的绘画,多出名家之手。红宫居中,供奉佛像、松赞干布像、文成公主和尼泊尔尺尊公主像数千尊,黄金珍宝嵌间,配以彩色壁画,金碧辉煌。整个建筑群占地 10 余万平方米,房屋数千间,布局严谨,错落有致,体现了西藏建筑工匠的高超技艺。布达拉宫是西藏政教合一政权的中心。1990 年 8 月后重修。

布达拉宫依山垒砌,群楼重叠,殿宇嵯峨,气势雄伟,有横空出世、气贯苍穹之势,坚固厚实的花岗石墙体,松茸平展的白玛草墙领,金碧辉煌的金顶,具有强烈装饰效果的巨大鎏金宝瓶、幢和经幡,交相辉映,红、白、黄三种色彩的鲜明对比,分部合筑、层层套接的建筑形体,都体现了藏族古建筑迷人的特色。布达拉宫是藏式建筑的杰出代表,也是中华民族古建筑的精华之作。

布达拉宫,石木交错的建筑方式,宫殿本身所蕴藏的文化内涵,以及由经幢、宝瓶、摩羯鱼、金翅鸟做脊饰的点缀,使整座宫殿显得富丽堂皇。大殿内的壁画亦算是布达拉宫内一道别致的风景,在这堪称巨型绘画艺术。长廊内,记载有西藏佛教发展历史,文成公主进藏过程。布达拉宫最初为吐蕃王朝赞普松赞干布为迎娶尺尊公主和文成公主而兴建。布达拉宫是藏传佛教(格鲁派)的圣地,每年至此的朝圣者及旅游观光客不计其数。

1961年，布达拉宫被中华人民共和国国务院公布为第一批全国重点文物保护单位。1994年12月，联合国教科文组织列为世界文化遗产。

灵塔殿，塔高14.85米，是宫中最高的灵塔，塔身用黄金包裹，并嵌满各种珠宝玉石，建造中耗费黄金11万两。落拉康殿中有大型铜制坛城，坛城是佛教教义中世界构造的立体模型，也是佛居住和说法的讲坛。坛城造型别致，装饰华丽。萨松朗杰殿中供奉有用藏、汉、满、蒙四种文字书写的康熙皇帝长命牌位和乾隆皇帝画轴。在一些殿中还悬挂有清朝皇帝的匾额。

布达拉宫的建筑恢宏博大，气度非凡，布达拉宫的壁画、彩画、雕塑独树一帜，显示了古代藏族人民建筑艺术的优秀传统和高度的艺术成就。

布达拉宫所有宫殿、佛堂和走廊的墙壁上，都绘满了壁画，周围还有各种浮雕。壁画和雕塑大都绚丽多彩，题材主要有高原风景、历史传说、佛教故事和布达拉宫建造场面等，具有较高的历史和艺术价值。

布达拉宫内部建筑无不着色，殿堂、宫室等重要建筑一般都有壁画。居室也要画出墙裙和幔帐。木作部分更是精雕细刻，彩绘艳丽。壁画题材广泛，有表现历史人物、历史故事的画图；也有表现宗教神话、佛经故事的题材；还有表现建筑、民俗、体育、娱乐等富于生活气息的内容。丰富多彩，犹如观看一部西藏历史、风情的画卷。

表现宗教神话和佛经故事的壁画，多采用横卷形式，将每组画面连缀起来，横向展开。每组画又往往安排一尊大型佛像或菩萨作为画面的中心，四周穿插佛传故事，构图严谨。从建筑题材的壁画中可以看到当年修建大昭寺、桑耶寺、布达拉宫等寺庙宫殿的劳动场面，还能欣赏到西藏各地寺庙的壮观景象。

布达拉宫的主要殿堂都是雕梁画栋，金碧辉煌。图案内容有云纹、卷草、缠枝卷叶、宝相花、西番莲、石榴花、法轮宝珠、梵文六字真言，八宝图及佛像、狮、象等各种植物花纹。有雕刻，也有彩画。雕刻形式有“压地隐起”和“剔地起突”两种，即浮雕和半圆雕。也有雕刻花纹是采取预先刻好的花纹，再贴到梁、柱、雀替、斗拱之上的做法。色彩以朱红、深红、金黄、橘黄等暖色为底色，衬以青、绿为主的冷色。色彩艳丽，对比强烈。

由于建筑风格的相似，有几个建筑称为小布达拉宫：日喀则的江孜古

堡、桑珠孜宗堡(元代建筑),那曲索县的赞丹寺(清代建筑),河北省避暑山庄的普陀宗乘之庙(清代建筑)、那曲县的孝登寺,而雍布拉康则大体是另外一种风格。

江孜宗堡即江孜古堡,位于西藏江孜县城里,也叫江孜宗山古堡、江孜宗堡,因古堡所在的石山叫宗山,"宗",在过去的西藏是行政单位。现有江孜宗山抗英遗址。其现存大体样式早于桑珠孜宗堡(十三宗堡最后一个),应该影响了后者的建筑风格,但二者又有很大差异。

桑珠孜宗堡含义是桑珠孜宗(十三宗之一)的宫堡,这座宏伟的山巅宫堡建筑是日喀则的地标性建筑,位于桑珠孜区(老日喀则市的新名)的宗山上,很多日喀则人称其小布达拉宫。建于 1360 年,有 600 多年的历史了,宗堡分四层,有房屋 300 多间。历史上是寺庙和日喀则区域(桑珠孜宗)政府的综合功能地,现为日喀则博物馆。

提可色宗堡,拉达克(提可色)的宗堡,被国际媒体称为修道院,其实它与日喀则的江孜古堡、桑珠孜宗堡一样——位于海拔 3600 米,是藏传佛教格鲁派的机构,后来成为寺庙,建筑风格和西藏布达拉宫相似,是拉达克中部地区最大的寺庙。

普陀宗乘之庙,河北省避暑山庄的普陀宗乘之庙为承德外八庙中规模最宏大者,建于清朝乾隆三十六年(1771 年),是乾隆皇帝为了庆祝他本人 60 寿辰和他母亲皇太后 80 寿辰而下旨仿西藏布达拉宫而建。

赞丹寺,位于西藏那曲地区索县(在那曲县西方),是藏北地区最早的黄教寺庙,山巅宫堡式建筑,其建筑风格大体类似拉萨的布达拉宫,小体上又有自己的特征(特别是下面几层白色房子的窗子是开放式)。赞丹寺建于 1668 年,是拉萨哲蚌寺的属寺,修建在雅拉多山顶上,形态类似布达拉宫。

那曲县的孝登寺修建于 1814 年,旧称"孝登呷尔巴",亦称"霞登寺",是那曲地区较有影响的大寺院。

关于布达拉宫的介绍就为大家讲到这里,接下来大家可以自由参观,按照计划的时间回到这里,祝大家玩得愉快。

案例二:大昭寺

各位游客朋友,大家好!欢迎大家来到大昭寺参观游览。我是大家的导游员小华,很荣幸陪同大家一起参观游览,下面将由我来为大家讲解大昭寺。

大昭寺位于拉萨老城区中心,占地 25100 余平方米,藏传佛教寺院,由藏王松赞干布建造,寺庙最初称“惹萨”,又名“祖拉康”“觉康”。

大昭寺是西藏现存最辉煌的建筑之一,也是西藏最早的土木结构建筑,其融合了藏、唐、尼泊尔、印度的建筑风格,成为藏式宗教建筑的千古典范。

1961 年,大昭寺被中华人民共和国国务院公布为第一批全国重点文物保护单位。大昭寺始建于 7 世纪吐蕃王朝的鼎盛时期,建造的目的据传说是为了供奉一尊佛像。大昭寺共修建了三年有余,因藏语中称“山羊”为“惹”,称“土”为“萨”,为了纪念白山羊的功绩,佛殿最初名为“惹萨”,后改称“祖拉康”(经堂),又称“觉康”(佛堂),全称为“惹萨噶喜墀囊祖拉康”,意即由山羊驮土而建的。“大昭”的名字据说与始于 15 世纪的“传昭大法会”有关。

大昭寺是西藏现存吐蕃时期的建筑,也是西藏最早的土木结构建筑,并且开创了藏式平川式的寺庙市局规式。经历多次整修、增拓,遂形成了占地 25100 余平方米的规模。值得一提的是,大昭寺内供奉的是文成公主从大唐长安带去的释迦牟尼 12 岁等身像。释迦牟尼 12 岁等身像被带到吐蕃后就被安置在大昭寺。

大昭寺不仅仅是一座供奉众多佛像、圣物以使信徒们膜拜的殿堂,它还是佛教中关于宇宙的理想模式——坛城(曼陀罗)这一密宗义理立体而真实的再现。在大昭寺的正门入口处前面,有三根石柱。一根石柱上用汉藏两种文字刻着公元 823 年签订的唐蕃会盟书。

西藏的寺院多数归属于某一藏传佛教教派,而大昭寺则是各教派共尊的神圣寺院。西藏政教合一之后,“噶厦”的政府机构也设在大昭寺内。活佛转世的“金瓶掣签”仪式历来在大昭寺进行。1995 年,确定十一

世班禅转世灵童的金瓶掣签仪式也是在这里举行的。

大昭寺殿高 4 层，整个建筑金顶、斗拱为典型的汉族风格。碉楼、雕梁则是西藏样式，主殿 2、3 层檐下排列成行的 103 个木雕伏兽和人面狮身，寺内有长近千米的藏式壁画《文成公主进藏图》和《大昭寺修建图》。这里有以下景点：

弥勒佛殿，佛殿的主尊是一尊小而精致的弥勒佛像，过去每年传召大法会期间都要抬着这尊佛像沿八廓街转经游行。一文殊菩萨像和观音菩萨像分立于这尊佛像的左右，而这两尊菩萨像旁又分别是一尊跏趺的度母像。此外，墙边的四尊愤怒相的护法神是守护这座佛殿的。门的右边是多闻天王（四大天王之一），左边是财神詹巴拉。祭坛上是一尊跏趺的杰瓦布姆喇嘛像，他曾在拉萨修建了堰坝，从而使拉萨免遭洪灾的侵袭。进门时如果仔细看佛堂的左下角，就会看到一只小的石山羊。这就是传说中背土填卧塘湖的圣羊。

观音菩萨殿，佛殿主尊是骑在一头狮子上的小的观音菩萨像（左边第一尊）而非那尊大的无量光佛，其余五尊菩萨像均为观音菩萨的不同化身，在这座佛堂与通往楼上的楼梯之间的墙上是一截顶上有个洞的柱子。许多朝圣者把耳朵紧凑在这个嗣边期望能听到鸭子拍打翅膀的声音。相传，这只鸭子存活在大昭寺的卧塘湖底。

祖孙三法王殿，佛殿主尊是藏王松赞干布，左边是藏王赤松德赞，右边是藏王赤祖德赞。这三位藏王执政时期是吐蕃的鼎盛时期，在他们的大力扶持下，佛教才得以传入吐蕃，并在此发展繁荣。他们是西藏历史上的三位法王，传统上将他们称为“祖孙三法王”。

度母殿，佛堂供奉的是度母。殿正中的大佛像即度母像，在她身后的玻璃柜中是她的主要化身“二十一度母”像。佛龛的右侧有六尊佛像，前三尊是被称为“师君三尊”的一组佛像，即寂护堪布，莲花生轨范师以及法王赤松德赞。另外三尊是“师徒三尊”，即宗喀巴大师及其两大弟子克主杰和贾曹杰。

唐蕃会盟碑。进入大昭寺前面的小广场，可以看到大昭寺的全貌。首先映入眼帘的是被围墙围起的两块石碑。南边一块便是著名的唐蕃会盟碑，高 3.42 米，宽 0.82 米，厚 0.35 米，唐长庆三年（823 年）用藏汉两种文字刻写。

解脱之门,公元9世纪,唐朝与吐蕃王朝和好,以求"彼此不为寇敌,不举兵革""务令百姓安泰,所思如一"和"永崇甥舅之好"之目的。当时的赞普赤德祖赞为表示两国人民世代友好之诚心,立此碑于大昭寺前,碑文朴实无华,言辞恳切,现碑身已有风化,至今大多数碑文仍清晰可辨。碑的旁边有一棵柳树,据传由文成公主亲手种植,当地人称为公主柳。

唐蕃会盟碑又称甥舅会盟碑,因为吐蕃赞普赤德祖赞娶的是唐朝皇帝的公主,所以他的孩子自然就要管以后的唐朝皇帝叫舅舅了。

宗喀巴及其八大弟子殿,这间佛殿是为了纪念格鲁派创始人宗喀巴而建的。佛殿中央的主尊是宗喀巴,其余八尊是他的八大弟子,其中最著名的两大弟子克主杰和贾曹杰分别位于宗喀巴像的左右两侧。宗喀巴年事渐高到偏远的山洞隐修时,这八大弟子曾陪伴在左右服侍他。宗喀巴在世时,曾由他的弟子出资制作了几尊他的塑像。据说,宗喀巴见到这尊像时,评价这尊像特别像自己。另一种说法是,这尊佛像是由护法神阎罗神奇地制成的。还有一种说法是,这尊佛像是由后来的一位蒙古皇帝出资制作的。宗喀巴像后边左侧供奉着一排他的萨迦派老师的塑像。北京雍和宫法轮殿也供养着此大师。这座佛殿的楼梯下是通向下面的湖的一扇活板门。

神变塔,7世纪时,松赞干布将戒指抛向空中,以戒指落下的地方来确定大昭寺的寺址。这枚戒指落到卧塘湖里,于是从湖里升起了一座幻化的白塔,表明已找到了合适的寺址。在13世纪,萨迦班智达按照幻化的白塔的样子建了一座白塔,后来这座塔被毁坏了,主座是为了代替萨迦班智达所建的白塔而重建的。

八药师佛殿,主座小殿中供奉的是被尊为药神的八药师。生病时或为了祈求身体安康时,信徒们认为朝拜这间佛殿能够使他们祛病强身。

无量光佛殿,这座佛殿的入口处由两尊愤怒相的护法神镇守。左边是蓝色的金刚手菩萨,右边是红色的马头明王身相之一的措利麦瓦次嘎巴。在佛殿里,主尊无量光佛两侧是两尊小的愤怒相护法神,两侧的墙边分别供有四尊跏趺的佛像。这座佛殿有时又被叫作"业障之殿"。由于这座佛殿紧挨着释尊殿前,信徒们在这里祈祷能够排除他们朝拜释迦牟尼的障碍。

莲花生佛堂,楼梯下的一个角落里供奉的是两尊莲花生塑像,右边是一尊藏王赤褪德赞像。在离开这间佛堂时，会见到左边墙上有一幅用铁栅栏围着的释迦牟尼像。据说，这里是九太菩萨以明相显现的地方。

班丹拉姆护法神殿，位于二三楼之间，神座上的班丹拉姆神像，是一尊蓝黑色的威猛女神，这是大昭寺和整个拉萨城的护法女神。

底层售票处，有楼梯可以直通二楼和三楼的平台。在平台上远眺，布达拉宫的建筑在耀眼的阳光中光芒四射。俯视可以看到大昭寺广场人流潺动，可尽览充满藏族生活气息的八廓街。夏天这里还有茶座，在此可以休息。

藏族人民有一个“先有大昭寺，后有拉萨城”的说法，大昭寺在拉萨市居于中心地位，不仅是地理位置上的，也是社会生活层面的。关于大昭寺的建立有三个传说：

传说一，大昭寺寺址最早是一片湖，松赞干布曾在此湖边，向尺尊公主许诺，随戒指所落之处修建佛殿，孰料戒指恰好落入湖内，湖面顿时遍布光网，光网之中显现出一座九级白塔。于是，一场以千只白山羊驮土建寺的浩荡工程开始了。

传说二，两位公主各自带来了一尊珍贵的释迦牟尼的佛像。作为最贵重的陪嫁，尼泊尔公主带来的是释迦牟尼 8 岁时的等身像；文成公主从内地的长安请来的是另一尊 12 岁的释迦牟尼等身佛像。藏族公认这两尊佛像是最早进入雪域高原的佛像，然后为了供养这么神圣的佛像，松赞干布就开始修建西藏佛教历史上最早的佛教建筑物。便是大昭寺和小昭寺了。

传说三，建大昭寺时，几次均遭水淹。文成公主解释说，整个青藏高原是个仰卧的罗刹女。这个魔女呈人形，头朝东，腿朝西仰卧臂，大昭寺所在的湖泊原来正好是罗刹女的心脏，湖水乃其血液。所以文成公主说大昭寺必须填湖建寺，首先把魔女的心脏给镇住。然后文成公主还同时推荐了另外十二个小寺院在边远地区，镇住魔女的四肢和各个关节，共建了十三座寺院。按照文成公主所选的位置，建寺首先要填湖。当时主要的运输工具是依靠山羊背着装着沙和土的袋子。就这样把这个湖泊给填平了，给大昭寺奠定了基础。其实拉萨这两个字就是从大昭寺演变而来的。最早拉萨不叫 LASA，古文书上都是 RASA（即“惹萨”），RA 是山羊，

SA 是土地,意思是山羊建的地方。后来因为修建了这样神圣纳佛殿,里面供奉了佛祖的像,有佛经、佛塔,还有四面八方的信徒来这里朝圣,大家都认为这个地方是佛地,所以又改称拉萨——LA 在藏语里是佛的意思,SA 是地。

关于大昭寺的介绍就为大家讲到这里,接下来大家可以自由参观,按照计划的时间回到这里,祝大家玩得愉快。

案例三:扎什伦布寺

各位游客朋友,大家好! 欢迎大家来到扎什伦布寺参观游览。我是大家的导游员小华,很荣幸陪同大家一起参观游览,下面将由我来为大家讲解扎什伦布寺。

扎什伦布寺,意为"吉祥须弥寺",全名为"扎什伦布白吉德钦曲唐结勒南巴杰瓦林",意为"吉祥须弥聚福殊胜诸方州",位于西藏自治区日喀则市南的尼色日山下,藏语意为"吉祥须弥山",始建于明正统十二年(1447 年),其后多有扩建修缮。

扎什伦布寺占地 15 万平方米,僧侣房舍 57 间,所有殿宇房屋共 3600 间,其建筑融合了藏区传统建筑特色和佛教的特点,藏族传统工艺和建筑特点,将藏传佛教的佛法艺术,班禅灵塔的庄严肃穆表现得较好。扎什伦布寺与拉萨的"三大寺"噶丹寺、色拉寺、哲蚌寺,甘肃省的拉卜楞寺、青海省塔尔寺合称藏传佛教格鲁派的"六大寺"。1961 年 3 月 4 日,扎什伦布寺被国务院公布为第一批全国重点文物保护单位。2017 年 8 月 28 日,扎什伦布寺被批准为国家 5A 级旅游景区。

扎什伦布寺是藏传佛教格鲁派政令中心,其建筑融合了藏区传统建筑特色和佛教的特点。整个寺院占地 15 万平方米,僧侣房舍 57 间,所有殿宇房屋共 3600 间,房舍鳞次栉比。扎什伦布寺依山势而建,在其四周筑有宫墙,蜿蜒曲折的宫墙与其庄严的庙宇,一同构成扎什伦布寺的神圣之源。整个寺院坐北朝南,佛教殿宇随山势次第衔接,主体随从错落有致,于不经意间体现和谐对称。扎什伦布寺的殿堂建筑在突出宗教文化与民族特色的同时,更凸显文化底蕴。

在扎什伦布寺中,大经堂是与寺庙共生的最早建筑之一,是整个寺院僧人打坐诵经的主要场所。整个大殿面积达到600多平方米,大经堂内壁四周,在墙壁上密密麻麻地掏凿出上千壁龛,内部供奉如来佛祖,天王罗汉、各种飞天神女、菩萨造像。整座大殿内部矗立着48根红木圆柱,托举着巨大的房梁,房梁上垂挂着道道经幡,在室内随着窗外吹进的凉风徐徐飘动。大殿正中供奉着班禅在此讲经解惑时的宝座,数百年间一直在此停留。在大经堂左侧,有一大佛堂。走进殿中,一尊11米高的弥勒佛像坐卧其中,成为大佛殿最醒目的室内陈设。在大佛殿右侧供奉着两米多高铜制白度母佛像。大佛堂内部地面以雪山特有的片岩铺就。大经堂与大佛殿屋顶以传统藏式宫殿形式设计,从中掺杂了中原宫殿飞檐斗拱特征,屋顶瓦片以闪亮的金黄色鎏金覆盖。在扎什伦布寺内有一座专门供奉清朝皇帝赏赐物品的殿堂,甲纳拉康佛堂,其译注为汉佛堂。整座大殿内陈设考究,内部珍藏着历代皇帝向班禅赠送的各种佛教器物,经书手谕,册封官印和珠宝玉器。与汉佛堂紧紧相连的是一座规模较小的偏殿,明清时期朝廷对班禅进行册封时,朝廷使臣与班禅进行秘密会晤就在此殿中进行。殿中现保存许多皇帝手谕和大幅画像。在正面墙上,悬挂着乾隆身穿袈裟,收转法轮的画像,下面是皇帝册封时供奉的牌位。

强巴佛殿,是扎什伦布寺里比较宏大的殿宇建筑,因殿内有一尊高近30米的强巴大铜佛而著称。强巴佛殿上下分为莲花殿、胸部殿、面部殿和冠部殿五层,从大殿攀登到顶层,共有木梯105阶。整个建筑墙体以条石垒砌而成,条石之间搭配协调缝隙紧密,底部面积862米,随着层数而逐渐收拢。底下两层楼面内有回廊环绕,每层的四角各铸有铜狮一尊,整体硕大,威武雄壮有力。强巴佛自底层起,直至五层,面南背北,以端庄姿态俯视整个殿宇,其高26.2米,肩宽11.5米,耳长2.2米,仅眉宇间镶饰的大小钻石就有32颗,珍珠、琥珀、珊瑚、松耳石有1400多颗。整体结构和谐自然,造型优美生动,是巨型雕塑中难得的精品。此尊大佛耗时四年,共耗费黄金6700两,铜23万多斤,佛像面部以各种珍贵宝石镶嵌,因强巴佛为掌管未来生死之佛，所以在藏区，强巴佛在藏族人心中地位尊贵。

释颂南捷大殿总面积为1933平方米，高度为35.25米。这座大殿建筑格局与其他灵塔殿不同，所采用的建筑材料为钢筋水泥框架结构，用花岗石砌成，殿墙厚度达1.83米，能防御八级地震。整体以藏族宗教风格为主题，借鉴各个历史时期建筑特色，大殿主题以红色、棕色组成，塔顶以藏族屋顶与宗教佛塔形式组合而成，上面鎏金镀银。整个灵塔高11.55米，整体表面镶金包银，灵塔共有三层结构，下层摆放着藏区农牧产品和各种珍贵玉器宝石。中层摆放着藏传佛教格鲁派佛经著作，以及历代班禅学法心得体会笔记。历史传承的古代贝叶经，金字经书。最上层供奉着传世佛像，正中央为十世班禅法体真身，周围安放着各种宗教祭品。十世班禅大师灵塔面积为253平方米，塔身高11.55米，以金皮包裹，遍镶珠宝。共用宝石868个，珠宝24种6794颗，还有大陨石1个、金制护身符13个，琥珀445个。

五至九世班禅合葬灵塔殿“扎什南捷”，是整个扎什伦布寺规模最大的建筑，总面积达2000平方米。大殿内供奉着五至九世班禅合葬灵塔殿“扎什南捷”，大殿整体规模宏伟壮观，底部一、二层为藏式回廊结构，在中部隆起高塔建筑。大殿整体仍然采用藏式传统建筑表现，以红墙白窗为主体结构，藏式回廊以砖石砌成，映衬出所拱卫灵塔殿的高贵。灵塔殿内建有高达33.17米灵塔，周身以鎏金白银包裹，上面镶嵌着无数珠宝，在灵塔上雕刻出众多佛像，灵塔内安放着五具檀香木匣，里面装载着五至九世班禅遗骸，整个大殿面积广大，四周墙壁绘满了描写这几位班禅生平业绩的壁画。

度母殿又称强巴康，以供奉藏族佛教菩萨度母为主。整体建筑仍以藏族民族特色为主，大殿结构紧凑高耸，屋顶以佛家曼陀罗鎏金，大殿内有佛塔。

曲康夏为四世班禅灵塔殿，因扎什伦布寺为四世班禅亲自监工建造，所以他的灵塔殿级别高。灵塔殿整体建筑融合了汉藏宫殿建筑特点。在其基础及殿堂墙壁是以传统藏式结构筑造，朱红色的墙面与白色门窗点缀，窗下是用白色缎带进行点缀，风吹裙动，煞是美丽。整个大殿民族特点鲜明。大殿屋顶为中原传统殿堂屋顶结构建筑，飞檐斗拱衬托大殿的高贵大气。房顶正中耸立着藏族塔尖造型,整个屋顶以金色覆盖。四世班禅的灵塔殿,在扎什伦布寺建成之时,面积较小,仅仅只有一层建筑,后来班禅对这座灵塔不断扩建修缮,逐渐增加到四层建筑。建筑规模的扩大,使信徒对四世班禅更加崇敬,捐献的宝物络绎不绝。在灵塔大殿内,有高达 11 米的供奉灵塔,上面缀满了金银珠宝,色彩缤纷。大殿内抬头仰望,显得整个大殿空旷,数道经幡从上空垂挂,墙壁四周佛像林立,酥油灯点缀其中,使得整个大殿灯光辉映珍宝,殿堂气氛庄重。

措钦大殿 (大经堂)位于全寺的中心地带,面阔 9 间,进深 7 间,有 48 根柱子,是全寺最为古老的建筑之一。可容僧众 3800 人。正中为释迦牟尼佛殿,供奉着释迦牟尼镀金佛像。

甲纳拉康意为汉佛堂,这在西藏其他寺院是没有的。它位于四世班禅灵塔殿西侧,是七世班禅丹必尼玛在乾隆年间所建。殿内专设一室供奉乾隆皇帝画像原作,像前有一“道光皇帝万岁万岁万万岁”的牌位。汉佛堂内的偏殿是清朝驻藏大臣同班禅会晤时的客厅。据说过去每逢皇帝传下圣旨,便由驻藏大臣在此佛堂宣读,班禅接旨后,再同驻藏大臣到会晤厅叙谈。在陈列厅还珍藏着清朝皇室赐给历世班禅的金册金印、玉册玉印等珍品,以及各种礼品,如隋唐时期的古佛、唐朝的九尊青铜佛像、元朝的赤身女度母像、明朝的永乐古瓷,以及罕见的贝叶经、玉石如意、元明织品等等。

展佛台位于扎什伦布寺最东头,已有 500 多年的历史。史书记载,扎什伦布寺的建造者根敦珠巴是后藏萨迦人,也是把黄教传到后藏的第一人。根敦珠巴 7 岁时父亲去世,15 岁时拜珠巴喜饶为师。明永乐十三年(1415 年),他在扎西多喀首次拜见宗喀巴大师,之后到拉萨甘丹寺拜宗喀巴为师,成为宗喀巴大师最得力的弟子之一。宗喀巴圆寂后,根敦珠巴返回后藏。明正统十一年(1446 年),根敦珠巴为纪念去世的经师喜饶僧格,聘请西藏、尼泊尔工匠在日喀则精制了一尊 2.7 米高的释迦牟尼镀金铜像。为安放这尊铜像,根敦珠巴在帕竹政权的资助下,于明正统十二年(1447 年)9 月开始修建寺院,历时 12 年,将所造之像置于该寺净室内。扎什伦布寺建成,根敦珠巴成为第一任住持。他在任 25 年,声名显赫,弟子众多。在扎什伦布寺最兴盛时,喇嘛多达 5000 余人,成为格鲁派在后藏地区最大的寺院。

关于扎什伦布寺的介绍就为大家讲到这里,接下来大家可以自由参观,按照计划的时间回到这里,祝大家玩得愉快。

案例四:孔庙、国子监

各位游客朋友,大家好!欢迎大家来到孔庙和国子监参观游览。我是大家的导游员小华,很荣幸陪同大家一起参观游览,下面将由我来为大家讲解孔庙和国子监。

孔庙和国子监位于北京东城区国子监街,始建于元代,分别是元明清三代皇家祭孔的重要场所以及中央最高学府和教育行政管理机构。因合于"左庙右学"的古制,两组建筑群紧邻而建,构成了一组完整的庙学建筑群。

孔庙为元明清三朝祭祀孔子的场所。北京孔庙与南京夫子庙、吉林孔庙和曲阜文庙并称为中国四大文庙。祭祀孔子的礼仪在古代"五礼"中属于吉礼的范畴,而在吉礼中,祭孔又属于大祀、中祀、群祀三个等级中大祀的范围。清代以来每年在仲春上丁日和仲秋上丁日举行祭孔典礼,又称"丁祀"。北京孔庙始建于元成宗大德六年(1302 年),于大德十年(1306 年)建成。明永乐九年(1411 年)在原来的基础上重建孔庙,以后明朝各代皇帝都对孔庙进行过不断的修葺增建。清朝又多次对孔庙进行修缮,乾隆皇帝为加强对汉族的控制,于乾隆二年(1737 年)命令将孔庙的主要建筑改为铺黄琉璃瓦,以示尊孔。光绪三十二年(1906 年)又将大成殿由七三开间扩大为九五开间。民国初年大修孔庙后,形成如今的格局。

中华人民共和国成立后孔庙得到了妥善的维护,1981 年,孔庙被辟为首都博物馆;1988 年被国务院列为全国重点文物保护单位;2005 年,政

府拨款大修孔庙;2008 年,孔庙正式对公众开放。

国子监是中国封建时代的最高学府和教育管理机构。西汉时汉武帝采纳董仲舒的意见"兴太学,置名师以养天下士",于元朔五年(前 124 年)正式建立太学。西晋咸宁二年(276 年),在太学之外,为官宦子弟专设国子学,北齐时改称国子寺。隋文帝时,以国子寺总辖国子、太学、四门等学,隋炀帝时改称国子监。元代设国子学,蒙古国子学,回回国子学,分别设监管理。明清两朝仅设国子监,兼具最高学府和教育管理机关的两重功能。

北京国子监始建于元至元二十四年(1287 年),明英宗正统年间进行了较大规模的改建、扩建。清乾隆年间又进行了改造,增建了"辟雍"皇家建筑,形成了今天的格局。历经元明清三朝,至今国子监已有 700 多年的历史。明清两代监学合一,国子监既为中央大学,称太学,又是官署衙门,与国子监东侧的孔庙构成"左庙右学"之制,所以又称之为"庙学"。清光绪三十一年(1905 年),清廷废除科举制度以后,改革旧教育体制,成立了学部,国子监的各项职能归学部执掌,国子监从此完成了历史使命。

中华人民共和国成立后,国子监被辟为首都图书馆,1988 年被国务院列为全国重点文物保护单位。2005 年首都图书馆迁出,经过政府投资修缮后,国子监恢复了历史格局与规制。

下面我们首先游览孔庙。孔庙坐北朝南,占地 22000 平方米,建筑面积 7400 平方米。它以大成殿为中心,南北中轴线上有三进院落。主建筑为先师门、大成门、大成殿、崇圣祠等。

现在我们看到的是先师门,先师门是孔庙大门,为单檐歇山顶。清乾隆三十三年(1768 年)钦定为"先师门",乾隆皇帝亲自御书题额。门外两侧各立下马碑一方,碑上刻有"官员人等至此下马"字样。门内悬一钟一鼓,为祭孔活动之用。每逢皇帝祭孔,鸣钟 108 响,击鼓 360 通。钟鼓齐鸣,百官就位,仪式开始。

过了先师门就是大成门,大成门门前院落有元明清三代进士题名碑分列左右。进士提名始于唐代"雁塔题名"。后来,进士题名成为国家行为,凡中进士者国家会出钱立碑,将进士名字刻于碑上,以示褒扬,以垂永久。孔庙内现有进士题名碑 198 座,共记载了元、明、清三代 51624 名进士的名次、姓名、籍贯;其中元朝碑 3 块,明代碑 77 块,清代碑 118 块。

大成门前廊两侧摆放着 10 枚石鼓，每枚石鼓的鼓面上都篆刻着一首上古游猎诗。两侧各立有一碑，东侧碑文记载了乾隆五十五年（1790 年）重刻石鼓的经过，西侧碑是清代大书法家张照草书唐代韩愈所作的《石鼓歌》。大成门前东侧立有加号碑一座，内容记述元大德十一年（1307 年）诏命孔子加谥为"大成至圣文宣王"，这是孔子在历代所获得的最高称誉。

进大成门看到的是大成殿院落。大成殿院内青砖铺地，苍松翠柏，古树参天。殿前甬道左右列御碑亭 11 座，西南隅为焚帛炉（燎炉），西北为瘗坎。院中西侧林荫树下有一眼明代古井，井水浅而甘洌。相传当时文人多饮此井之水，意为文思可如泉涌，乾隆皇帝为其赐名"砚水湖"。殿前露台西侧有一古柏，因其树枝曾挑落明嘉靖年间的奸相严嵩的帽子，后人认为此树能辨忠奸，故称为"触奸柏"或"辨奸柏"。据说，这株古柏为元代国子监祭酒（校长）许衡所植，至今已 700 多年，仍枝繁叶茂，挺拔苍劲。

大成殿院内就是大成殿，大成殿是孔庙的主体建筑，是供奉孔子神位，祭孔时皇帝行礼的地方。现存大成殿为清光绪三十二年（1906 年）扩建而成。大成殿为重檐庑殿顶，覆黄琉璃瓦，九五开间，殿内铺金砖，形制与故宫太和殿相同。大殿檐下上方悬康熙御笔"万世师表"匾，两侧为雍正御笔"生民未有"匾、乾隆御笔"与天地参"匾。大殿正中供奉孔子神龛，神龛内供孔子神牌，上书"至圣先师孔子神位"字样。主位两旁设有"四配"的神牌，即复圣颜子（颜回）、述圣孔伋（孔夫子之孙）、宗圣曾子（曾参）和亚圣孟子（孟轲）。东西两侧为历代圣哲十二人的牌位，称"十二哲"。

出大成殿往西就能看到十三经碑林。十三经碑林即"十三经刻石"，又称"乾隆石经"，原存放于国子监东西六堂，1956 年修缮国子监时移至孔庙与国子监之间的夹道内。石经的文字出自江苏贡生蒋衡之手。他历时 12 年，抄写"十三经"文字 63 万字，字迹工整，一丝不苟。乾隆五十六年（1791 年），钦命和珅、刘墉等人考订文字，并动工刻石，乾隆五十九年（1794 年）刻竣。这套石碑共有 189 座，加上"御制告成碑"一共 190 座。

"十三经"是儒家学派的十三部经典著作，即《周易》《尚书》《诗经》《周礼》《仪礼》《礼记》《春秋 · 左氏传》《春秋 · 公羊传》《春秋 · 穀梁传》《论语》《孟子》《孝经》和《尔雅》。

经过十三经碑林即可到达国子监。国子监正门叫集贤门。门前东西各立跨街牌楼一座,上题“国子监”三字。牌楼原为木质结构,民国时改建为水泥仿木结构,敷以彩绘。集贤门内即国子监的第一进院落。院东有持敬门通孔庙,院北正中为太学门。

太学门平日不开启,专为皇帝亲临使用。日常国子监师生只能走两边侧门。进太学门即国子监的中院,国子监的主要建筑都集中在这个院子里。以中间的辟雍大殿为中心,东西侧有六堂,南为四柱三楼琉璃牌楼,牌楼上南北两面分别有“圜桥教泽”“学海节观”的横额,是乾隆皇帝御笔亲书。左右有碑亭、钟鼓亭,彝伦堂、东西讲堂、博士厅、绳愆厅分布在周围。院内古木参天,绿草如茵,环境雅静。

“辟雍”最早见于《诗经》:“于乐钟鼓,于乐辟雍。”辟雍是古代帝王讲学的地方,其建筑形制既有“象圆璧以法天”的含义,又有“雍之以水象教化流行”的含义。历朝皇帝营建辟雍不绝于史,但只见于文字,未有实物留存。

为庆祝登基50年举行临雍大典,乾隆皇帝决定在国子监兴建辟雍。辟雍始建于清乾隆四十八年(1783年),四十九年(1784年)竣工。辟雍的设计者刘墉本着“复古而不泥古,循名以务实”的原则,“因心作则”创造性地建成了世界上唯一的辟雍圜水建筑,整座建筑制度讲究,规制宏丽,使千百年来文献中的“辟雍”呈现在世人面前。

辟雍大殿坐北朝南,坐落在一环形池水当中,圆形喻天。环池四面通桥,池边护以石栏。池之东西南北各有一注水龙头,池中之水由四井通过暗沟从龙头注入池中。注水时,水声轰鸣,十分壮观。辟雍大殿坐落在池中央的台地上,殿基方形喻地。大殿为重檐四角攒尖顶,覆黄琉璃瓦,顶冠鎏金宝顶。大殿四面各三间,四面开门,门前出陛。大殿四周有外方内圆的廊柱两层,整个大殿辉煌壮丽,举世无双。著名古建学家梁思成曾把辟雍与故宫三大殿(太和殿、中和殿、保和殿)、天坛祈年殿、颐和园仁寿殿合称为六大宫殿,其历史地位独特。

辟雍建成后的第一次临雍讲学大典举行于乾隆五十年(1785年)春二月丁亥日。天子临雍过程大体包括起驾、祭孔、临雍、开讲等环节。乾隆皇帝临雍,为国子监学生讲学。

国子监中院东西两序,各有堂屋三所,通脊连檐,堂堂相接。每堂有通屋11间,共66间。东序自北而南依次为率性堂、诚心堂、崇志堂;西序自北而南依次为修道堂、正义堂、广业堂。这六堂是学生上课学习的地方。

国子监的学生通称为监生。监生以贡生为主,贡生是由各府、州、县学选拔的资格优异者,主要学习儒家经典,以便应试科举。

彝伦堂原名崇文阁,建于元皇庆二年(1313 年),是国子监藏书的地方,明朝永乐年间重建,改名为“彝伦堂”。大堂中门上方“彝伦堂”横匾,是清康熙皇帝御笔。在未建辟雍大殿之前,皇帝们都是在彝伦堂讲学。

关于孔庙和国子监的介绍就为大家讲到这里,接下来大家可以自由参观,请按照计划的时间回到这里,祝大家玩得愉快。

8.4.4 现代建筑类景点讲解举例

案例一:国家体育馆(鸟巢)和国家游泳中心(水立方)

各位游客朋友,大家好!欢迎大家来到鸟巢和水立方参观游览。我是大家的导游员小华,很荣幸陪同大家一起参观游览,下面将由我来为大家讲解鸟巢和水立方。

鸟巢是奥运会的主会馆,你们知道开幕式和闭幕式是在哪里开的吗?对了,就在“鸟巢”!

“鸟巢”,是第 29 届奥林匹克运动会的主会场,位于北京奥林匹克公园内、北京城市中轴线北端的东侧。建筑面积 25.8 万平方米,用地面积 20.4 万平方米。2008 年奥运会期间,承担开幕式、闭幕式、田径比赛、男子足球决赛等赛事活动,能容纳观众 10 万人,其中临时坐席 2 万座。奥运会后,可容纳观众 8 万人,可承担特殊重大体育比赛、各类常规赛事以及非竞赛项目,并将成为北京市提供市民广泛参与体育活动及享受体育娱乐的大型专业场所,成为全国具有标志性的体育娱乐建筑。

你们知道“鸟巢”是由谁来设计的吗?让我来告诉你们吧!“鸟巢”,是由 2001 年普利茨克奖获得者赫尔佐格、德梅隆与中国建筑师李兴刚等合作完成的巨型体育场设计,形态如同孕育生命的“巢”,它更像一个摇篮,寄托着人类对未来的希望。设计者们对这个国家体育场没有做任何多余的处理,只是坦率地把结构暴露在外,因而自然形成了建筑的外观。

我再来向大家介绍一下“鸟巢”的设计理念。

国家体育场坐落在奥林匹克公园中央区平缓的坡地上，场馆设计如同一个容器，高低起伏变化的外观缓和了建筑的体量感，并赋予了戏剧性和具有震撼力的形体，国家体育场的形象完美纯净，外观即为建筑的结构，立面与结构达到了完美的统一。结构的组件相互支撑，形成了网络状的构架，它就像树枝编织的鸟巢。体育场的空间效果既具有前所未有的独创性，又简洁而典雅，它为2008年奥运会树立了一座独特的历史性的标志性建筑。体育场就像一个巨大的容器，不论是近看还是远观，都给人留下与众不同的、永不磨灭的形象，它完全符合国家体育场在功能和技术上的需求，又不同于一般体育场建筑中大跨度结构和数码屏幕为主体的设计手法。从这里，人们可以浏览包括通往看台的楼梯在内的整个区域动线。体育场大厅，是一个室内的城市空间，设有餐厅和商店，其作用就如同商业街廊或广场，吸引着人们流连忘返。

“鸟巢”体育场外壳采用可作为填充物的气垫膜，使屋顶达到完全防水的要求，阳光可以穿过透明的屋顶满足室内草坪的生长需要。比赛时，看台是可以通过多种方式进行变化的，可以满足不同时期不同观众量的要求，奥运期间的20000个临时坐席分布在体育场的最上端，且能保证每个人都能清楚地看到整个赛场。入口、出口及人群流动通过流线区域的合理划分和设计得到了完美的解决。

很多看过“鸟巢”设计模型的人这样形容：那是一个用树枝般的钢网把一个可容10万人的体育场编织成的一个温馨鸟巢！用来孕育与呵护生命的“巢”，寄托着人类对未来的希望。

整个体育场结构的组件相互支撑，形成网格状的构架，外观看上去就仿佛树枝织成的鸟巢，其灰色矿质般的钢网以透明的膜材料覆盖，其中包含着一个土红色的碗状体育场看台。在这里，中国传统文化中镂空的手法、陶瓷的纹路、红色的灿烂与热烈，与现代最先进的钢结构设计完美地相融在一起。

整个建筑通过巨型网状结构联系，内部没有一根立柱，看台是一个完整的没有任何遮挡的碗状造型，如同一个巨大的容器，赋予体育场以不可思议的戏剧性和无与伦比的震撼力。这种均匀而连续的环形也将使观众获得最佳的视野，带动他们的兴奋情绪，并激励运动员向更快、更高、更强冲刺。在这里，人，真正被赋予中心的地位。

在中国文化里，水是一种重要的自然元素，能激发起人们欢乐的情绪。国家游泳中心赛后成为北京最大的水上乐园，所以设计者针对各个年龄层次的人，探寻水可以提供的各种娱乐方式，开发出水的各种不同的用途，他们将这种设计理念称作“水立方”。希望它能激发人们的灵感和热情，丰富人们的生活，并为人们提供一个记忆的载体。

水立方不仅是一幢优美而复杂的建筑，它还能激发人们的灵感和热情，丰富人们的生活，为人们提供记忆的载体。因此设计中不仅利用水的装饰作用，同时还利用其独特的微观结构。采用在整个建筑内外层包裹的 ETFE 膜（乙烯-四氟乙烯共聚物）是一种轻质新型材料，具有有效的热学性能和透光性，可以调节室内环境，冬季保温、夏季散热，而且还会避免建筑结构受到游泳中心内部环境的侵蚀。更神奇的是，如果 ETFE 膜有一个破洞，不必更换，只需打上一块补丁，它便会自行愈合，过一段时间就会恢复原貌！

在设计中还充分考虑了环保的需要。为了减少二氧化碳的产生，在设计中减少了电的使用。利用太阳能电池提供电力。大幅地使用了新型材料，使空调和照明负荷降低了 20%~30%。另外，游泳中心消耗掉的水分将有 80%被屋顶收集并循环使用，这样可以减弱对于供水的依赖和减少排放到下水道中的污水。系统对废热进行回收，热回收冷冻机的应用一年将节省 60 万度电。还有现代化消防装置为建筑量身定做，比常规设施节约 74%。

关于国家体育场（鸟巢）和国家游泳中心（水立方）的介绍就为大家讲到这里，接下来大家可以自由参观，请按照计划的时间回到这里，祝大家玩得愉快。

案例二：侵华日军南京大屠杀遇难同胞纪念馆

各位游客朋友，大家好！欢迎大家来到侵华日军南京大屠杀遇难同胞纪念馆参观游览。我是大家的导游员小华，很荣幸陪同大家一起参观游览，下面将由我来为大家讲解侵华日军南京大屠杀遇难同胞纪念馆。

该馆坐落在南京市江东门，这里是侵华日军集体屠杀南京同胞遗址和遇难同胞丛葬地。为悼念遇难同胞，南京人民于 1985 年修建了纪念馆，1995 年又进行了扩建。纪念馆占地面积 30000 平方米，建筑面积

3000 平方米。它由两院院士、东南大学建筑研究所所长齐康教授担任总体建筑设计，打破了中国纪念性建筑常用匀称堡垒式的传统风格，整座建筑采用灰白色花岗岩垒砌而成，气势恢宏，庄严肃穆，别具一格，被誉为一部用石头筑成的史书，先后获得“中国八十年代十大优秀建筑设计”和“中国当代环境艺术设计十佳”等殊荣。

在第二次世界大战期间，日本军国主义对亚洲太平洋地区的国家和人民犯下了一系列侵略和屠杀的暴行，其中最集中、最突出的一例，就是日军在短短的六个星期内，在南京一座城市便杀害了无辜平民和俘虏 30 万人以上，制造了震惊中外、惨绝人寰的南京大屠杀惨案。纪念馆就是以史料、文物、建筑、雕塑、影视等综合手法，全面展示南京大屠杀特大惨案的专史陈列馆。它是对内进行爱国主义教育、对外宣传和平友好的重要阵地，先后被国家教委等六部委分别命名为“全国百家中小学爱国主义教育基地”和“全国百家爱国主义教育示范基地”。

大门左侧，镌刻着用中英两种文字书写的馆名“侵华日军南京大屠杀遇难同胞纪念馆”。大门中间的立柱上，镶嵌着“全国青少年教育基地”的铜牌。

纪念馆的陈列内容共分为广场陈列、遗骨陈列、史料陈列三个部分。下面先介绍广场及遗骨陈列。走进大门，门西侧的墙上镶嵌着奉献碑。碑上刻着为纪念馆二期工程建设捐款的单位和个人名单。请哪位观众说一说，这座碑的外形像什么？上面刻着的一排阿拉伯数字说明了什么？下面的方坑内为什么放着许多大小不一的鹅卵石？（停顿片刻）它叫标志碑，外形像一个巨大的十字架。碑高 12. 13 米，象征着南京城是在 12 月 13 日沦陷的。碑的上端刻着一排黑色的阿拉伯数字“1937. 12. 13—1938. 1”，那是南京大屠杀发生的时间。碑的下方是一个方形的坑，坑内铺满了象征遇难者白骨的鹅卵石，寓意着纪念馆是建立在江东门“万人坑”遗址之上的。

请游客朋友们猜猜看，这座雕塑的构思是什么？（停顿片刻）这是一座名为“300000 人”的抽象雕塑。它用三个黑色的三棱柱和五个褐红色的圆圈，组成“300000”的字样，中间的三根黑色横梁为一个倒下的“人”字。

请大家看一看地面上刻着什么字？（停顿片刻）对！这是“祭奠”的祭字。因为每年的 12 月 13 日，江苏省暨南京市社会各界人士，都要在这里举行悼念仪式,祭奠遭侵华日军屠杀的遇难同胞。这个广场因此取名为悼念广场。

这是一座大型组合雕塑。大家可以想想看,它们各象征着什么?(停顿片刻)这座雕塑取名为“古城的灾难”。它是由残破的“城墙”、残缺的“军刀”“历史的桥梁”“遇难者的头颅”和“手臂”“长明火”等一个个雕塑,以及象征着遇难者累累白骨的鹅卵石组合而成的,它们表达的主题为“悲与愤”。

请看,象征古城南京的高大城墙上弹痕累累,墙体的左上角虽然被炮火震开了裂口,但仍然刚强地屹立着,不倒不塌,寓意为中国人民在侵略势力面前英勇不屈的大无畏精神。这是一把折断的“日本军刀”后半截,刀的截面处做了颜色处理,好像仍残留着遇难者的血迹,刀面上刻着“300000”的数字,寓意为侵华日军曾经在南京杀害了30多万人。这尊象征着遇难者的头颅高2.7米,直径为2.5米,重达2吨,是用青铜浇铸而成的。它圆睁着不屈的双眼,张开着含冤的嘴巴,脸颊因被刀砍开一条深深的缺口而痉挛地抽搐着。那座用青铜铸造的手臂长7米、高2.75米、重5吨,意为被活埋的遇难者从泥土中伸出不屈的手臂,那只挣扎着的大手仍紧紧地抓住南京的土地。这两尊青铜雕塑,是由南京青年雕塑家吴显林设计,南京晨光机械厂浇铸。整座雕塑寓意为“站在历史的桥梁上,回眸20世纪30年代发生在古城南京的一幕人间特大惨案”。

走过历史的桥梁,来到祭奠广场上。请游客朋友们根据笔迹看,碑上的题字是哪位伟人题写的?

(稍停片刻)迎面的石壁宛如一块巨大的纪念碑,上面刻着馆名。石壁前有三排郁郁葱葱的松柏,是对纪念碑的点缀和衬托。在这里,每年都有许多中外观众敬献花圈,向遇难者致哀。所以,这个小广场取名为祭奠广场。

登上台阶,迎面的石壁上用中、英、日三国文字镌刻着一排黑色大字:“遇难者300000”,把纪念馆陈列的主题显示出来,使人们留下难以忘怀的印象。

江东门一带是南京大屠杀历史事件有代表性的遗址之一,也是“万人坑”遗址之一。据史料记载和幸存者的回忆,当年侵华日军曾在这里屠杀10000多名放下武器的中国士兵和平民百姓,后经南京慈善团体收尸掩埋于两大土坑内。因此，纪念馆主体建筑呈纪念性墓地的风格。墓地广场上鹅卵石铺地，寸草不生，象征着白骨累累，象征着死亡；而两边翠绿的草坪和院墙外的常青树又象征着生命力和抗争精神；生与死在这里形成了强烈的对比，生与死的主题展示在一线之间。那几棵枯树既代表着南京城当年有三分之一的建筑物被烧毁，又点缀了凄惨的氛围。大家知道远处的小房子外形象征什么？（稍停片刻）远处的遇难同胞遗骨陈列室用青灰色花岗岩贴面，外形如同棺椁，室内陈列着从“万人坑”挖出来的部分遇难同胞的遗骨。

院内小道两旁，安放着17块小型碑雕，这是全市各地所立遇难同胞纪念碑的缩影和集中陈列。四周围墙呈断垣残壁形状，标志着南京城当时受到严重的毁坏，到处是一片废墟。围墙上镶嵌着三组大型浮雕。它是根据历史的照片，用艺术的手法，向人们再现了南京大屠杀历史事件前后的情景。

关于侵华日军南京大屠杀遇难同胞纪念馆的介绍就为大家讲到这里，接下来大家可以自由参观，按照计划的时间回到这里。

8.4.5 主题公园类景点讲解举例

案例一：开封清明上河园

各位游客朋友，大家好！欢迎大家来到开封清明上河园。我是大家的导游员小华，很荣幸陪同大家一起参观游览，下面将由我来为大家讲解清明上河园。

我给大家简单介绍一下它的情况。熟悉中国历史和艺术的朋友可能都知道，《清明上河图》是我国宋代著名画家张择端的传世名作，它生动形象地描绘了东京开封城的繁华景象。开封清明上河园以《清明上河图》为蓝本，按照图中的布局，采用宋代营造法式，结合现在的建筑方式，集中再现了原图的风物景观和民俗风情。清明上河园占地面积600亩，其中水上面积170亩。整个园区大体分为南苑和北苑两大景区，南苑重在表现市井生活、民俗风情，北苑重在表现皇家园村、宫廷娱乐。

现在我们所处的位置就是开封大型民俗主题公园——清明上河园的大门口。清明上河园是仿照北宋著名画家张择端的《清明上河图》，按1:1

的比例原样建造而成的,完美再现出宋代开封繁华如梦的盛景,使您一朝步入画卷,一日梦回千年!

来得早不如来得巧,我们正赶上隆重且具有浓厚宋代色彩的开园仪式。首先出场的是马队。骑手们个个身着宋式短装,手擎彩旗,在一片冲天锣鼓声中呼啸而来,分列场地两旁。紧接着奔腾而出的是欢迎盘鼓,盘鼓手也是宋装打扮,大鼓悬在腰间,动作整齐划一,鼓声震天,欢快豪放。最后在张龙、赵虎、王朝、马汉簇拥下,一代名相包青天出场了,只见他铁面黝黑,双目有神,大步向我们走来。至此,马队手们手中旌旗挥舞,盘鼓手手中大鼓齐震,让我们在"包大人"的带领下,共同走进清明上河园吧。

现在我们走进的是迎宾门,您看到的这座大型人物雕像,就是《清明上河图》的作者张择端。张择端,字正道,号文友,山东诸城人,宋代著名的宫廷画家。年轻时游学于京师,擅长画舟、车马、集市、桥梁等景物,风格自成一家。他创作的《清明上河图》是以北宋东京开封为背景的长卷风俗画。整个雕像高6米,重达30吨。您看,这位艺术大师手捧画卷,凝视远方,炯炯的目光仿佛看透了800年来的风云变幻、世事沧桑,又像是在祝福咱们古老开封的再次辉煌。

游客朋友们,我们现在所在的位置是东京码头。在《清明上河图》中,这里是一片舟船云集、水运繁忙的景象。码头下面就是被人们称为东京"生命之河"的古汴河。汴河是我国最早开发的古运河之一,它的历史可以一直追溯到春秋战国时期。公元前360年,"战国七雄"之一的魏国魏惠王为了称霸中原,在这里开挖了鸿沟,从现在的河南荥阳引入黄河水,向东经过开封,再到淮阳进入颍水,中原地区从此形成了以鸿沟为主体的水上交通网络,运输状况大大改善。秦朝末年,楚汉相争,西楚霸王项羽和汉高祖刘邦就曾划鸿沟为界。到了现在,中国象棋里的分界线用的也是这条鸿沟。隋朝时,隋炀帝开通大运河,重新疏通了鸿沟,改名为通济渠。通济渠上起黄河洛阳、下至淮河,直通长江,成为南北交通和文化交流的大动脉。当时名叫汴州的开封因为位于运河的中心而逐渐兴盛起来,唐代改称汴河,"安史之乱"以后,长安、洛阳遭到严重破坏,开封的地位更加突出。可以说,正是靠着这种有利的地势,开封才取代长安和洛阳,成为闻名于世的七朝古都。

您眼前这座横跨于汴河之上、形似彩虹的桥就是被称为“中国十大古桥”之一的虹桥，也就是《清明上河图》中的主体画面。虹桥采用叠梁木拱无柱结构，这种样式最早出现在山东青州，当时是木质结构，现在我们用钢筋混凝土加以重建。它横跨25米，高5米，宽9.8米。由于没有桥墩，更加便于行船，所以北宋时东京仅汴河上就有3座这种样式的桥梁，极大地方便了京城的交通。您看，桥的两端各有两根9米高的柱子，每根柱子顶端都有一个能自由转动的圆盘，盘里站着一只远望的白鹤。白鹤的羽毛有5两重和8两重之分，只要风一吹就能随着圆盘转动，人们可以根据柱子上的十字形交仪木来辨别方向。这就是古代的“风向标”。

当您站在虹桥上，3800米汴河的风光尽收眼底。北宋时汴河横穿整个城市，给开封带来了空前繁荣，被称为“大宋建国之本”。因为水上运输的方便快捷，商人多在河边买卖交易，尤其桥的两端更是商铺林立，当时的人称之为“河市”，人们到河边进行贸易也称为“上河”。

请大家随我向前走。“迎秋亭处登高门，四周秀景无处隐。心旷神怡随心欲，算是白丁也能吟。”这首诗便是赞美这座巍峨壮观的城门的。城楼正脊高21.6米，门洞高8米，总建筑面积1553平方米，名曰“上善门”。在《清明上河图》中描绘的这座城门，恰好把城内繁华区和城外沿河闹市一分为二。所以，过了这座城门，我们才算进城。城内有许多店铺，您可以选购自己喜爱的工艺美术品，也可以欣赏王员外招婿、杨志卖刀、梁山好汉劫囚车、杂耍艺人表演等节目，还可以在食街品尝各类民间小吃。

关于清明上河园的介绍就为大家讲到这里，接下来大家可以自由参观，按照计划的时间回到这里，祝大家玩得愉快。

案例二：北海公园

各位游客朋友，大家好！欢迎大家来到北海公园参观游览。我是大家的导游员小华，很荣幸陪同大家一起参观游览，下面将由我来为大家讲解北海公园。

北海公园位于北京市中心区，始建于金代，为中国古代皇家园林。全园面积约 71 万平方米，水面约 40 万平方米，陆地约占 31 万平方米。这里是金、元时期的离宫，明、清时期的帝王宫苑，是中国现存最古老的皇家园林之一。1925 年开放为公园，1961 年被列为全国重点文物保护单位。

我们首先游览团城。团城位于北海公园南部，是一座小型城池建筑，城高 4.6 米，周长 276 米，面积 4553 平方米。团城的主建筑是承光殿，元代称仪天殿，明永乐年间改称承光殿，清康熙二十九年(1690 年)重建。殿内正中木雕佛龛内供奉着白玉释迦牟尼佛坐像，高 1.5 米，重约 1.2 吨，是用一块白玉雕成。殿内“大圆宝镜”匾额为慈禧太后题写。承光殿前为玉瓮亭，亭内玉瓮是用一块墨玉雕成的，雕制于元至元二年(1265 年)，元世祖忽必烈为其赐名曰“渎山大玉海”。玉瓮内壁上镌刻有乾隆皇帝所作的《玉瓮歌》，外壁上随玉石原料形态雕刻有腾龙闹海图案，精巧至极。

走下团城，走过永安桥就到了琼华岛。永安桥始建于元代，当时为木石结构，清乾隆三十五年(1770 年)改建为三孔券洞石桥。桥两端各建有一座结构相同的牌楼，北面的枋心额题为“堆云”，南面的枋心额题为“积翠”，故永安桥也称“堆云积翠桥”。两座牌楼下各有一对石狮，桥北的石狮正对着永安寺庙门。

永安寺位于白塔山南坡，始建于清顺治八年(1651 年)。清乾隆八年(1743 年)改称为永安寺。永安寺是皇家寺庙，山门前置有铜龟、铜鹤各一对，寓意大清江山千秋万代。寺前一对石狮正对庙门，因此老北京流传着这样一句歇后语“永安寺的狮子——头朝里”，嘲讽自私自利的人。实际上这对石狮是永安桥的，不是配给永安寺山门的。永安寺正殿为法轮殿，殿中供奉释迦牟尼佛坐像，旁边为八大菩萨，两侧山墙下供奉十八罗汉。法轮殿后半山腰的平台处，“龙光紫照”牌楼左侧是“涤霭”亭，亭内石幢四面镌刻着乾隆皇帝御制《塔山四面记》；右侧是“引胜”亭，亭内石幢四面分别用满、汉、蒙、藏四种文字镌刻着乾隆皇帝御制《白塔山总记》，其内容是对北海景色的生动描写。

白塔耸立在琼华岛最高处，高 35.9 米，是北海的标志性建筑。白塔建于清顺治八年(1651 年)，由塔基、塔身、相轮、宝顶四部分组成。塔基为砖、石结构的须弥座,座上有三层圆台。塔身是砖、石、木结构,身上有306个通风孔,南面正中为眼光门,中间刻有由7个梵文字母和3个图案组成的"十相自在图"。相轮也叫十三天,为砖、石、木结构,象征天的最高处。镏金宝顶由铜质镂空的天盘、地盘、日月火焰组成,地盘周围悬挂铜铃16个。塔下有"藏井",内有星船、佛龛、供桌、喇嘛经文、衣钵等。

向东走下白塔即般若香台。香台位于白塔山东侧,坐西朝东,是一座似半月形的砖城。城上建有智珠殿,曾供奉文殊菩萨。城下建有一座三门四柱三楼的牌楼,其檐下为如意斗拱。牌楼北侧是"琼岛春阴"碑,"琼岛春阴"为著名的"燕京八景"之一,碑正面的"琼岛春阴"四字及背面的一首七律诗均为乾隆皇帝御笔,诗的内容是描绘琼华岛的春色。

过桥就到东岸景区,北行不远就是濠濮间。濠濮间始建于乾隆二十二年(1757年),名称出自《世说新语》中梁简文帝游华林园时所发的感慨:"会心处不必在远,翳然林水,便自有濠濮间想也。""濠"为古水名,庄子与惠子曾游于濠梁之上,留下"子非鱼,焉知鱼之乐"的哲学典故。"濮"也是古水名,庄子曾垂钓于濮水之上。乾隆皇帝用濠濮间命名,是为标榜自己超凡脱俗。濠濮间中心是水榭,清代帝后经常到这里游玩,晚清时慈禧太后夏季常来此听评书、避暑。

画舫斋位于濠濮间北侧,始建于乾隆二十四年(1759年),由画舫斋、古柯庭、小玲珑三组庭院组成。画舫斋前院正殿名春雨林塘,是一座前殿后厦式建筑。后院正中为一巨大的方形水池,水池南面有三间抱厦,是演员们为帝后们演戏的地方。水池北面是画舫斋,为一座前轩后殿式建筑,是帝后们看戏的地方。古柯庭因院内有一棵唐代古槐而得名,是画舫斋东侧的附属庭院,曾是光绪皇帝在老师翁同龢的指导下读书的地方;光绪皇帝在其中的奥旷室用膳,得胜轩是其寝室。小玲珑位于画舫斋西侧,院内建一小屋,屋里匾额"得真趣"是乾隆皇帝的御笔。

先蚕坛位于画舫斋北侧,建于清乾隆七年(1742年),是清代皇后祭祀蚕神、举行先蚕礼的场所。先蚕礼属清代的中祀中的一组重要祀礼,在每年农历三月举行。清代以嫘祖(养蚕缫丝的始祖)为祭祀主神。每年春季待蚕出生以后,皇后还要到蚕坛举行"躬桑礼";待蚕茧做成之日,皇后再次到蚕坛举行"献茧缫丝礼"。

接下来我们游览北岸景区。

静心斋原名“镜清斋”，建于清乾隆二十一年(1756 年)，光绪十三年(1887 年)大规模重修，形成今日的格局。静心斋东西宽约 110 米，南北纵深约 70 米，是南方私家园林和北方皇家园林相结合的经典之作。袁世凯执政时，将此园改名为“静心斋”，作为宴请外宾的场所。镜清斋是静心斋花园的正殿，前后均临水池，乾隆皇帝在诗中曾写到“临池构屋如临镜”，意思是借池水为镜，经常照一照自己的思想品德。

西天梵境始建于明代，原称“大西天禅林”，乾隆年间扩建后改为今名。般若祥云牌楼位于西天梵境山门前，是三门四柱七楼的琉璃牌楼，正面枋心额题为“华藏界”，背面枋心额题为“须弥春”，均为乾隆皇帝御笔。

大慈真如宝殿又称“楠木殿”，是西天梵境的主殿，始建于明代。整座建筑中的大木、斗拱、飞檐、望板等全部采用名贵的金丝楠木且不施彩绘，殿顶覆以黑琉璃瓦，用黄琉璃瓦剪边，重檐庑殿顶，雍容古朴。殿内匾额“恒河演乘”为乾隆皇帝所书。殿内正中供奉三世佛，两旁站立十八罗汉。这里是皇室祭祀活动的重要场所，清代皇帝每年都要到此拈香拜佛。

九龙壁是大圆镜智宝殿山门前的照壁，建于清乾隆二十一年(1756 年)。九龙壁高 6.5 米，厚 1.2 米，长 27 米，用黄、蓝、白、赭、绿、紫、橙黄七种颜色的琉璃砖镶嵌而成，两面各有形态各异的蟠龙 9 条，此外在正脊、垂脊、筒瓦、陇陲等处也都有大大小小的龙，全壁共计有 635 条龙。北海九龙壁是双面九龙壁，为我国现存的三座古九龙壁之一；另外两座九龙壁是故宫皇极殿门前的九龙壁和山西大同明朝代王府门前的九龙壁。

澄观堂由澄观堂、浴兰轩、快雪堂三进庭院组成。澄观堂与浴兰轩均建于清乾隆十一年(1746 年)，是帝后们到北海阐福寺拈香时沐浴、更衣、用膳、休息的地方。快雪堂是一座楠木大殿，东西两廊的内壁上镶嵌着“快雪堂石刻”。乾隆四十四年(1779 年)时，乾隆皇帝得到了从晋代到元代 20 位书法名家的 80 篇墨迹，以及王羲之的《快雪时晴帖》石刻，为此专门在浴兰轩后增建此院落，将石刻镶嵌在东西两廊的内壁上，共计 48 块，并题写了《快雪堂记》说明。

铁影壁位于澄观堂前，是用中性火山岩石雕凿而成，呈棕褐色，颜色和质感都很像铸铁，因此被称为“铁影壁”。影壁南面雕刻的是一只雌狻猊栖息在山林中,其前后和腹下还有三只小兽;北面雕刻的是一只姿态雄健的雄狻猊,雕刻技法粗犷。铁影壁为元代遗物,原是元代健德门(今德胜门外)内一座古刹前的照壁。明初修筑北京城时,将元大都的北城墙向南移了 2.5 千米,铁影壁被隔在郊外。后有人将其移到德胜门内护国德胜庵前,因此其所在胡同便被叫作"铁影壁胡同"。后又被移至北海公园。

五龙亭建于明嘉靖年间,清代屡次修缮。最中央的龙泽亭为重檐,上圆下方,寓意"天圆地方"。五座亭的名称从东至西依次为滋香、澄祥、龙泽、涌瑞、浮翠,亭子被有汉白玉围栏的曲桥相连,在湖面一字排开,远望犹如游龙。此处是帝后们垂钓、赏月、看烟火之地。

阐福寺原是明代太素殿北面的行宫,清乾隆七年(1742 年)曾作为先蚕坛的蚕馆,乾隆十年(1745 年),此处被改建为藏传佛教寺庙,并被赐名为"阐福寺"。阐福寺是北海规模最大的一处庙宇,自乾隆皇帝开始,历代清帝在每年农历十二月初一,都要在阐福寺内举行"书福"盛典,包括祈福、书福、送福、迎福四项仪式,以此祈求"苍天赐福"。

关于北海公园的介绍就为大家讲到这里,接下来大家可以自由参观,请按照计划的时间回到这里,祝大家玩得愉快。

8.4.6 爱国主义教育基地和红色景点讲解举例

案例:西藏和平解放纪念碑

各位游客朋友,大家好!欢迎来到西藏和平解放纪念碑参观游览。我是导游员小华,很荣幸陪同大家一起参观游览,下面将由我来为大家讲解西藏和平解放纪念碑。

西藏和平解放纪念碑于 2001 年 5 月 22 日建成,坐落在布达拉宫广场。碑铭由时任总书记的江泽民于 2001 年 10 月 1 日亲笔题写,时任中央政治局常委、国家副主席胡锦涛同志于 2001 年 7 月 18 日亲自参加了奠基仪式。

该纪念碑坐落在世界海拔最高的城市广场布达拉宫广场的南端，南以远山绿树为背景，北与巍峨壮丽的布达拉宫相距 350 米，整个碑体只在入口门洞上方和基座处饰以富有西藏地方风格的装饰造型，风格简洁。其造型是抽象化的珠穆朗玛峰，希望借此表现出纪念碑高耸入云的气势和与天地同在的永恒性。

1951 年，人民解放军进军西藏，驱逐帝国主义势力，西藏和平解放，掀开了西藏历史上崭新的一页，西藏人民从此永远摆脱了帝国主义侵略的羁绊，中华民族实现了在新的历史条件下的大团结。这是以毛泽东同志为核心的中央第一代领导集体运用马克思主义民族理论，从西藏的历史和当时的实际出发做出的英明决策和伟大创举，是中国共产党按照民族平等、团结的原则处理我国民族问题的成功典范。

1959 年，西藏平息叛乱，实行民主改革，废除政教合一的封建农奴制度，百万农奴翻身解放，当家做主。1965 年，成立西藏自治区，实现民族区域自治，走上社会主义道路。改革开放后，经济快速发展，文化日益繁荣，社会祥和进步，人民安居乐业。

纪念碑总高 37 米，主体以灰白色为主色调，挺拔、简洁，浑然一体。底部基座高 3 米，采用草坡形式，结合跌落式片墙、台阶，使纪念碑犹如从大地中生长而成，庄严、神圣。碑身局部嵌入不规则的金色、红色镜面玻璃细带，与布达拉宫的色彩遥相呼应；碑体南面铭文上端设五条金带，代表西藏和平解放 50 周年。纪念碑碑身顶部设计有按国旗上排列的五星图案，象征国家主权和西藏和平解放，象征各民族团结在党中央周围，走社会主义道路，才有今天的繁荣发展和美好未来，使纪念碑的政治内涵更为突出。入口处设有五级台阶，代表西藏和平解放 50 周年，圆形象征着各民族的大团结；入口门洞顶部和两侧墙体饰以高浮雕，表现了西藏和平解放的历史；碑前方设计有两组青铜群雕，以“西藏农奴翻身得解放”和“解放军筑路”为主题。

从整体气势上充分体现了西藏和平解放、农奴翻身做主人所蕴含的伟大精神，具有极强的震撼力和艺术感染力，意义重大而深远。

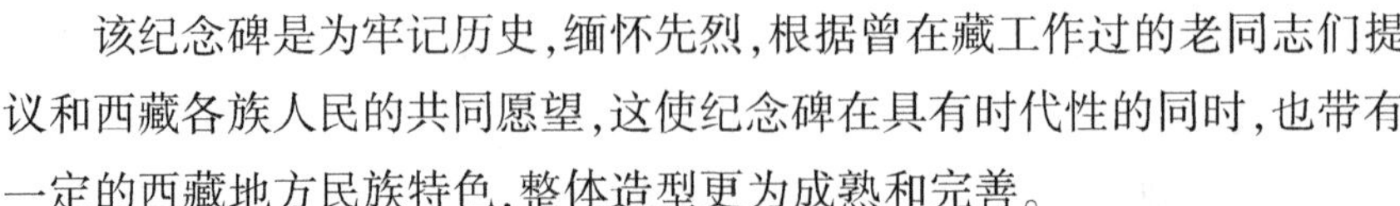

该纪念碑是为牢记历史，缅怀先烈，根据曾在藏工作过的老同志们提议和西藏各族人民的共同愿望，这使纪念碑在具有时代性的同时，也带有一定的西藏地方民族特色，整体造型更为成熟和完善。

高耸入云的珠峰象征着西藏和平解放50年来，在这块神圣的土地上发生了翻天覆地的变化，象征着西藏各族人民如今昂扬向上、奋发图强的精神风貌。

50年来，西藏各族人民在中国共产党的英明领导下，在社会主义祖国大家庭中，建设社会主义新西藏，实现了社会制度的历史性跨越，各项事业蓬勃发展，社会面貌发生了翻天覆地的巨大变化，人民群众的物质文化生活水平不断改善。这50年是西藏从黑暗走向光明、从落后走向进步、从贫穷走向富裕、从专制走向民主、从封闭走向开放的辉煌的50年。西藏半个世纪革命和建设的历史雄辩地证明：只有在中国共产党的领导下，在祖国大家庭中，走社会主义道路，西藏才会有发展繁荣的今天和更加美好的未来。此时此刻，我们更加缅怀在进军西藏、和平解放、平息叛乱、民主改革、自卫反击作战和社会主义建设、改革开放中英勇献身的革命先烈和英雄模范，更加缅怀为西藏革命和建设事业、为西藏人民的解放和幸福做出过重大贡献的革命前辈们，他们的光辉业绩和伟大精神将永远铭刻在西藏历史的丰碑上，永远铭记在西藏各族人民的心中。

为了牢记历史、缅怀先烈、激励当代、昭示未来，表达西藏各族人民的共同愿望，建立西藏和平解放纪念碑，以此，作为西藏和平解放50年来的历史见证，作为半个世纪西藏发展进步的历史丰碑，作为对西藏和平解放这一重大历史事件的永久纪念。气势恢宏的西藏和平解放纪念碑高高耸立在布达拉宫广场上，将成为重要的爱国主义历史教材，成为不朽的精神力量。它昭示我们不忘过去、不忘历史；激励我们继承和发扬“老西藏精神”，为新世纪西藏的发展和进步再立新功。

西藏和平解放特别是民主改革后，国家十分重视保护西藏优秀传统文化的工作，专门制定了一系列政策法规和制度，采取了积极有效的措施，保护西藏的优秀文化遗产。中华人民共和国成立以后，国家先后成立了设有藏语语文教学、藏学研究职能的中国科学院民族研究所、中央民族学院以及西南、西北、青海和西藏等民族学院，为国家培养了大批藏学人才。1982 年,西藏社会科学院成立;1986 年,中国藏学研究中心在北京成立,使藏学研究进入了一个快速、稳定的发展轨道。国家高度重视藏语文的学习、使用和发展,切实保障藏民族使用和发展本民族语言文字的自由。1997 年,藏文编码形成了国家标准和国际标准,藏文成为中国第一个具有国际标准的少数民族文字。

古老的藏医藏药在继承中发展,藏医药已列为西藏自治区着力扶持发展的支柱产业。对西藏民族民间文化遗产进行大规模、有系统的普查、收集、整理、研究和编辑出版工作正在加紧进行。近年来,西藏自治区每年出版的藏文图书都在 100 种以上,发行数十万册。随着对外开放的扩大,西藏文化日益走出高原,参与国际交流,向世界人民展示其独特的魅力。过去 5 年,国家和自治区先后投入 3000 多万元资金,专项保护西藏非遗代表作,其中九成以上的经费来源于中央投入,且投入经费在逐年递增,保护力度不断加大。西藏的藏戏和《格萨尔王传》2 项进入联合国人类非物质文化遗产代表作。此外,西藏还有 76 项国家级非物质文化遗产代表作、53 位国家级非物质文化遗产代表性继承人。

关于西藏和平解放纪念碑的介绍就为大家讲到这里,接下来大家可以自由参观,按照计划的时间回到这里,祝大家玩得愉快。

参考文献

[1]赵佳荟,冯克江.旅游景点广府民俗文化解说词翻译的系统功能语言学研究:以广东省博物馆为例[J].旅游纵览,2020(14):130-131;134.

[2]袁雪.基于地域文化的宜宾哪吒旅游文化视觉形象设计研究[D].贵阳:贵州大学,2023.

[3]潘倩.基于民俗文化的主题公园规划设计研究:以青海大通花儿文化主题公园为例[D].杨凌:西北农林科技大学,2023.

[4]陈金镟.广东省饶平县乡村民俗文化旅游发展研究[D].广州:仲恺农业工程学院,2022.

[5]马玉韬.河南省洛阳市倒盏民俗文化村游客满意度评价研究[D].新乡:河南师范大学,2022.

[6]李敏.民俗文化在如皋古城旅游地图中的设计研究[D].常州:常州大学,2022.

[7]苏宇.旅游景点中的民俗文化内容英译策略研究[J].湖北函授大学学报,2018,31(14):162-163.

[8]黄晓华.武汉民俗文化的产业化发展策略初探[J].江汉大学学报(社会科学版),2018,35(2):55-60;127.